Als Bewerbungshilfe und spezielles Testknackerprogramm mit vielen Originalaufgaben wendet sich dieses Buch an alle Ausbildungsplatzsucher, an ihre Eltern und Lehrer. Für die meisten »Azubis« gilt: Ohne Eignungstest kein Ausbildungsplatz, denn beim öffentlichen Dienst, bei Banken, Industrie, Handel und auch Handwerk entscheiden fragwürdige Tests und Auswahlgespräche über die Vergabe der wenigen Ausbildungsplätze. Damit die Bewerber an den Testmühlen nicht verzweifeln, bietet dieses Buch eine perfekte Vorbereitungsmöglichkeit. Es veröffentlicht die am häufigsten eingesetzten und bisher geheim gehaltenen sog. wissenschaftlichen Tests mit zahlreichen Übungsaufgaben und bietet Hinweise und Hilfen zu Bewerbungsschreiben und Vorstellungsgespräch.

Jürgen Hesse, 1951 in Berlin geboren, Studium der Psychologie an der FU Berlin; Diplom-Psychologe im Büro für Berufsstrategie; Geschäftsführer der Telefonseelsorge Berlin.
Hans Christian Schrader, 1952 in Berlin geboren, Studium der Psychologie an der FU Berlin; Diplom-Psychologe im Krankenhaus am Urban in Berlin.
Beide Autoren verfügen über mehrjährige Erfahrungen als Seminarleiter bei Test- und Bewerbungstrainings mit Berliner Ausbildungsplatzsuchern (u. a. Arbeitsamt, Volkshochschule).

Unsere Adressen im Internet: www.fischerverlage.de
www.hochschule.fischerverlage.de

Jürgen Hesse/Hans Christian Schrader

Testtraining für Ausbildungsplatzsucher

Hilfe bei Bewerbung,
Tests und Vorstellungsgespräch

Fischer Taschenbuch Verlag

Anschrift der Autoren:

Jürgen Hesse & Hans Christian Schrader
c/o Fischer Taschenbuch Verlag
Postfach 700355
60553 Frankfurt am Main

Lösungen zu den Fragen auf der Umschlagrückseite:
Gattin von Alexander dem Großen; 12 cm; beides brennt; 3.

Graphische Gestaltung der Testaufgaben: Sabine Krüger, Berlin

6. Auflage: November 2007

Aktualisierte Neuausgabe
Veröffentlicht im Fischer Taschenbuch Verlag,
einem Unternehmen der S. Fischer Verlag GmbH,
Frankfurt am Main, Dezember 2001

Satz: Pinkuin Satz und Datentechnik, Berlin
Druck und Bindung: Clausen & Bosse, Leck
Printed in Germany
ISBN 978-3-596-15331-2

Kurzübersicht über die Hauptkapitel

Inhalt

Zum Umgang mit diesem Buch – für den eiligen Leser

Liebe Bewerbungs- und Testknacker,

herzlichen Glückwunsch und toi toi toi.
Sie halten hier das kompakte Wissen eines sehr testintelligenten Menschen in der Hand (gar nicht so schwer, was?). Damit Sie bei der Lektüre nicht unnötig Zeit verlieren, hier ein Hinweis, wie Sie das Buch auch durcharbeiten und lesen können (also nicht unbedingt von A bis Z).

Wirklich sehr wichtig:
- Bewerbungsschreiben (S. 63)
- Testtraining (wenn Sie einen Test machen müssen, S. 80)
- Vorstellungsgespräch (S. 304)

Genauso wichtig:
- Warum Sie das Ganze machen sollten (Ziel und Sinn von Testtraining, S. 52)
- Tipps für Tests (vorher – dabei – danach, S. 70)
- Auch der Anhang kann sehr hilfreich sein (Testknacker-Lexikon, S. 332)

Für alle Fälle: Lesen Sie doch mal die eine Seite: Für den Fall der Fälle (S. 325)

Was dann kommt, ist für die akute Bewerbungs- und Testsituation nicht mehr ganz so wichtig, aber hoffentlich doch für Sie noch ein bisschen interessant:
- Kritik an Einstellungstests (das macht Sie stark, S. 41)
- Die ersten Seiten sollten Sie lesen (nicht Bedingung, S. 17)
- Die Situationsbeschreibung und -analyse (vielleicht, S. 18)
    - Auslesepraxis (S. 21)
    - Was ist ein Test? (S. 23)
    - Wie es abläuft (wenn es Sie interessiert, S. 31)

Jedes Kapitel kann auch für sich allein gelesen werden.

Für den aus anderen Gründen interessierten, aber auch eiligen Leser empfehlen wir:

- Die ersten Seiten (S. 17)
- Aus Arbeitgeber- und Bewerbersicht (S. 36)
- Kritik an der Testpraxis (S. 41)
- Recht und Gesetz (S. 47)
- Ziel und Sinn (speziell für Lehrer, S. 52)
- Fragen, Bedenken und Antworten (S. 54)
- Aufsätze (S. 206)
- Vorstellungsgespräch (S. 304)
- Rechtliche Probleme (S. 322)
- Testbilanz (speziell für Kollegen, S. 327)

Also mit zwei Stunden Zeit müssen Sie schon rechnen, bevor Sie (wir) diskutieren können.

Teil A Ausleseverfahren bei Ausbildungsplatzsuchern Situation – Problematik – Möglichkeiten

Ausbildungsplatzsuche – Klaus P. berichtet

Klaus P., 16 Jahre alt, bewarb sich bei einem großen Industrieunternehmen um einen Ausbildungsplatz als Industriekaufmann. Er wurde zum Einstellungstest eingeladen und berichtete: »Ich saß mit vielen anderen in einem großen Saal, jeder hatte seinen eigenen Tisch. Unter wahnsinnigem Zeitdruck musste ich sehr viele Testaufgaben beantworten. Zum Beispiel: ›Was ist das Gemeinsame von Holz und Alkohol?‹ oder: ›Was ist das Gemeinsame von Aktentasche und Gasometer?‹ und andere dumme Fragen: ›Wie lang ist ein 20-Euro (€)-Schein?‹ – ›Wie viele Geburtstage hat der Mensch?‹ 5 Stunden lang bin ich getestet worden. Ich war ziemlich fertig danach, so schwer habe ich mir das nicht vorgestellt. Ich habe doch nicht im Traum daran gedacht, dass man mich so etwas fragen könnte. Hätte ich das vorher gewusst, hätte ich mich ganz anders vorbereiten können. Was das aber alles mit meinem zukünftigen Ausbildungsplatz und meinem Berufswunsch zu tun haben soll, verstehe ich immer noch nicht. Das konnte mir auch keiner erklären. In der Schule hat mein Lehrer gesagt, dass solche Tests eigentlich verboten werden müssten.«
2 Monate später erhält Klaus P. von dem Unternehmen die Nachricht, dass man ihn bei der Ausbildungsplatzvergabe leider nicht berücksichtigen konnte, aber man wünsche ihm für seine berufliche Zukunft und seinen weiteren Lebensweg alles Gute. Klaus P. ist enttäuscht und entmutigt.

Dieses Buch kritisiert die Ausleseverfahren bei der Vergabe von Ausbildungsplätzen. Es informiert ausführlich über Bewerbungsschreiben, Einstellungstests und Vorstellungsgespräch und enthält eine Übersicht über die 20 am häufigsten eingesetzten Einstellungstests und deren Anforderungen.
Ein ausführlicher Testtraining-Teil gibt Ihnen konkrete Hinweise, Informationen und Ratschläge, die helfen werden, Einstellungstests besser zu überstehen. Eine wirklich gezielte und sinnvolle Vorbereitung ist somit erstmalig möglich.

Dieses Buch ist kein Teste-dich-selbst-Intelligenz- oder Denksportbuch, sondern ein Testknackerhandbuch für Ausbildungsplatzsucher – ein Selbsthilfeprogramm, das sich auch ausführlich mit Bewerbungsschreiben und Vorstellungsgespräch beschäftigt. Damit Ihre Ausbildungsplatzsuche nicht zur »unendlichen Geschichte« wird, ermöglichen wir Ihnen einen Tag der offenen Tür bei Bewerbung, Einstellungstests und Vorstellungsgespräch – denn für jedes Gift gibt es auch ein Gegengift.

Lehrstellennot, Einstellungstests und Bewerberohnmacht

In den 60er Jahren wurden Lehrlinge, wie man sie damals noch nannte, mit einem »warmen«, dankbaren Händedruck und oftmals zusätzlich mit 100 DM Handgeld (das war damals noch sehr viel!) persönlich begrüßt und an ihrem Ausbildungsplatz willkommen geheißen. Waren die Ausbildungsleiter seinerzeit froh, wenn sie ihren Chefs überhaupt Ausbildungswillige vorstellen konnten, so hat sich das Bild mittlerweile grundlegend gewandelt. In der Regel ist die Zahl der Bewerber größer als die der Ausbildungsplätze. Dieses mehr oder weniger große Missverhältnis macht deutlich, dass nicht jeder Jugendliche den Ausbildungsplatz erhalten wird, den er anstrebt, und dass viele ohne Ausbildungsplatz bleiben müssen.
Die Ausbildungsplatzsuche nach dem Schulstress ist alles andere als leicht. Nicht nur, dass es zu wenig Ausbildungsplätze gibt – bei immer mehr Firmen gilt: ohne so genannte Eignungstests kein Ausbildungsplatz. Fast jeder, der sich um einen Ausbildungsplatz bewirbt, wird auch zu einem Test eingeladen. Bei nahezu allen großen Arbeitgebern, z. B. dem öffentlichen Dienst (Verwaltung, Post, Polizei usw.), aber auch bei Banken, Industrie, Handel und sogar schon beim Handwerk entscheiden so genannte Berufseignungstests über die Vergabe der Ausbildungsplätze.
Von wissenschaftlicher Seite wird der Ableitung und Vorhersagbarkeit von Testerfolg auf Berufserfolg entschieden widersprochen. Aus psychologischer und sozialer Sicht sind die möglichen Folgen von so genanntem Testversagen unverantwortlich: Wer beispielsweise im Test allein aus Prüfungsangst versagt, bekommt keinen Ausbildungsplatz, und der Rückschluss, »Ich bin für den Beruf nicht geeignet, ich bin wohl zu dumm«, drängt sich sehr schnell auf und führt zu Enttäuschung und Resignation, ohne dass tatsächlich eine beruf-

liche Untauglichkeit vorliegt. Die herrschende Autoritäts- und Wissenschaftsgläubigkeit trägt wesentlich zu diesem Fehlschluss bei.
Eine grundlegende kritische Diskussion über diese fragwürdigen Auswahlmethoden ist in der breiten Öffentlichkeit längst überfällig. Damit die Ausbildungsplatzsucher aber an den Testmühlen nicht verzweifeln, brauchen sie dringend konstruktive Unterstützung. Hierzu wollen wir mit diesem Buch beitragen.
Wenn sich bei einem öffentlichen Arbeitgeber in Berlin ca. 500 Ausbildungsplatzsucher um 80 Ausbildungsplätze bewerben, so zeigt dies den heftigen Konkurrenzdruck, in den Bewerber um eine Lehrstelle geraten. Sie kommen dabei in eine nicht zu unterschätzende Notlage, mit der sie teilweise völlig allein und ohne richtige Unterstützung fertig werden müssen.
Wegen der hohen Arbeitslosigkeit unter Akademikern entscheiden sich heute auch Abiturienten oft für den so genannten »sicheren Weg«, z. B. im öffentlichen Dienst, aber auch bei Banken, Handel und Industrie, und drängen zusätzlich auf den Lehrstellenmarkt. Die Real- und Hauptschulabsolventen haben unter der Zunahme der Ausbildungsplatzsucher mit Abitur deutlich zu leiden. Im besonderen Maße trifft das auf Hauptschulabgänger zu, deren Schulabschluss völlig entwertet zu sein scheint. Dennoch sind Abiturienten den Haupt- und Realschülern bei der Bewerbung nicht generell überlegen. Auch sie haben ihre Schwierigkeiten mit den Hürden bei Auswahlverfahren.
Die Zahl der arbeitslosen Jugendlichen steigt. Die Grundrechte der freien Berufswahl und der freien Entfaltung der Persönlichkeit scheinen erheblich eingeschränkt. Deshalb wollen wir mit unserem Buch versuchen, die fragwürdigen Ansprüche offen zu legen, die bei Bewerbung, Einstellungstest und Vorstellungsgespräch an Ausbildungswillige gestellt werden. Mit der Veröffentlichung des Instrumentariums von Ausleseverfahren und der kritischen Auseinandersetzung mit gängigen Methoden bei der Bewerbung und Ausbildungsplatzvergabe verbinden wir die Hoffnung, vielleicht auch auf Arbeitgeberseite Zweifel an der Nützlichkeit der eingesetzten Verfahren aufkommen zu lassen.
Dieses Buch will nicht von den gesellschafts- und wirtschaftspolitischen Missständen in Zusammenhang mit der Jugendarbeitslosigkeit ablenken, die so gerne vorschnell auf individuelles Versagen verlagert werden. Es versteht sich als Beitrag gegen anerzogene Dummheit, gegen Undurchschaubarkeit und Vorenthaltung von Information und will dem Einzelnen helfen, sich bei Bewerbung, Test

und Vorstellungsgespräch zurechtzufinden, um diese Prüfungssituationen besser zu überstehen. Wenn die Betroffenen die Hintergründe kennen lernen und wissen, was auf sie zukommt, gelingt es ihnen vielleicht besser, dem Druck zu widerstehen, den Eltern, Lehrer, Betrieb, aber auch die eigene Idealanforderung in einer ohnehin schwierigen Entwicklungs- und Übergangszeit ausüben. Bei allen berechtigten Klagen über gesamtgesellschaftliche Missstände darf die Not und Ohnmacht des Einzelnen gegenüber anonymen bürokratischen Machtapparaten nicht außer Acht gelassen werden. Mit dem Ziel, die Ohnmacht der Jugendlichen gegenüber den von diesen Apparaten eingesetzten Tests abzubauen, werden in diesem Buch konkrete Hinweise und Ratschläge gegeben, wie wissenschaftlich fragwürdige und teilweise rechtswidrige Ausleseverfahren unterlaufen werden können.

Auslesepraxis: Bewerbungsschreiben – Einstellungstest – Vorstellungsgespräch

Bei der Suche nach einem Ausbildungsplatz sind in der Regel drei Hürden zu nehmen: Bewerbungsschreiben/Zeugnisse – Einstellungstest – Vorstellungsgespräch.

Abfolge der Bewerbungshürden

Den Schulabschluss noch nicht in der Tasche, ist es heute notwendig, sich schon rechtzeitig, d. h. meistens ein Jahr vor Ausbildungsbeginn, um einen Ausbildungsplatz zu bewerben. Das Bewerbungsschreiben ist dabei zusammen mit dem vorletzten Jahreszeugnis (da das Abschlusszeugnis ja noch aussteht) Ausgangspunkt im Hindernislauf um Ihren Ausbildungsplatz.
Nach Eingang der Bewerbungsunterlagen trifft der Arbeitgeber eine Vorauswahl, bei der viele Bewerber gleich abgewiesen werden. Für die restlichen Bewerber werden weitere Auswahlverfahren (Einstellungstest und/oder Vorstellungsgespräch) eingesetzt. Das kann bedeuten: Sie werden zu einem Einstellungstest eingeladen. In der Regel erhalten Sie keine weiteren Vorinformationen, welche Testverfahren auf Sie zukommen und welche Anforderungen man an Sie stellen wird.
Nach dem Einstellungstest wird entschieden, wer die zweite Hürde überwunden hat und weiter »im Rennen« bleibt. Entweder Sie kriegen Ihre Unterlagen zurück, oder Sie bekommen einen Termin zum Vorstellungsgespräch. Zwischen Test und Benachrichtigung kann einige Zeit vergehen. Das Vorstellungsgespräch ist die dritte und letztlich entscheidende Hürde.
Dieses ganze »Theater« kann Sie viel Zeit, Mühe und Nerven kosten. Manchmal dauert es ein bis drei, in anderen Fällen sogar vier und fünf Monate. Es ist daher anzuraten, sich gleichzeitig bei mehreren Firmen zu bewerben und einzukalkulieren, in vielen

Fällen schon nach dem Bewerbungsschreiben eine Absage zu bekommen.

Bewertung der einzelnen Bewerbungshürden

Die gesamte Bewerbungssituation ist eine Testsituation, die bereits beim Bewerbungsschreiben anfängt. Obwohl das Bewerbungsschreiben wichtig ist, damit Sie überhaupt eingeladen werden, sind die Ausbildungsleiter in der Regel an einer gründlichen Analyse von Bewerbungsschreiben und Lebenslauf nicht allzu sehr interessiert. Sie gehen häufig davon aus, dass Bewerbungsschreiben und Lebenslauf von Eltern oder Lehrern abgefasst oder nach Beispielen aus Büchern abgeschrieben und der Stil und das sprachliche Ausdrucksvermögen deshalb verfälscht sind. Daher achten die Ausbildungsleiter vorwiegend auf formale Gesichtspunkte wie äußere Form, Aufbau, Schriftbild und Rechtschreibung, um eine ungefähre Information über Ordnungsliebe und Bildungsstand des Bewerbers und dessen Interesse an der Bewerbung zu bekommen. In der Regel sind Zeugnis und Bewerbungsschreiben mit 10 % an der Entscheidung beteiligt, ob Sie eingestellt werden oder nicht. Dennoch sind gerade das Bewerbungsschreiben und natürlich das Zeugnis Ihr Schlüssel, um überhaupt die erste Hürde zu überwinden. Ungefähr 40 % der Entscheidung, ob Sie einen Ausbildungsplatz bekommen oder nicht, hängen dann vom Testergebnis ab. Noch etwas stärker als der Test wird der Verlauf des Vorstellungsgesprächs bewertet. Hier sind Sie ebenfalls in einer Testsituation, und der persönliche Eindruck, den man von Ihnen gewinnt, geht mit ca. 50 % in die Entscheidung über die Vergabe des Ausbildungsplatzes ein.

Schreiben wir hier von 10 % Bewerbungsschreiben
40 % Testergebnis und
50 % Vorstellungsgespräch
100 %

die bei der Vergabe eines Ausbildungsplatzes einfließen (beachte die unterschiedliche Gewichtung), so bezieht sich das auf die Entscheidungssituation nach dem Vorstellungsgespräch.

Einstellungstests

Unser Buch informiert ausführlich über alle drei Phasen einer Bewerbung; unser besonderes Anliegen aber ist es, Ihnen ausführliche Informationen über die zweite Hürde – die Einstellungstests – zu geben. Gerade darüber werden Ihnen in der Regel von Arbeitgeberseite Angaben vorenthalten.
Wir können natürlich nicht vorhersagen, welcher Test genau auf Sie zukommt, aber wir können Sie generell darüber informieren, welche Testverfahren eingesetzt werden und was darin verlangt wird. Aber zunächst –

Was ist ein Test?

Unter einem Test versteht man Aufgaben und Fragen, deren Beantwortung angeblich einen Rückschluss auf das Vorhandensein und die Ausprägung eines oder mehrerer psychischer Merkmale der getesteten Person zulässt. Ein Test besteht im Prinzip aus drei Komponenten (Bestandteilen):

1. den Aufgaben oder Fragen,
2. deren Beantwortung bzw. Lösung,
3. der Interpretation der Antworten bzw. Lösungen, um zu dem angestrebten Rückschluss auf die zu ermittelnden Eigenschaften, Fähigkeiten, Kenntnisse, Charakterzüge, Neigungen usw. zu kommen.

Noch einmal zusammengefasst: Je nachdem, wie Sie eine gestellte Frage bzw. Aufgabe beantworten oder lösen, versucht man daraus eine Aussage bzw. sogar Vorhersage über Sie bzw. Ihr Verhalten und Ihre Leistungsfähigkeit abzuleiten.

Zum Begriff Einstellungstest

Führt man nun so einen Test mit mehreren Personen durch, kann man Unterschiede zwischen den einzelnen Testteilnehmern feststellen. Dabei steht die Frage im Vordergrund: Welcher Bewerber kann die Anforderungen an diesem Arbeitsplatz am besten erfüllen? Ist der Ausbildungsbewerber A oder B besser geeignet? Der Test soll mögliches Verhalten vorhersagen und damit eine Antwort auf die Frage geben: Wie sieht die Zukunft aus?
Der Test wird also eingesetzt, um angeblich ungeeignete Bewerber zurückzuweisen. Diese Einstellungstestverfahren sollen dem Arbeitgeber die Auslese von *für den Betrieb* geeigneten Bewerbern erleichtern. Sie sollen helfen, Zeit und Kosten zu sparen, die entstehen würden, wenn man zum Beispiel alle Bewerber zu einem Gespräch einladen würde bzw. allen Bewerbern eine Chance gäbe, sich innerhalb einer bestimmten Probezeit am Ausbildungsplatz zu bewähren. Durch den Anschein, objektiv zu sein, ist diese Methode ein bequemes, kostengünstiges und schnelles Ausleseverfahren.
Da viele dieser Tests von Wissenschaftlern entwickelt und zum Teil angeblich auch erprobt wurden, entsteht der Eindruck von Objektivität und Wissenschaftlichkeit. Dabei wird nur zu leicht außer Acht gelassen, dass die Wissenschaft, die diese Tests hervorgebracht hat, über die Frage der Anwendung und Aussagefähigkeit absolut uneins ist. Selbst Psychologen, die diese Verfahren entwickelt haben, ziehen ihre Verwendbarkeit als vorhersagendes Instrument in Zweifel. Ausbildungsplatzanbieter konnten sich dieser Tests bisher zu Lasten und auf Kosten der Ausbildungsplatzsucher bedienen, ohne größere öffentliche Kritik einstecken zu müssen.
Welche Tests kommen zum Einsatz? Wir sprechen von »Einstellungstest«, die Ausbildungsplatzanbieter benutzen stattdessen gerne »Eignungstest«, »Eignungsprüfung« oder »Auswahlprüfung«. In der Konsequenz geht es aber darum, ob Sie als Auszubildender eingestellt werden oder nicht. Deshalb der Begriff »Einstellungstest«.

Einstellungstest-Praxis

Wenn Ihre Bewerbungsunterlagen »ankommen«, Sie also Erfolg haben und zu einem Testtermin eingeladen werden – was kommt dann auf Sie zu?

Den Einstellungstest gibt es nicht. Aus einer Vielzahl von sog. wissenschaftlichen und/oder selbst gestrickten Tests (Erläuterung im nächsten Abschnitt) wird eine Batterie von Testaufgaben zu einem Einstellungstest zusammengesetzt und den Ausbildungsplatzbewerbern vorgelegt.

Die Dauer eines solchen Einstellungstests ist unterschiedlich. Durchschnittlich beträgt sie ca. 3 Stunden, es gibt aber auch Einstellungstests, die nur 1 Stunde dauern, manche gehen aber auch über 8 Stunden. Bisweilen werden Bewerber sogar über zwei oder drei Tage getestet.

Der Beginn eines Einstellungstests kann extrem früh sein, z.B. 7.30 Uhr, sodass Sie bei entsprechender Anfahrtszeit besonders früh aufstehen müssen und schon leicht erschöpft ankommen.

Einige Ausbildungsplatzanbieter lassen auf einen Schlag 100 und mehr Bewerber »antanzen«, die dann in großen Sälen gemeinsam durch den Einstellungstest »gejagt« werden. Andere laden in kleinen Gruppen von 5–20 Personen ein. Manche Ausbildungsplatzanbieter gehen nach dem brutalen K.-o.-Verfahren vor. Das bedeutet: Der erste Test (z.B. ein Diktat) wird durchgeführt und in einer anschließenden Pause ausgewertet. Wer eine bestimmte Norm nicht erfüllt hat (z.B. zu viele Fehler im Diktat), kann sofort nach Hause gehen. Für ihn ist das Einstellungsverfahren beendet, er bekommt keine Gelegenheit zu einem Gespräch. Im Laufe des Einstellungstests wird die Gruppe der Teilnehmer immer kleiner. Dieser »Schrumpfungsprozess« ist eine zusätzliche psychische Belastung, denn nach jedem Testteil fliegen einige Teilnehmer raus – 10 kleine Negerlein …

Der große Zeitdruck, unter dem Sie viele Aufgaben bewältigen müssen, steht in erheblichem Kontrast zu der Zeitspanne, die viele Betriebe und Institutionen benötigen, um Ihnen nach dem Einstellungstest Nachricht über Erfolg oder Misserfolg zu geben.

Außer beim K.-o.-Test kriegen Sie die Nachricht fast nie am gleichen Tage, meistens dauert es zwischen ein und vier Wochen oder sogar bis zu drei Monaten, ehe Sie erfahren, ob Sie weiter im Rennen sind.

Arten von Einstellungstests

Was ist im Einzelnen unter Einstellungstests zu verstehen? Zunächst kann man zwischen zwei Gruppen unterscheiden:

1. Die sog. *wissenschaftlichen Testverfahren.* Sie werden von Diplom-Psychologen entwickelt, der psychologischen Fachwelt vorgestellt und über Testverlage vertrieben, von denen die Anwender sie kaufen.

2. Die sog. *selbst gestrickten, hauseigenen Tests.* Diese können, aber müssen nicht von Diplom-Psychologen entwickelt worden sein. Der Hauptteil dieser selbst gestrickten Tests ist von Laien zusammengestellt und kann mit einer willkürlich zusammengestellten Sammlung von Quizfragen verglichen werden. Ihre Erprobung und ihre Aussagefähigkeit sind noch fragwürdiger als die von sog. wissenschaftlichen Tests, da sie nicht einmal der psychologischen Fachwelt vorgestellt werden, die sich kritisch mit ihnen auseinander setzen könnte.

Generell lassen sich Einstellungstests folgendermaßen unterteilen:

1. Leistungstests im weiteren Sinne
   a) Intelligenztests
   b) Allgemeine Leistungs- und Konzentrationstests
   c) Kenntnisprüfungen
   d) Spezielle Funktionsprüfungs- und Eignungstests

2. Persönlichkeitstests

Was ist unter den einzelnen Testarten zu verstehen?

1. Leistungstests im weiteren Sinne

a) Intelligenztests:

Der Begriff Intelligenztest gilt für psychologische Prüfverfahren, die Unterschiede zwischen Personen im Bereich der menschlichen

Intelligenz festzustellen versuchen. Dabei ist es in der Psychologie umstritten, was unter Intelligenz zu verstehen ist. Verschiedene Wissenschaftler bieten unterschiedliche Definitionen an. Nach dem Psychologen William Stern ist Intelligenz die Fähigkeit, Schwierigkeiten in neuen Situationen zu überwinden, ein anderer Psychologe versteht unter Intelligenz die Fähigkeit, zielgerichtet zu handeln, rational zu denken und sich wirkungsvoll mit seiner Umwelt auseinander zu setzen. Die meisten Intelligenztests prüfen Fähigkeiten, die von dem Psychologen Thurstone 1938 aufgestellt wurden:

- Räumliches Vorstellungsvermögen
- Beherrschung von Rechenoperationen
- Verständnis von sprachlichen Bedeutungen und Beziehungen
- Flüssigkeit sprachlicher Einfälle
- Merkfähigkeit
- Logisches Schließen
- Erkennen von Details

Zusammengefasst kann man sagen: Intelligenztests versuchen herauszufinden, wie gut ein Mensch Probleme lösen kann.

b) Allgemeine Leistungs- und Konzentrationstests

Bei diesen Tests geht es in erster Linie um Aufmerksamkeit, Konzentration und die allgemeine Aktivität in Leistungssituationen. Es soll die Konzentrationsfähigkeit bei geistiger Tempoarbeit getestet werden, mit anderen Worten: Wie gut ist die Testperson in der Lage, über eine längere Zeit eine meistens sehr monotone Tätigkeit auszuführen?

c) Kenntnisprüfungen

Mit diesen Verfahren will man sich ein Bild vom Wissensstand des Bewerbers machen, vor allem auch feststellen, inwieweit er sog. »Kulturtechniken« beherrscht, die den Arbeitgebern besonders wichtig sind. Darunter wird hier die Beherrschung von Rechtschreibung und Rechnen verstanden. Häufig müssen bei Kenntnisprüfungen auch Aufsätze geschrieben werden, andere Testbereiche sind Allgemeinwissen und politisches Wissen. Es können bei Kenntnisprüfungen sowohl sog. wissenschaftliche Tests (z. B. Rechtschreibtests) als auch selbst gestrickte Aufgabensammlungen eingesetzt werden.

d) Spezielle Funktionsprüfungs- und Eignungstests

Bei diesen Tests geht es um spezielle Funktionen, wie z. B. Handgeschicklichkeit, Reaktionsfähigkeit usw. Dazu können auch Apparaturen eingesetzt werden.

2. Persönlichkeitstests

Mit ihrer Hilfe sollen Persönlichkeits- und Charaktereigenschaften erfasst werden, wie z. B. Kontaktfähigkeit, Offenheit, Erregbarkeit, Aggressionsneigung usw. 1974 erfolgte erstmalig eine kritische Auseinandersetzung mit dem Testunwesen im Personalbereich durch das Buch von Susanne von Paczensky »Der Testknacker«, das eine anerkennenswerte testkritische Pioniertat darstellt. Persönlichkeitstests werden nach unseren Informationen bei Ausbildungsplatzbewerbern selten eingesetzt. Sie sind aus juristischer Sicht grundsätzlich unzulässig (vgl. S. 49). Dennoch findet bei jedem Bewerber eine Bewertung der Persönlichkeit statt, indem z. B. schon von der Form und Korrektheit der Bewerbungsunterlagen Schlüsse auf Anpassungsfähigkeit, Sauberkeit und Ordnung gezogen werden. Besonders im Vorstellungsgespräch und bei Aufsätzen findet häufig eine unzulässige Bewertung von Persönlichkeitseigenschaften statt. Auf die hier angesprochene Problematik des Eingriffs in die Privatsphäre des Bewerbers kommen wir noch ausführlich zurück.

Neben so genannten wissenschaftlichen Intelligenztests, allgemeinen Leistungs- und Konzentrationstests sowie Kenntnisprüfungen, die z. T. über den Buchhandel zu beziehen sind, gibt es auch noch spezielle, seltener verwendete Verfahren, die in unserem Testtraining-Teil nicht berücksichtigt werden konnten, auf die wir aber hier kurz hinweisen:

Von der Drahtbiegeprobe bis zum Zahnarzt
Häufig werden handschriftliche Bewerbungsunterlagen verlangt, seltener, um ein graphologisches Gutachten zu erstellen (das wäre übrigens ohne ausdrückliche Zustimmung des Bewerbers rechtswidrig), öfter jedoch, um dem Personalchef eine Beurteilungsmöglichkeit zu geben, ob der Bewerber »ordentlich« bzw. »reif« wirkt. Ohne dass Sie sich bei der Bewerbung vielleicht darüber im Klaren sind, wird Ihre *Handschrift* einem »Test« unterzogen.
Eine selten angewandte Überprüfungsmethode Ihrer Gedächtnisleistung ist die *Nacherzählung*. Der Testleiter liest Ihnen einen mehr oder weniger mit Daten, Zahlen und Informationen voll gepackten Text vor, und Sie werden aufgefordert, den Inhalt nach einer bestimmten Zeit zu Papier zu bringen.
Es kann Ihnen auch ein *Lückentext* vorgelegt werden, bei dem Sie Textlücken selbständig sinnvoll ergänzen müssen.
Zu den speziellen Funktionsprüfungs- und Eignungstests gehört auch die sog. *Drahtbiegeprobe.* Dieser Test dient angeblich zur Überprüfung der Handgeschicklichkeit. Der Bewerber erhält einen Eisendraht von 25 cm Länge und 1 mm Durchmesser und eine Vorlage, nach der er den Draht nachzubiegen hat. Der Draht muss so verarbeitet werden, dass am Ende kein Rest übrig bleibt, Werkzeug darf nicht benutzt werden.
Zur gleichen Testgruppe gehört der *Form-Lege-Test* (FLT). Hier sind Flächenteile aus Pappe in vorgezeichnete Umrissfiguren einzulegen. Dieser Test ist mit einem Puzzle-Spiel vergleichbar, bei dem verschiedene Lösungswege (spielerisches Probieren usw.) eingesetzt werden können.
Zusätzlich gibt es *apparative Testverfahren,* die z. B. bei der Eignungsfeststellung für die Pilotenausbildung eingesetzt werden (Überprüfung der Reaktionsgeschwindigkeit usw.).
Bei bestimmten Berufen kann eine *Arbeitsprobe* von Ihnen verlangt werden. Dabei geht es häufig um Dinge, die erst während der Ausbildung gelernt werden sollen, z. B. den Zusammenbau eines Vergasers bei einem Einstellungstest für einen Ausbildungsplatz als Kfz-Schlosser oder das genaue Abmalen einer Vorlage bei einer Bewerbung als Porzellanmalerin oder das Malen eines Schriftzuges für einen zukünftigen Schilder- und Plakatmaler.
Einige Ausbildungsplatzanbieter überprüfen die Gesundheit der Bewerber durch eine *medizinische Untersuchung.* Vom Test, ob Sie farbenblind sind, bis hin zur Überprüfung von Gehör- und Sehschärfe oder bis zur zahnärztlichen und körperlichen Untersuchung müs-

sen Sie sich je nach Ausbildungsplatz die eine oder andere ärztliche Untersuchung gefallen lassen.
Bei einigen Berufen, z. B. Polizei, Zoll etc., ist eine *Sportprüfung* Teil des Einstellungstests (u. a. Laufen, Schwimmen – Normzeiten sind vorgegeben).
Alle diese besonderen Einstellungstestverfahren können wir hier nicht ausführlicher behandeln. Wir beschäftigen uns in unserem Testtraining-Teil vor allem mit den sog. wissenschaftlichen Tests, die auch als »pencil-and-paper-tests« (Papier-und-Bleistift-Tests) bezeichnet werden.

Anforderungen in Einstellungstests

Nach sorgfältiger Analyse dieser Tests ergeben sich drei große Aufgaben- und Prüfungsgebiete mit ihren Unterpunkten:

I. Allgemeine intellektuelle Fähigkeiten
   1. Allgemeinwissen
   2. Spezielle berufsbezogene Kenntnisse
   3. Logisches Denken/Abstraktionsfähigkeit
   4. Merkfähigkeit/Kurzzeitgedächtnis
   5. Gestaltwahrnehmung

II. Spezielle intellektuelle Fähigkeiten
   1. Sprachbeherrschung/Verbale Intelligenz
      a) Wort- und Sprachverständnis
      b) Rechtschreibung
      c) Schriftliche Ausdrucksfähigkeit (Aufsatz)
      d) Mündliche Ausdrucksfähigkeit (Gruppendiskussion/Vortrag)
   2. Praktisch-technische Intelligenz
      a) Rechenfähigkeit/Mathematisches Denken
      b) Technisches Verständnis
   3. Räumliches Vorstellungsvermögen

III. Arbeitsverhalten
   1. Konzentrationsvermögen/Ausdauer/Belastbarkeit
   2. Ordnung und Sorgfalt
   3. Arbeitsorganisation

Übersicht: Anforderungen in Einstellungstests

Nach dieser Systematik haben wir unseren ausführlichen Testtraining-Teil aufgebaut und stellen Ihnen zu den einzelnen Aufgaben und Anforderungen Übungsbeispiele zur Verfügung. Sollten Sie noch keine Erfahrungen mit Einstellungstests haben, dürfte es Sie vielleicht interessieren, wie der Ablauf eines Einstellungstests im Einzelnen aussehen kann. Auf den Seiten 32 bis 34 finden Sie zwei Beispiele.

Anforderungen an Einstellungstests

Jedes Testverfahren, das den Anspruch erhebt, ein Test im wissenschaftlichen Sinne zu sein, muss einer Reihe von »Gütekriterien« genügen. Darunter versteht man drei Anforderungen an Tests:

1. Objektivität
2. Zuverlässigkeit
3. Gültigkeit

Objektivität bezeichnet den Grad der Unabhängigkeit des Testergebnisses vom Untersucher. Das bedeutet: Egal, wer eine bestimmte Person testet, Durchführung, Auswertung und Interpretation des Tests müssen immer gleich sein.

Unter *Zuverlässigkeit* eines Tests wird der Grad der formalen Genauigkeit verstanden, mit der ein Test ein bestimmtes Verhaltens- oder Persönlichkeitsmerkmal misst. Das bedeutet: Wenn Sie am Montag einen Konzentrationstest machen, der zuverlässig zu sein vorgibt, muss vier Tage später, am Freitag also, Ihr Ergebnis in dem Konzentrationstest bei einer Wiederholung genauso ausfallen.

Die *Gültigkeit* eines Tests bezeichnet die inhaltliche Genauigkeit, mit der ein Test dasjenige Persönlichkeitsmerkmal oder diejenige Verhaltensweise, die er messen will, tatsächlich auch misst. Das bedeutet: Misst ein Test z. B. wirklich die Berufseignung für einen bestimmten Beruf, ist er wirklich in der Lage vorherzusagen, ob Sie in einem bestimmten Beruf einmal erfolgreich sein werden?

Alle diese drei Eigenschaften werden anhand von Zahlen ausgedrückt und durch große, zum Teil langwierige wissenschaftliche Untersuchungen ermittelt.

Übersicht: Möglicher Ablauf eines Einstellungstests für einen Ausbildungsplatz als Verwaltungsfachangestellte(r)

Ablauf	Testart	Anforderungen	vgl. Testtraining Seite/Aufgabe	Dauer (ca., in Min.)
1.	Lückendiktat (»selbst gestrickt«)	Rechtschreibkenntnisse	198	20
2.	Kenntnisprüfung (»selbst gestrickter« Fragenkatalog)	Allgemeinwissen, ca. 30 Fragen zu: Staat/Politik/Geschichte/Erdkunde	85/1, 2	30
3.	Intelligenztest (»wissenschaftlich«)	Allgemeine intellektuelle Fähigkeiten:	98/1–21	60
		Logisches Denken/Abstraktionsfähigkeit		
		Ableitung von Regeln (sprachliche, graphische und Zahlenaufgaben)		
		Gestaltwahrnehmung	171/1–7	
		Spezielle intellektuelle Fähigkeiten:	187/1–8	
		Sprachbeherrschung/Verbale Intelligenz		
		Wort- und Sprachverständnis		danach Pause
		Praktisch-technische Intelligenz	222/1–14	
		Rechenfähigkeit/Mathematisches Denken		

Übersicht: Möglicher Ablauf eines Einstellungstests für einen Ausbildungsplatz als Verwaltungsfachangestellte(r) *(Forts.)*

Ablauf	Testart	Anforderungen	vgl. Testtraining Seite/Aufgabe	Dauer (ca., in Min.)
4.	Aufsatz	schriftliche Ausdrucksfähigkeit 3 Themen zur Auswahl: – Warum ich Verwaltungsfachangestellte(r) werden will – Kann der Tourismus zur Völkerverständigung beitragen? – Verlängerung der Lebensarbeitszeit – pro und kontra	206	60
5.	Konzentrationstest (»wissenschaftlich«)	Arbeitsverhalten: Konzentrationsvermögen/Ausdauer/Belastbarkeit	280/1–4	10
eventuell zusätzlich				
6.	spezieller Büro-Eignungstest (»wissenschaftlich«)	Arbeitsverhalten: Arbeitsorganisation Ordnung und Sorgfalt Rechenfähigkeit	291/1–4	30

Übersicht: Möglicher Ablauf eines Einstellungstests für einen Ausbildungsplatz als Betriebsschlosser

Ablauf	Testart	Anforderungen	vgl. Testtraining Seite/Aufgabe	Dauer (ca., in Min.)
1.	Kenntnisprüfung (»selbst gestrickter« Rechentest)	Grundrechenarten	223/1–4	15
2.	Auszug aus einem Intelligenztest (»wissenschaftlich«)	Spezielle intellektuelle Fähigkeiten: Räumliches Vorstellungsvermögen Praktisch-technische Intelligenz	252/1–7	30
		Rechenfähigkeit/Mathematisches Denken (Rechentextaufgaben)	231/13	
3.	Spezieller Eignungstest (»wissenschaftlich«)	Praktisch-technische Intelligenz: Technisches Verständnis	238/1–20	45 danach Pause
4.	Spezieller Eignungstest (»selbst gestrickt«)	Handgeschicklichkeit/Technisches Verständnis (Zusammenbau eines Türschlosses nach Anweisung)		10
5.	Konzentrationstest (»wissenschaftlich«)	Arbeitsverhalten: Konzentrationsvermögen/Ausdauer/ Belastbarkeit	280/1–4	40
eventuell zusätzlich				
6.	Diktat (»selbst gestrickt«)	Rechtschreibkenntnisse	198	15

Bei den selbst gestrickten Tests fehlen solche Untersuchungen. Es gibt keine Angaben zu den Gütekriterien, und der Aussagewert solcher selbst gemachten, hauseigenen Tests ist deshalb äußerst fragwürdig. Auch eine Mischform aus selbst gestrickten Tests und Teilen aus sog. wissenschaftlichen Tests ist in der Brauchbarkeit nicht besser. Das heißt mit anderen Worten: Schlechter Wein wird dadurch nicht besser, dass man ihn mit Zucker süßt.

Aber selbst bei den sog. wissenschaftlichen Tests ist festzustellen, dass die Kennwerte für Zuverlässigkeit und Gültigkeit von Fachleuten immer wieder kritisiert werden. Dazu ist schon sehr viel Fachliteratur geschrieben worden. Die Kritik reicht von der Infragestellung der angegebenen Gütekriterien bis hin zu dem Nachweis, dass bestimmte Testaufgaben keinesfalls das messen, was sie vorgeben, eigentlich messen zu können (z. B. räumliches Vorstellungsvermögen, siehe dazu S. 252). Um es ganz deutlich zu sagen: Bei selbst gestrickten Tests, aber auch bei sog. wissenschaftlichen Tests ist das Ergebnis keinesfalls unumstritten. Man darf deshalb unter keinen Umständen sein persönliches Schicksal, sein Selbstwertgefühl oder eine wichtige eigene Entscheidung von solch einem Testergebnis abhängig machen, Dies gilt in ganz besonderem Maße für die Einstellungstests, die von Arbeitgeberseite durchgeführt werden. Aber auch gegenüber Tests, die vom Arbeitsamt mit dem Ziel der Berufsberatung durchgeführt werden, ist eine gewisse Skepsis angebracht.

Jeder verantwortungsbewusste Diplom-Psychologe und Berufsberater weiß, dass die hierzu eingesetzten Testverfahren nur Anhaltspunkte geben können, aber keinesfalls absolut eindeutige, sichere Empfehlungen. Das Ergebnis ist bei speziellen Arbeitsamt-Tests unter anderem von Ihrer aktuellen Befindlichkeit und der Interpretation des Testergebnisses abhängig. Immer bedarf es eines ausführlichen Gesprächs und einer Klärung Ihrer individuellen Interessen. Es muss an dieser Stelle noch einmal deutlich hervorgehoben werden: Jeder Form von Tests ist mit einem gesunden Maß an Skepsis zu begegnen, insbesondere dann, wenn diese Tests nicht in einem für Sie wirklich beratenden Sinne durchgeführt werden, wie z. B. auf dem Arbeitsamt, sondern im eindeutigen Interesse eines anderen Auftraggebers (z. B. Ausbildungsplatzanbieter). Verantwortungsvolle Diplom-Psychologen werden Ihnen bestätigen, dass keiner der sog. wissenschaftlichen Tests in der Lage ist, sicher in die Zukunft zu schauen.

Einstellungstests aus Arbeitgeber- und Bewerbersicht

Auf die Frage, warum Eignungstests bei Ausbildungsplatzsuchern eingesetzt werden, kann man von Arbeitgeberseite folgende Argumente hören:

- Die große Zahl der Bewerber um die vorhandenen Ausbildungsplätze macht ein Auswahlverfahren unter Zuhilfenahme von Tests unumgänglich. Nicht jeder Bewerber ist für jede Tätigkeit gleich gut geeignet.
- Die Schulnoten sind kein zuverlässiges Messinstrument für die Berufseignung, da die unterschiedlichen Maßstäbe bei der Benotung deren Aussagekraft einschränken.
- Die Aussagekraft von Schulnoten ist zu allgemein, da die Schule nicht speziell auf einen Beruf vorbereitet.
- Die Schulnoten machen eine Aussage über bisherige Leistungen des Schülers, in der Ausbildung werden aber neue Anforderungen gestellt. Deshalb ist eine Aussage über die zu erwartende Leistungsfähigkeit im zukünftigen Ausbildungsberuf notwendig.
- Das Testergebnis ermöglicht eine bessere Vergleichbarkeit als die Schulnoten.
- Tests dienen dazu, der Firma/Institution teure Fehlentscheidungen bei der Bewerberauswahl zu ersparen.
- Tests erhöhen die Gerechtigkeit bei der Auswahl. Das hat Vorteile für beide Seiten – für den Arbeitgeber wie für den Ausbildungsplatzsucher.
- Der Bewerber bekommt eine Rückmeldung, ob seine Begabung mit den Anforderungen in dem von ihm gewählten Beruf übereinstimmt.
- Bei erfolgreichem Bestehen des Tests und Erhalt eines Ausbildungsplatzes hat der Bewerber fast die Gewähr, dass er die Ausbildung erfolgreich absolvieren wird.
- Der Test dient in erster Linie einer Auswahl, aber zusätzlich stellt er auch eine Hilfe und Unterstützung für den Jugendlichen dar,

weil er dadurch seine wirklichen Begabungen besser erkennen kann.

- Ein Abbruch der Ausbildung (durch den Betrieb oder den Auszubildenden) bleibt weitgehend erspart. Der Test erfüllt also zusätzlich eine Beratungsfunktion.

Wie erleben und beurteilen jugendliche Ausbildungsplatzsucher die Einstellungstests? Betroffene berichten – zunächst über generelle Erfahrungen, Gefühle und Eindrücke:
»Wir waren ungefähr 50 Personen in einem Raum, alles war ziemlich eng, und es herrschte eine stickige, dicke Luft. Zunächst wurde erzählt, dass sich 400 Bewerber gemeldet haben und nur 50 Leute genommen werden. Da ist schon ein ganz merkwürdiges Gefühl entstanden, so ein richtiger Machtkampf. Dann ging es los. Die haben sehr viele Sachen in die Tests reingebracht. Das Ganze hat 5 Stunden gedauert. Diktat, Aufsatz, Mathematikaufgaben und Intelligenztest, das war für einige Leute wohl zu viel, die sind einfach zwischendurch abgehauen, weil die wohl gemerkt haben, das schaffen sie sowieso nicht.«
»Und dann zum Schluss, das war das Allerschärfste, da hat der Testleiter dann gesagt: ›Seien Sie nicht traurig darüber, wenn Sie nicht eingestellt werden. Denken Sie an den olympischen Spruch: ›Dabeisein ist alles!‹«
»Ich habe mich verdammt einsam und verlassen gefühlt, als ich da als Einzelner angekommen bin. Viele sitzen schon im Raum und gucken einen so merkwürdig an – was will denn der jetzt hier, da habe ich mich schlecht gefühlt.«
»Bei mir lief der Test über 8½ Stunden, das war so nervenzerbröckelnd, dass ich, als ich nach Hause gekommen bin, mich sofort ins Bett gelegt habe und gleich eingeschlafen bin. Der Test lief folgendermaßen ab: Man hatte ein dickes Buch vor sich, während die ganze Zeit vor einem eine Riesenuhr tickte, so eine Art Stoppuhr, die wurde immer wieder neu eingestellt, und man musste so schnell rechnen, wie man konnte. Ich habe die Aufgaben heruntergerattert, und in der Angst, dass man dann doch nicht so viel schafft, wie die sich vielleicht vorgestellt haben, habe ich sicher auch eine ganze Menge Flüchtigkeitsfehler gemacht. Nach wenigen Minuten ging es also los in einem so klirrenden Ton, da hieß es: ›Umblättern, jetzt ist die nächste Seite dran.‹ Und das fast 9 Stunden lang – ich war also fix und fertig, ich habe nur gedacht, nie wieder so einen Test!«
»Ich habe mich ziemlich einsam und verlassen gefühlt, als ich dahin

gekommen bin. Ich wusste nicht, was auf mich zukommt, und es herrschte eine sehr unpersönliche Atmosphäre. In einem sehr großen Raum, der auf mich sehr kalt gewirkt hat, saßen viele Personen. Dann hat der Prüfer in kurzen Worten geschildert, was man zu tun hat. Er hat auch die Zeitspannen angegeben, in denen alles erledigt werden musste. Auch wer nicht fertig geworden ist, musste zur nächsten Aufgabe übergehen. Die ganzen Ausführungen haben mir einen enormen Schrecken eingejagt.«

Zu einzelnen Testaufgaben und Fragen:

»Ich musste so dämliche Fragen beantworten: Wie lang ist ein 10-Euro-(€)-Schein, oder wie groß ist ein 14-jähriges Mädchen und lauter solche Sachen …«
»Ich musste Klötze von einer Seite zur anderen stecken, und das so schnell wie möglich. Die Zeit wurde gemessen. Ich weiß nicht, was das mit meinem zukünftigen Beruf als Hochdruckrohrschlosser zu tun hat. Da muss ich mehr grobe Sachen machen und nicht solche feinen Fingergeschicklichkeitstests. Ich meine, das finde ich Schwachsinn.«
»Ich musste bei einer Firma einen Aufsatz schreiben über zwei DIN-A4-Seiten mit dem Thema: ›Der Apfel‹. Da war es bei mir total aus, welcher normale Mensch kann denn zwei Seiten über einen Apfel oder über eine Birne schreiben. Einen Zusammenhang zu dem angestrebten Beruf habe ich überhaupt nicht sehen können. Da war auch keiner. Jetzt fallen mir noch Scherzfragen ein, die ich beantworten musste, zum Beispiel: Ein Forscher hätte eine Münze gefunden, auf der eingraviert wäre, 400 vor Christus, ob ich das glauben würde. Ich habe hingeschrieben: Ja. Aber zum Schluss musste ich erfahren, dass es eine Scherzfrage war, denn es kann ja keiner wissen, wann Christus einmal geboren wird, und deswegen kann ja auch nicht 400 vor Christus auf der Münze stehen.«

Auch aus Vorstellungsgesprächen wird über ganz merkwürdige Aufgaben und Fragen berichtet:

»Ich wollte Friseuse werden, und da hat der Chef zu mir gesagt, ich soll ihm einen Obstbaum malen. Das habe ich auch getan und einen Obstbaum gemalt mit vielen Früchten dran, so wie ich mir das vorgestellt habe. Später habe ich von einem Bekannten, der ein Testauswertungsbuch hat, gehört, wie man so etwas auswerten kann ... Dann bin ich noch gefragt worden, ob ich eine Kundin bedienen würde, die Läuse hat. Und ob ich bereit wäre, für eine Kundin Zigaretten holen zu gehen.«

»Ich habe mich auch bei einem Friseur vorgestellt, und er hat mich dann gefragt, was meine Mutter und was mein Vater arbeiten. Auch, ob ich mit ihnen gut auskomme oder ob ich vorhätte, bald auszuziehen. Ich wusste nicht, worauf das hinauslaufen sollte, und weil ich die Stelle unbedingt haben wollte, habe ich seine Fragen beantwortet. Heute weiß ich, dass das gar nicht notwendig war, weil den das nichts angeht, auch, ob ich zum Beispiel schwanger bin oder so etwas alles.«

»Ich habe Reinfälle erlebt mit dem Allgemeinwissen, da wurde z. B. gefragt, wer 1997 die Tour de France gewonnen hat und welche Farbe die olympischen Ringe haben und lauter solche blödsinnigen Sachen.«

»Ich wurde bei einer Firma mal gefragt, wie oft Deutschland nach 1952 Fußballweltmeister geworden ist. Das war kein Sportfachgeschäft, sondern eine Elektrofirma, die Frage hatte also mit dem Beruf überhaupt nichts zu tun. Ich wurde auch gefragt: ›Eine Ampel ist gelb, folgt dann grün oder rot?‹ Ich glaube, dass das nun wirklich mit dem Auswahlverfahren überhaupt nichts zu tun hat.«

»Bei mir war es im Gespräch so, dass sie mich gefragt haben, ob ich in der Schule schon mal ein Amt hatte, Klassen- oder Schulsprecher usw. war, und wie ich zu Gewerkschaften stehe.«

»Ob ich in einer Partei bin, haben sie mich auch gefragt, die wollen ja wissen, was hinter dem Menschen steht, den sie einstellen.«

Welche Gedanken und Erklärungen machen sich Jugendliche über diese Auswahlmethoden?

»Für diesen Test hatte man zwei Stunden Zeit, die meiner Meinung nach ausreichen, um den Test ohne Lücke zu beenden. Voraussetzung ist lediglich das kompakte Wissen eines Allround-Genies und eines Mathematikers.«

»Bei uns im öffentlichen Dienst ist es so, dass der Arbeitgeber auch einen staatstreuen Diener will, also einen möglichst dumm gehaltenen Mitarbeiter, der nicht aufmuckt. Für mich ist das nichts anderes, als bei verschiedenen Menschen zu sehen, ob sie schwach sind oder ob sie Durchhaltevermögen haben, aber mit wahrem Wissen hat so ein Test meiner Meinung nach nichts zu tun. Wenn einer vielleicht intelligent ist, aber Prüfungsangst hat, was wird dann mit dem, der kriegt nie eine Stelle. Der geht schon mit der Angst hin: Um Gottes willen, das schaffe ich nie, so viele Aufgaben packe ich nicht. Wenn er nicht unter diesem Zeit- und Leistungsdruck stehen würde, würde er es ja ganz locker packen, aber so hat es eben nur mit Nervenstärke zu tun. Irgendwo bekommt man dann unheimliche Angst vor dem Beruf, wenn man sich nämlich überlegt: Ach du meine Güte, vielleicht ist es in dem Beruf auch so, nur Stress, nur Druck, du musst, du musst, du musst ... Und dann, wenn du mal ein bisschen langsamer bist, hinkst du hinterher, dann sind dir alle anderen voraus. Also ich bin ganz ehrlich, ich finde, die vergraulen einem den Beruf.«

Deutlicher als durch diese Aussagen Betroffener ist das krasse Missverhältnis zwischen Anspruch (Arbeitgebersicht) und Wirklichkeit (Testpraxis) kaum wiederzugeben. Die Berichte von Testteilnehmern sprechen eine deutliche Sprache und bedürfen kaum eines Kommentars. Nur so viel sei noch angemerkt: Die von den Testteilnehmern als unerträglich erlebte Testsituation wird von keinem als Hilfe oder sogar Beratung empfunden. Dieses Arbeitgeberargument ist eine krasse Form der Verleugnung der tatsächlichen Absichten. Für die Arbeitgeber mögen die Tests angeblich eine Hilfe sein, sie sollen *sie* beraten, aber nicht die Jugendlichen, gegen die sie eingesetzt werden.

Zur Kritik an Einstellungstests

An Einstellungstests ist zu kritisieren:

Abwälzen auf den Einzelnen

Bei den Einstellungstests für Ausbildungsplatzsucher wird eine gesellschafts- und wirtschaftspolitische Misere (zu wenig Ausbildungsplätze) auf den Einzelnen abgewälzt. Dieser ist dann der Testversager und somit selbst schuld. Seine angeblich mangelhaften Rechen- und Rechtschreibkenntnisse usw. lassen ihn als »nicht ausbildungsfähig« erscheinen. Damit wird »dem zunächst Ausbildungswilligen und auch den Betroffenen, meist hilflosen Eltern, auf eine unvorstellbare, unverantwortliche Art und Weise klarzumachen versucht, dass die inzwischen erworbenen Qualifikationen des Schulabgängers nicht ausreichen, einen anerkannten Ausbildungsberuf zu erlernen«.[1*]

Entwertung der Schule

Durch die Infragestellung des Wertes von Zeugnissen durch die Arbeitgeber »haben sich Aufgaben und Erziehungsziele der Schule dem Sinn und Inhalt von Eignungstests absolut unterzuordnen. Was der Bewerber wissen muss, wird neuerdings vom Arbeitgeber und nicht mehr vom Rahmenplan der ... Schule bestimmt«.[2]

Falsche Vorhersagen durch Tests

Die Gefahr, dass Tests falsche Vorhersagen machen, ist zu groß. Testerfolg ist keine Garantie für Berufserfolg. Und Testversagen bedeutet nicht, dass man in dem Beruf später einmal nichts leisten kann. Fehlentscheidungen aufgrund von Einstellungstests gehen aber immer zu Lasten des Ausbildungsplatzbewerbers. Er erhält keine Chance.

Die angebliche Überprüfung der Berufseignung ist auch deshalb äußerst fragwürdig, weil die Kriterien für Be-

* Die Anmerkungen befinden sich auf den Seiten 329 ff.

rufserfolg nicht mit Sicherheit zu bestimmen sind. So wichtige Merkmale wie Kreativität, Motivation, Interesse und Neigung werden durch die Tests nicht erfasst. Sie bleiben bei testgesteuerten Auswahlentscheidungen unberücksichtigt.

Die übliche Testform im Multiple-Choice-System, bei der die richtige Antwort unter mehreren Wahlmöglichkeiten anzukreuzen ist, schließt neue Einfälle, Verbesserungsvorschläge und Kreativität aus.

Lernen und Weiterentwicklung ausgeschlossen

Im Grunde genommen lassen Tests kaum eine Chance zur Weiterentwicklung der Persönlichkeit. Die ausgesiebten Bewerber erhalten jedenfalls keine Chance mehr, ihre Entwicklungs- und Lernfähigkeit zu zeigen. Dass Tests eine Person durchschaubar machen können, ist ein Vorurteil. Die meisten Testverfahren weisen grobe wissenschaftliche Mängel auf. Ihre Testergebnisse sind schlicht falsch, grob verzerrt oder höchst ungenau. Der angerichtete Schaden ist weitaus größer als der angebliche Nutzen.

Stress, Angst und Freiheitsentzug

Die Testsituation ist mit ihrer u. U. lebenslangen Auswirkung eine existenzielle Stresssituation ohnegleichen. Der Getestete wird zum Objekt und ist einer Zwangssituation hilflos ausgeliefert. Er muss sich der Testsituation, die Elemente von Freiheitsentzug enthält, gezwungenermaßen unterziehen, da er sonst seine Chancen auf Null reduzieren würde.

Testverweigerung unmöglich

Wegen der wichtigen Konsequenzen, die mit Testerfolg oder -misserfolg verbunden sind, können Tests Reaktionen auslösen, die in der konkreten Berufs- und Anforderungssituation kaum in diesem Maße auftreten und die die Testleistung erheblich verzerren: Dabei sind vor allem Angst sowie Hemmungs- und Spannungsgefühle zu nennen.

Angst macht dumm

Die Art und Weise der Durchführung von Einstellungstests erzeugt häufig Angst. Somit wird lediglich die Fähigkeit geprüft, Angst zu ertragen. Große Angst aber verzerrt die Leistung. Angst macht dumm.

Neben der offiziell angeblich festzustellenden Berufseignung werden heimlich auch andere Dinge zu testen versucht. Vor allem Anpassungsbereitschaft, Beherrschtheit (selbst bei ungerechter Behandlung),

Großzügigkeit (kein zu schmaler Rand bei Aufsätzen), Sauberkeit und Ordnung usw.

Beeinträchtigung des Selbstwertgefühls

Die gängige Einstellungstestpraxis mit den häufigen Ablehnungsbescheiden kann zu einer erheblichen Beeinträchtigung des Selbstwertgefühls führen, da durch den scheinbar wissenschaftlichen Charakter des Verfahrens der Eindruck entsteht, man sei für den Beruf zu dumm. Unter dem Eindruck des Leistungsprinzips wird der Misserfolg allein an den Getesteten festgemacht, nicht aber an den fragwürdigen Methoden.

No future

Arbeitgeber tragen mit der Handhabung der Ausbildungsplatzvergabe wesentlich zu der sich ausbreitenden »Null-Bock«- und »No future«-Mentalität unter Jugendlichen bei.

Entwicklungsfähigkeit verneint

»Ist nicht der Hinweis wichtig, dass Testverfahren meist nur feststellen, was aus einem Menschen – vergangenheitsbezogen – geworden ist? Was sagt ein Test darüber aus, welche Möglichkeiten ein Ausbildungsplatzbewerber hat, wenn er ganz neuen Einflüssen und Forderungen ausgesetzt wird und wenn er zusätzlich Hilfen bekommt, die ihm bisher fehlten?«[3]

Jeder kann noch etwas dazulernen. Wenn in einem Test Kenntnisse und Fertigkeiten geprüft werden, bei denen ein Bewerber schlecht abschneidet, kann dies doch nicht bedeuten, dass er diese Kenntnisse und Fertigkeiten nie erwerben kann. Deshalb strebt man ja auch eine Berufsausbildung an. Hier geht es um die Bereitschaft, etwas lernen zu wollen. In der Konsequenz wird aber aus dem Testergebnis abgeleitet, dass der Bewerber gar nicht erst in die Ausbildung aufgenommen wird. Ihm wird eine Chance vorenthalten.

Sozial Schwächere ohne Chance

Sozial Schwächere sind ohne Chance, da sie – nicht in der Lage, Spitzenleistungen zu zeigen – bei der »Besten«-Auslese einfach rausfallen. Je knapper die Ausbildungsplätze werden, desto schärfer herrscht der Verdrängungswettbewerb. Abiturienten verdrängen Realschüler, diese verdrängen Hauptschüler, und Problemgruppen wie Behinderte, Sonderschüler und Ausländer haben überhaupt keine Aussicht. Tests erhöhen also auf keinen Fall die Chancengleichheit. Alle, die durch ihr Elternhaus und/oder soziale Umstände benachteiligt sind, haben bei der Testauslese meistens keine Chance.

Leistungsnormen werden bis zur Unerträglichkeit gesteigert, weil Arbeitgeber am liebsten nur noch »olympiareife« Genies als Mitarbeiter beschäftigen wollen. Für jeden, der diese Spitzenleistungen auf Dauer nicht erbringt, weil er vielleicht einmal krank ist oder weil er älter wird, besteht die Gefahr, dass er »rausfliegt«.

Kritik vom Psychologenverband

Der Berufsverband Deutscher Psychologen hat auf den Missbrauch wissenschaftlicher Tests bei Einstellungen in Unternehmen oder in den öffentlichen Dienst hingewiesen. In der Stellungnahme hieß es, dass »die Gefahr des wissenschaftlichen und unwissenschaftlichen Missbrauchs psychologischer Verfahren durch unzureichend ausgebildete Personen drastisch gestiegen« sei. Psychologische Tests, die ursprünglich entwickelt worden sind, um Ratsuchende besser beraten zu können, »pervertieren in der Hand psychologischer Laien (Ausbildungsleiter, Personalchefs; Anm. d. Verf.) zu reinen Aussiebungstests«.[4]

Mit Demokratie nicht vereinbar

Der Diplom-Psychologe O. Maier sagte in einem kritischen Referat über die Auslesepraxis bei Ausbildungsplatzsuchern auf einem Bundeskongress der Sektion Arbeits- und Betriebspsychologie im Berufsverband Deutscher Psychologen: »Die ›Berufsethischen Verpflichtungen für Psychologen‹ verlangen vom Psychologen ausdrücklich, ›in jeder beruflichen Tätigkeit auf das Wohl der Menschen bedacht‹ zu sein, ›die von seiner Berufsausübung betroffen werden‹. Und weiter: ›Er weiß sich dem Dienst am Individuum und an der Gesellschaft, in der er lebt, verpflichtet.‹ Diese Gesellschaft ist eine demokratische Gesellschaft. Und die Demokratie lebt von der offenen Information. Gesellschaft und Staat werden aus der Perspektive Jugendlicher vorwiegend von Erwachsenen repräsentiert. Der Jugendliche erlebt das Machtgefälle zwischen den Erwachsenen und sich häufig in Form von Informationsrestriktionen der Erwachsenen als taktischem Mittel, gerade und insbesondere gelegentlich berufsorientierter Eignungsuntersuchungen. In einer Welt und Zeit, in der offensichtlich die Technokraten immer mehr Einfluss auf das politische

Geschehen gewinnen – und das heißt, negativ formuliert, dass das Menschliche im sozialen Verkehr zunehmend verloren geht –, kann und darf es uns als Angehörige – als Praktiker – einer Sozialwissenschaft nicht gleichgültig lassen, dass im Bereich der beruflichen Eignungsdiagnostik die reinen, kalten Techniker mehr und mehr die Oberhand gewinnen über diejenigen Fachkollegen, denen das Wohl des Probanden (der Testperson; Anm. d. Verf.) primäre Maxime ihres beruflichen Handelns geblieben ist ... Offenheit und absolute Informationsbereitschaft des Diagnostikers (Testanwenders; Anm. d. Verf.) gegenüber dem Probanden ist also ein Gebot politischer Vernunft.«[5]

Verletzung der Informationspflicht

Die Informationspflicht bei psychologischen Eignungsuntersuchungen wird in der Regel nicht eingehalten. Zu dieser würde gehören:

- Vorstellung von Untersuchungsleiter und evtl. Mitarbeitern (Diplom-Psychologe oder nicht?)
- Begründung, warum überhaupt psychologische Tests zur Anwendung kommen
- Information über Sinn und Zweck der Untersuchung
- Information über die Auswahlrichtlinien und das Gewicht der Untersuchungsergebnisse in diesem Rahmen
- Information über den Ablauf der Untersuchung – dazu gehören Informationen
  - über die Art der Aufgaben (z. B. Niveau- oder Schnelligkeitstests, vgl. S. 74)
  - ihre Durchführung und Dauer
  - ihre Auswertung
  - über die am Testende vorgesehene Ergebnisbesprechung
- Information über Beziehung und Zusammenhang zwischen den angewendeten Testverfahren und Tätigkeitsanforderungen am Arbeitsplatz
- abschließendes Beratungsgespräch

Die dargestellten Informationspflichten gegenüber den Testteilnehmern sind von Fachpsychologen nicht delegierbar auf nichtpsychologische Mitarbeiter.[6]

Es müsste auch eine Information darüber erfolgen, wie hoch die Fehlerquelle des Tests ist. Dadurch könnte der Getestete erfahren, dass nicht er oder seine neun bzw. x Jahre lang besuchte Schule versagt hat, sondern dass sich auch der Test irren kann.[7]

Ein Ausbilder kritisiert

Aus betrieblicher Sicht macht Dr. Dieter Dunkel auf die eigentlich begrenzte Bedeutung von Testverfahren zur Auswahl von Bewerbern für Ausbildungsplätze aufmerksam:

»Eines sollten wir jedoch immer im Auge behalten: Die Bewerber um einen Ausbildungsplatz kommen zu uns, um etwas zu lernen, um sich zu den dringend benötigten Fachkräften zu entwickeln. Wenn wir sie gleich mit den als oft seelenlos empfundenen Tests konfrontieren und diesen blind vertrauen, sprechen wir den jungen Leuten die Entwicklungsfähigkeit ab. Dabei können wir unsere Ausbildungsbemühungen nur mit unserem Vertrauen in die Entwicklungsfähigkeit des Menschen rechtfertigen. Wollen wir den jungen Leuten wirklich Chancen geben, sich zu entwickeln, müssen wir also den Ergebnissen von Tests im Allgemeinen und den psychologischen Testaufgaben im Besonderen mit kritischer Reserviertheit gegenüberstehen.«[8]

Man kann die Kritik an der Einstellungstestpraxis folgendermaßen zusammenfassen:

Einstellungstests sind aus unterschiedlicher Perspektive gesehen

politisch:	mit modernem Demokratieverständnis nicht vereinbar,
soziologisch:	autoritärer Machtmissbrauch, Ausnutzen einer Herr-Knecht-Beziehung; es geht um Klassifizierung und Wertung der Ware Mensch,
juristisch:	in weiten Teilen rechtswidrig (siehe dazu S. 47),
psychologisch:	mehr als fragwürdig und mit

	den berufsethischen Grundsätzen für Psychologen nicht zu vereinbaren,
pädagogisch:	schädlich und unverantwortlich,
psychoanalytisch:	Befriedigung sadistischer Impulse der Testanwender, vergleichbar mit den Initiationsriten (Mutproben bei der Aufnahme in den Erwachsenenstatus) bei den Naturvölkern (z. B. Spießrutenlaufen).

Was tun? Welche Konsequenzen kann man aus dieser Kritik ziehen?

Der Psychologie-Professor und Testkritiker Siegfried Grubitzsch schlägt drei Vorgehensweisen zur kritischen Auseinandersetzung mit Tests vor:

1. Die theoretische Kritik (mit der wir uns hier nur verkürzt beschäftigen können)
2. Testtrainings-Seminare (das ist der zweite Teil unseres Buches)
3. »Die Veröffentlichung von Tests einschließlich ihrer theoretischen Analyse.« Denn, so Prof. Grubitzsch: »Tests funktionieren ja nur aufgrund ihres Überraschungseffektes und ihrer Unbekanntheit. Deshalb kann nur ihre Bekanntheit ein wirksames Mittel gegen die ausgeübte Testpraxis sein.«[9]

Rechtliche Probleme bei Einstellungstests

Für die Menschenrechtskommission der Vereinten Nationen war das Thema Tests bereits 1973 so wichtig, dass sie sich veranlasst sah, zum Thema »Schutz der Privatsphäre im Lichte moderner psychologischer und physikalischer Methoden zum Herauslocken von Informationen« eine Reihe von Empfehlungen zu geben:

»1. Die Staaten werden aufgefordert, den Einsatz psychologischer Testverfahren außerhalb von Beratung und Therapie gesetzlich zu regeln.

2. Der Einsatz psychologischer Tests soll sich primär am Schutzan-

spruch des einzelnen orientieren und nur von sach- und fachkundigen Personen durchgeführt werden.
3. Besondere Bestimmungen sollen die Möglichkeit regeln, Testuntersuchungen ohne nachteilige Folgen zu verweigern und gegen die aus Testbefunden abgeleiteten Konsequenzen Einspruch zu erheben.
4. Im Ausbildungs- und Arbeitsbereich sollen nur solche Testverfahren zur Anwendung kommen, die nachweisbar einen direkten Bezug zu den sachlichen Anforderungen erkennen lassen.
5. Gebrauch, Vertraulichkeit und Verbreitung der Testergebnisse bedürfen einer gesetzlichen Regelung.
6. Der Einsatz von Persönlichkeitstests, die Rückschlüsse auf unbewußte und innere psychische Prozesse erlauben, soll besonders strengen Regelungen unterliegen, die den Schutz der Menschenwürde gewährleisten.«[10]

Die in Punkt 1 geforderte gesetzliche Regelung zur Anwendung psychologischer Testverfahren zur Personalauslese fehlt in der Bundesrepublik bisher. Von Juristen sind jedoch Zulässigkeitsvoraussetzungen für die Anwendung psychologischer Tests bei der Personalauslese erarbeitet worden, die sich u. a. an allgemeinen arbeitsrechtlichen Grundsätzen orientieren. Nachfolgend eine Zusammenstellung der wichtigsten Rechtsansichten zu Einstellungstests. Diese zeigen, dass die heutige Einstellungstestpraxis überwiegend juristisch unzulässig bzw. rechtswidrig gehandhabt wird. Folgende Zulässigkeitsvoraussetzungen müssen erfüllt sein, damit Tests überhaupt eingesetzt werden dürfen:

Die fachliche Leitung des Tests

Psychologische Testverfahren dürfen nur von Fachpsychologen durchgeführt werden. »Wer sich einem psychologischen Testverfahren im Rahmen einer Eignungsprüfung zu unterziehen hat, muss grundsätzlich auch die Gewissheit haben, daß die Untersuchung von einem Psychologen durchgeführt und geleitet wird.«[11] »Fachpsychologe kann nur ein Berufspsychologe mit staatlich anerkannter wissenschaftlicher Abschlussprüfung sein.«[12]
Der Fachpsychologe (Diplom-Psychologe) unterliegt wie ein Arzt der Schweigepflicht und darf nur das wertende Ergebnis der Begut-

achtung an den Arbeitgeber mitteilen (Schweigepflicht gem. § 203 Abs. 1 Nr. 2 StGB).[13]
Das psychologische Gutachten muss sich in einen Befund und einen Bescheidbogen aufteilen. »Auf dem Befundbogen, der bei dem Psychologen bleibt, wird das Eignungsurteil nebst seiner Begründung festgehalten. Der Bescheidbogen, der dem Arbeitgeber ausgehändigt wird, enthält nur das Eignungsurteil (z. B. ›geeignet‹, ›bedingt geeignet‹, ›nicht geeignet‹). Eine Begründung ist rechtmäßig unzulässig. Allenfalls kann die Weiterleitung des Befundes bei einem Mitarbeiter, der eine besonders gefährliche Tätigkeit ausübt, gestattet sein. Aus diesem Grunde ist die in der Industrie verbreitete Praxis, psychologische Stellungnahmen zu begründen, z. B. die gesamten Untersuchungsunterlagen dem Arbeitgeber zu übersenden, rechtswidrig.«[14]
F. J. Klein kommt in seiner Arbeit über »Die Rechtmäßigkeit psychologischer Tests im Personalbereich« zu dem Ergebnis, dass »die in der Wirtschaft verbreitete Praxis, psychologische Eignungsuntersuchungen von Nichtpsychologen durchführen zu lassen, rechtswidrig« ist.[15]

Aufklärungspflicht des Psychologen

»Vor jeder Testuntersuchung hat der leitende Psychologe in großen Zügen bekanntzugeben, welche Eignungsmerkmale geprüft und welche Verfahren angewandt werden sollen. Diese Aufklärung ist nicht nur aus psychologischer Sicht wünschenswert, sie ist vielmehr rechtlich erforderlich, weil eine wirksame Einwilligung (in den Test; Anm. d. Verf.) voraussetzt, daß der Einwilligende das Wesen, die Bedeutung und die Tragweite des vorgesehenen psychologischen Untersuchungsverfahrens wenigstens in seinen Grundzügen erkennen konnte.«[16]

Unzulässigkeit bestimmter Tests

Testverfahren »müssen sich auf ... die Ermittlung arbeitsbezogener Fähigkeiten und Leistungsmerkmale beschränken, die für die Erfüllung der arbeitsvertraglichen Pflichten maßgebend sind ... Maßgebend ist nach dem Verhältnismäßigkeitsgrundsatz, ob der Test relativ den am Arbeitsplatz gestellten Anforderungen geeignete Beurteilungsgrundlagen liefert. Ein Konzentrations- und Belastungstest ist für einen Piloten geeignet, nicht aber für einen Pförtner. Intelligenztests dürften nach der Zweck-Mittel-Relation insoweit unzulässig sein, als neue aussagefähige Examens- und Prüfungsunterlagen zur Verfügung stehen.«[17]

Persönlichkeitstests und Intelligenztests, die lediglich den Intelligenzquotienten ermitteln, sind grundsätzlich unzulässig.[18]

Graphologische Gutachten bedürfen in jedem Fall der ausdrücklichen Zustimmung des Bewerbers.[19]

»Die von den Testverlagen angebotenen Testbögen dürfen nicht verändert, einzelne Testteile nicht ausgelassen oder neue, selbst entwickelte oder aus fremden Tests übernommene Testteile eingefügt werden.«[20]

Rechtlich unzulässig sind die von Betriebspsychologen und Laien entwickelten Tests und Testbatterien, »deren Objektivität, Reliabilität oder Validität ungeprüft ist oder einer wissenschaftlich gesicherten Überprüfung nicht standgehalten haben«.[21]

Es ist unzulässig, Verfahren einzusetzen, deren Ergebnisse nicht als wissenschaftlich gesichert angesehen werden können, das gilt in besonderem Maße für selbst gestrickte, aber auch für wissenschaftliche Tests.

Recht auf Einsicht in die Testunterlagen und Auskunft über das Testergebnis

Alle drei Juristen, die sich in den letzten Jahren ausführlich mit der Problematik der psychologischen Testverfahren im Personalbereich befasst haben, stellen übereinstimmend fest, dass der Bewerber ein Recht auf Einsicht in die Testunterlagen und auf detaillierte Auskunft über das Testergebnis hat.[22]

Diese juristische Auffassung wird durch das Urteil des Bundesverfassungsgerichts zum Volkszählungsgesetz 1983 vom 15.12.1983 unterstützt. Das Bundesverfassungsgericht hat darin das Recht auf »informationelle Selbstbestimmung« definiert:

»Freie Entfaltung der Persönlichkeit setzt unter den modernen Bedingungen der Datenverarbeitung den Schutz des Einzelnen gegen unbegrenzte Erhebung, Speicherung, Verwendung und Weitergabe seiner persönlichen Daten voraus. Dieser Schutz ist daher von dem Grundrecht des Art. 2 Abs. 1 in Verbindung mit Art. 1 Abs. 1 GG umfaßt. Das Grundrecht gewährleistet insoweit die Befugnis des Einzelnen, grundsätzlich selbst über die Preisgabe und Verwendung seiner persönlichen Daten zu bestimmen.«[23]

Anspruch auf Schadenersatz

Es besteht Anspruch auf Schadenersatz für den Fall der rechtswidrigen Verwendung psychologischer Tests:
»Gemäß §§ 75 Abs. 2 BetrVG, 276 ff., 249 ff. BGB bzw. §§ 242, 276 ff., 249 ff. BGB könnte der Arbeitgeber verpflichtet sein, dem Arbeitnehmer seinen materiellen und seinen immateriellen Schaden zu ersetzen, wenn der Arbeitgeber durch eine psychologische Begutachtung ihm obliegende vertragliche oder vorvertragliche Pflichten rechtswidrig und schuldhaft verletzt.
Führt der Arbeitgeber die psychologische Begutachtung selbst durch, ist eine widerrechtliche Verletzung dieser Pflichten ohne weiteres zu bejahen, da – wie bereits ausgeführt – psychologische Untersuchungen nur unter der Leitung eines Psychologen durchgeführt werden dürfen.«[24]

Zu unserem Buch: Sinn und Ziel von Testtraining

Aufgrund der Kritik an den Einstellungstests ergibt sich als notwendige Konsequenz, den Ausbildungsplatzbewerbern eine Art Gegengewicht in die Hand zu geben. Dazu ist zunächst die Frage zu beantworten: Kann man sich auf Tests überhaupt vorbereiten?

Von Testautoren und Testanwendern wird immer wieder behauptet, dass man sich auf Tests nicht vorbereiten kann.

Es liegt auf der Hand, dass diese Personengruppe ein berechtigtes Interesse hat, dies zu behaupten, da sie einen Verlust des Überraschungs- und Unbekanntheitseffektes befürchtet, ohne den Tests nicht funktionieren.

Man kann sich auf jede Prüfungs- und Testsituation vorbereiten. Wissenschaftliche Untersuchungen belegen, dass Testtraining und Testwiederholung das Testergebnis verbessern können.

Folgende Argumente sollen Sie überzeugen, dass eine Vorbereitung auch für Ihr Abschneiden in einem Einstellungstest nur von Vorteil sein kann: Je mehr Sie sich vorher mit der Prüfungssituation auseinander gesetzt haben, je besser Ihr Vorbereitungsmaterial war, desto weniger wird die Testsituation für Sie völlig neu sein und Sie überraschen und lähmen.

Durch die vorherige Bearbeitung von Aufgaben und von ganz speziellen Aufgabestellungen können Sie eine günstige Bearbeitungstechnik entwickeln und einüben, die Ihnen in der Prüfungssituation hilft. Das trifft vor allem auf Aufgabentypen und -situationen zu, die Ihnen bisher völlig unbekannt waren.

Mit folgender Beispielaufgabe wollen wir dazu einen didaktischen (lerntechnischen) Aspekt verdeutlichen:

Sie sollen den gemeinsamen Oberbegriff für zwei vorgegebene Worte finden. Suchen Sie den gemeinsamen Nenner (das Gemeinsame) für: Apfel und Birne. Lösung: Obst, Frucht usw.

Diese Lösung ist relativ einfach. Jetzt für das Wortpaar: Sekunde und Stunde. Lösung: Zeit, Zeiteinheit usw.

Was aber haben – um Himmels willen – Kleeblatt und Elefant gemeinsam? Hier auf den gemeinsamen Nenner, auf das Verbindende zu kommen, ist weitaus schwieriger. Lösung: Lebewesen. Diese Lösungsmöglichkeit wird bei Ihnen sicherlich zu einem »Aha-Effekt« führen.

Wenn Sie jetzt die Aufgabe gestellt bekommen, was ist das Gemeinsame von einem Kaktus und einer Ameise, hoffen wir, dass Sie nach kurzer Überlegung auch auf den Begriff ›Lebewesen‹ kommen. Mit anderen Worten, Sie werden lernen, Verbindungen zwischen den unmöglichsten Dingen herzustellen.

Bei sehr vielen Testaufgaben kommt es vor allem darauf an, dass Sie das Aufgabenprinzip und das dazugehörige Lösungsschema schnell begreifen, um produktiv zu werden.

Zusätzlich ist es notwendig, trotz Zeitdruck möglichst konzentriert und fehlerfrei zu arbeiten. Natürlich ist eine Prüfungssituation sehr viel stressiger als eine Übungsaufgabe, die Sie zu Hause bearbeiten können (auch wenn Sie sich den Zeitdruck selbst machen). Die Gelegenheit, die verschiedenen Aufgabensysteme und die Bearbeitungsstrategien in angemessener Zeit vor einer realen Prüfungssituation auszuprobieren und zu üben, wird den Überraschungseffekt, die damit verbundene Verunsicherung und die Angst, das Nichtwissen (»was wollen die eigentlich von mir?«) weitestgehend reduzieren, vielleicht sogar ganz ausschalten. Mit diesem Testtraining geben wir Ihnen eine Vorbereitungsmöglichkeit auf Aufgabensituationen, wie sie in den heute gängigen Einstellungstests wirklich vorkommen. Hier trifft Großmutters alter Spruch zu: Übung macht den Meister.

Wenn Sie einen Führerschein machen wollen, bereiten Sie sich ja auch auf die Fahrschulprüfung vor, Sie nehmen eine ausreichende Anzahl von Fahrstunden (Praxis) und erarbeiten sich die theoretischen Kenntnisse. Sie nutzen die gegebenen Vorbereitungsmöglichkeiten, indem Sie alle Prüfungsfragen vorher üben. Diese sind Ihnen zugänglich.

Meistens weiß man also bei Prüfungen, welche Anforderungen gestellt werden. Das gilt sowohl für die Führerscheinprüfung als auch für Prüfungen in der Schule und bei der Berufsausbildung. Nur im Bereich der Einstellungstests herrscht der inhumane Zustand, dass man in der Regel nicht weiß, was auf einen zukommt. Das ist ganz offensichtlich ein angestrebter Effekt, um aufgrund Ihrer Überraschung, Verwirrung und Hilflosigkeit zu sehen, wie Sie reagieren. Da aber von Ihrer Reaktion eine für Sie sehr wichtige Entscheidung

abhängt, sollten Sie sich entsprechend vorbereiten. Dazu will dieses Buch beitragen.
Zusammengefasst lässt sich sagen: Ziel unseres Testtrainings ist es, Ihnen die Möglichkeit zu geben, sich so konkret wie möglich auf die verschiedensten Einstellungstests und deren Abwandlungen in Form von selbst gestrickten Aufgabensammlungen vorzubereiten. Wir haben die 20 gebräuchlichsten Einstellungstests und entsprechende Aufgabenbeispiele zu Anforderungsgebieten zusammengestellt.
Aufgrund dieser aus einem Fertigkeits- und Merkmalsbereich angebotenen Übungsaufgaben bekommen Sie einen guten Überblick über die gängigen Testmethoden und besitzen nach Bearbeitung der Übungsaufgaben in der realen Testsituation einen Verständnisvorteil in Bezug auf Fragestellung, Aufgabentyp, geforderte Leistung und Bearbeitungsstrategie.

Testtraining: Fragen, Bedenken und Antworten

Das Buch erweckt den Eindruck, als ob Sie Tests generell ablehnen.
Wir lehnen psychologische Testverfahren keinesfalls pauschal ab. Es gibt durchaus sinnvolle psychodiagnostische und klinische Tests, die in einer Psychotherapie und Beratungssituation zum Nutzen des Patienten (Klienten, Ratsuchenden usw.) sinnvoll angewandt ihre wichtige Funktion haben. Voraussetzung ist natürlich, dass sie von Fachpsychologen verantwortungsvoll durchgeführt werden. Diese Voraussetzung besteht aber bei den von uns kritisierten Einstellungstests nicht.

Sind Sie gegen jede Form der Bewerberauswahl?
Eine Auswahl wird es in allen Lebensbereichen ständig geben. Ebenso wie man seine Freunde auswählt, wird auch ein Arbeitgeber seine Mitarbeiter auswählen wollen. Wir kritisieren in diesem Zusammenhang die inhumanen und fragwürdigen Methoden der Auswahl. Unsere Kritik basiert auf psychologischen, pädagogischen und juristischen Argumenten.

Können Sie eine bessere Form der Bewerberauswahl vorschlagen?

Wir haben keine Patentlösung für dieses Problem. Bei der jetzigen Situation ist festzustellen, dass jedes andere Verfahren, selbst ein Losverfahren gerechter wäre als diese pseudowissenschaftlichen und objektiv wirkenden Einstellungstests. Von gewerkschaftlicher Seite sind zu diesem Fragenkomplex Vorschläge gemacht worden. Für uns steht fest: So darf es nicht weitergehen, das Testunwesen muss gestoppt werden.

Mit Ihrem Buch erreichen Sie das Gegenteil, denn die Arbeitgeber werden sich jetzt neue Tests ausdenken, und die Situation wird für Ausbildungsplatzsucher noch schwieriger.

Zunächst einmal muss man wissen, dass die Anforderungen nicht unbegrenzt sind, sondern im Prinzip feststehen (siehe S. 29). Veränderbar ist vielleicht die Aufgabengestaltung, beispielsweise die Zahlen einer Mathematikaufgabe. Aber der Aufgabentyp – also z. B. die Dreisatz- oder Prozentaufgabe – bleibt gleich. Es ist nahezu unmöglich, völlig neue Anforderungsgebiete und Aufgabentypen zu entwickeln. Wichtig ist uns, das Aufgabenprinzip und das Lösungsschema zu verdeutlichen.

In Ihrem Buch geben Sie keine detaillierten Informationen darüber, welcher Test in welchem Wirtschaftszweig angewendet wird.

Das ist richtig, weil es den Rahmen dieses Buches sprengen würde, wenn wir für jeden Ausbildungsgang die verschiedenen Einstellungstestverfahren vorstellten. Das ist aber auch gar nicht notwendig, weil z. B. der Intelligenz-Struktur-Test bei so unterschiedlichen Ausbildungsberufen wie Chemiefacharbeiter, Verwaltungsfachangestellte(r) oder Polizist eingesetzt wird. Mit unserem Testtraining decken wir ca. 90 % aller möglichen und eingesetzten Einstellungstestverfahren ab. Außerdem sollte man sich auf alle möglichen Aufgabentypen vorbereiten, weil man nie sicher sein kann, was im Einzelnen genau drankommt, da die Tests wenig berufsbezogen sind.

Sie machen das Lebenswerk von Psychologen kaputt, die sich mit der Entwicklung und Geheimhaltung ihrer Tests sehr viel Mühe gemacht haben. Im Grunde begehen Sie einen Verrat an der Psychologie, zumindest an der Test-Psychologie.

Dieses Buch ist kein Verrat an der Psychologie, eher kann man umgekehrt sagen, dass ausbildungswillige und -fähige junge Leute von zum Teil selbst ernannten Testpsychologen verraten werden. Die

heute praktizierte Einstellungstest-Praxis steht im krassen Gegensatz zu den berufsethischen Verpflichtungen für Psychologen, die unter anderem etwas über die Würde und den Wert des Individuums aussagen, die bei Einstellungstests geradezu mit Füßen getreten werden.
Einige Testautoren und Verlage verdienen mit den Einstellungstests sehr viel Geld, auf Kosten der jugendlichen Ausbildungsplatzbewerber, deren Berufsentwicklung und Lebensschicksal von zweifelhaften Einstellungstests mit abhängt. Der Grundsatz der Verhältnismäßigkeit ist hier zu beachten, und wir müssen uns fragen, wie viel nie wieder gutzumachendes Unrecht und Leid durch diese Tests bereits angerichtet wurde.

Die Originaltestaufgaben sind doch ganz anders. Sie stellen hier ein verzerrtes Bild der Testwirklichkeit dar!
Da sind wir ganz anderer Meinung. Aufgrund der Urheberrechtsgesetzgebung können wir aber hier nicht den Beweis antreten. Unsere zweijährige Testtraining-Praxis hat uns und unseren Teilnehmern gezeigt, wie sinnvoll eine Vorbereitung sein kann, wie wir sie im Testtraining-Teil präsentieren. Sollten Sie dennoch bei der einen oder anderen Aufgabe große Schwierigkeiten haben, so ist zu bemerken, dass auch die Originalaufgaben Schwierigkeiten verursachen und Gefühle von Verzweiflung bis Ärger auslösen. Aber in der wirklichen Testsituation bekommen Sie das Ergebnis der Testaufgaben niemals mitgeteilt, sodass Sie über die richtige Lösung gar nicht nachdenken und diskutieren können.

Mit Ihrem Buch und dieser riesigen Aufgabensammlung machen Sie den Jugendlichen noch mehr Angst. Sie helfen und entlasten überhaupt nicht!
Da benennen Sie ein wichtiges Phänomen. Sie sprechen von »noch mehr Angst«. Die Angst, die dem Leser jetzt bewusst wird, ist schon vorher da gewesen, aber unbewusst. Es ist die Angst vor einer undurchschaubaren Situation, und aufgrund mangelnder Information konnte die Angst bisher nicht an bestimmten Anforderungen und Aufgaben festgemacht werden. Das ist jetzt durch unser Buch natürlich anders, weil die Aufgabentypen vorliegen. Aber durch das konkrete Arbeiten mit diesen Testaufgaben kann man die konkrete Angst vor bestimmten Anforderungen nicht nur besser artikulieren, sondern man kann sie auch besser angehen. Es besteht jetzt die Chance zu lernen, mit der Angst besser umzugehen und sie gleich-

zeitig dadurch zu reduzieren, dass man sich mit bestimmten Anforderungen, z. B. Mathematik, vertraut macht. Dabei stellt sich doch die Frage: Warum sollte man vor einer Situation die Augen verschließen, wenn man sie auch aufmachen kann?
Man sollte auf jeden Fall abwägen, was günstiger ist – die Betroffenen darüber aufzuklären, was auf sie zukommt, oder sie unvorbereitet in diese unangenehme Stresssituation gehen zu lassen. Wir wollen informieren und aufklären, auch um die gängige Einstellungstest-Praxis einer breiteren Öffentlichkeit zur Diskussion zu stellen. Vielleicht kann man das an einem Beispiel etwas besser verdeutlichen: Wenn Sie jemanden sehen, der die Straße überquert und in Gefahr ist, von einem Auto überfahren zu werden, würden Sie ihm nicht auch zurufen: »Achtung! Vorsicht! Ein Auto!« Oder würden Sie ihn in sein Unglück laufen lassen, gemäß dem Sprichwort: Jeder ist seines Glückes Schmied? Mit dem gleichen Argument, das Sie hier gegen Testtraining verwenden, könnte man ja auch Kinder vor dem Besuch von Verkehrskindergärten warnen, nach dem Motto: Da wird unseren Jüngsten nur Angst vor dem Verkehr auf der Straße gemacht.

Trotzdem müssen Sie sich den Vorwurf gefallen lassen, dass Sie mit diesem Buch neue Angst erzeugen.
Lassen Sie es uns noch einmal wiederholen: Nicht wir sind es, die Angst erzeugen, sondern die Anwender von Einstellungstests. Nicht wir verlangen so viel von den jungen Leuten, sondern in Einstellungstests werden derartige zum Teil unverschämte Anforderungen an die Bewerber gestellt.

Sie passen die jungen Leute lediglich an das herrschende Auswahlsystem an, indem Sie die Bewerber auf die Anforderungen hin dressieren und von den eigentlichen Ursachen ablenken.
In gewisser Weise verstehen wir diesen Gedanken, aber wer realistisch ist, muss neben einem zu fordernden gesellschaftspolitischen Veränderungsprozess auch dem Einzelnen Hilfe zur Verfügung stellen. An dem Grundübel, dass es zu wenig Ausbildungsplätze gibt, ändern wir nichts, aber mit der Veröffentlichung der Anforderungen hoffen wir, auch einen Beitrag zur kritischen Auseinandersetzung mit der Testpraxis zu leisten. Vielleicht kommt etwas in Bewegung.
Damit dieser Wunsch in Erfüllung gehen kann, sind wir auch auf Ihre Mithilfe angewiesen. Schreiben Sie uns bitte, welche Erfahrun-

gen Sie bei der Bewerbung um einen Ausbildungsplatz gemacht haben:

- Wie sind Sie getestet worden, und wie haben Sie das erlebt?
- Wie ist das Vorstellungsgespräch abgelaufen?
- Aber natürlich interessiert uns auch Ihre Meinung zu diesem Buch (unsere Anschrift steht auf Seite 4).

Teil B Zur Praxis von Bewerbung, Tests und Vorstellungsgespräch

1. Bewerbung und Bewerbungsunterlagen

Bereits die Bewerbung ist eine Prüfungs- und Testsituation, wenn auch noch nicht in dem Ausmaß wie Einstellungstests und Vorstellungsgespräch. Trotzdem: Hier werden die Weichen gestellt, ob Sie überhaupt zu einem Einstellungstest bzw. zu einem Vorstellungsgespräch eingeladen werden. Also gilt auch hier: Vorbereitung mit Berücksichtigung der an Bewerbungsunterlagen zu stellenden Anforderungen ist besser als »Versuch und Irrtum« und laienhafte Unzulänglichkeit.

Arten der Bewerbung

Folgende Bewerbungsarten und Vorgehensweisen sind denkbar:

Bewerbung

- auf ein Ausbildungsangebot in einer Zeitung
- nach Vermittlung des Arbeitsamtes
- auf eigene Initiative – wird besonders gern gesehen! (Anschreiben möglicher Ausbildungsplatzanbieter, Anschriften aus Branchen-Fernsprechbuch, Internet etc.)
- durch Aufgeben einer Anzeige, in der Sie selbst einen Ausbildungsplatz suchen.

Zu den eigenen Möglichkeiten, die Initiative zu ergreifen, gehört auch der Versuch, übers Internet oder telefonisch oder sogar persönlich durch Besuch (z. B. im Laden oder Handwerksbetrieb um die Ecke) Kontakt mit einem möglichen Ausbildungsplatzanbieter (möglichst mit dem Ausbildungsleiter selbst) aufzunehmen.

Bewerbungsunterlagen

In den meisten Fällen werden Sie früher oder später eine schriftliche Bewerbung schreiben müssen. Zu einer schriftlichen Bewerbung für einen Ausbildungsplatz gehören in der Regel folgende Unterlagen:

1. Bewerbungsschreiben
2. Lebenslauf
3. Foto
4. Zeugniskopien (möglichst der letzten beiden Schulzeugnisse. Es muss nicht das Abschlusszeugnis sein, bewerben Sie sich schon rechtzeitig!)
5. Evtl. vorliegende Bescheinigungen/Nachweise (als Fotokopie) über
   - ein Praktikum
   - oder sonstige Kenntnisse und Fähigkeiten (z. B. Schreibmaschinen-, Fremdsprachenkurs, EDV- bzw. Computerfertigkeiten, längerer Auslandsaufenthalt, DRK-, DLRG-Kurs usw.)

- nur Format DIN-A4 verwenden
- verwenden Sie qualitativ gutes, weißes Papier für Bewerbung und Lebenslauf
- nur einseitig beschreiben
- nur neue, gute Fotokopien bzw. Ausdrucke verwenden (möglichst auf Normalpapier), nicht solche, die schon mehrfach auf dem Postweg waren
- Flecke, Eselsohren und zerknülltes Papier fallen extrem negativ auf
- benutzen Sie für Bewerbung und Lebenslauf (wenn nicht ausdrücklich handschriftlich verlangt) eine Schreibmaschine mit gutem Farbband und Schriftbild bzw. einen Computer
- verwenden Sie bei handgeschriebenen Bewerbungsschreiben oder Lebenslauf möglichst einen Füllhalter oder einen Tintenschreiber (besser als Kugelschreiber oder Filzstift)
- achten Sie auf saubere, lesbare Handschrift
- achten Sie auf gute Platzaufteilung (ca. 4 cm Rand links, ca. 3 cm rechts)
- sowohl für Maschinen- wie für handschriftliche Schreiben gilt: möglichst nicht radieren, verbessern, durchstreichen (besser: neu schreiben)

- bei Computerausdrucken darauf achten, dass zur Gestaltung nicht zu viele Schriftarten genommen wurden (wirkt unruhig)
- alle Unterlagen möglichst in einzelne DIN-A4-Prospekthüllen stecken (bloß nicht alle Unterlagen in eine Hülle, aus der sie dann mühsam hervorgezerrt werden müssen)
- verwenden Sie für die postalische Zusendung aller Unterlagen einen stabilen DIN-A4-Umschlag
- an ausreichende Frankierung denken

Übersicht: Allgemeine Empfehlungen für die Bewerbungsunterlagen

Das Bewerbungsschreiben

Das Bewerbungsschreiben ist Ihre Visitenkarte, eine Art erste Arbeitsprobe, und kann Ihre Chancen, einen Ausbildungsplatz zu bekommen, nur verbessern, wenn Sie gut formulieren und einwandfrei schreiben.

Das Bewerbungsschreiben sollte berücksichtigen (siehe Beispiel S. 64):

1. Oben links: Vorname und Name
2. Darunter: Straße, Hausnummer, darunter Postleitzahl, Ort, oben Vorwahl/Telefon und (falls vorhanden) E-Mail-Adresse
3. Rechts darunter: Ort, Datum
4. Links unter dem Namen: Vollständige Anschrift der Firma und – falls aus der Anzeige (oder dem Telefongespräch) ersichtlich – den Namen des richtigen Ansprechpartners oder der Abteilung
5. Bewerbungsanlass: Bewerbung um eine Ausbildungsstelle als … oder Ihre Anzeige …
6. Anrede: Falls keine andere bekannt: Sehr geehrte Damen und Herren
7. Zum Inhalt: Worum geht es (Bewerbung um …)
   - Bezug auf Anzeige oder sonstigen Bewerbungsanlass
   - derzeitige Tätigkeit
   - Begründung der Berufswahl (auch dazugehöriger persönlicher Bezug/Praktika/Interessen/Hobbys)

- Warum man sich gerade bei dieser Firma/Institution bewirbt
- Hinweis auf die beigefügten Unterlagen

8. Grußformel: Mit freundlichen Grüßen
9. Hier: Unterschrift (Vor- und Zuname)
10. Anlage(n): Beigefügte Unterlagen aufführen

1. Christoph Bach — 3. Berlin, 10.10.2000
2. Albrechtstr. 116
   12103 Berlin
   Telefon 0 30/91 49 12
   christoph.buch@t-online.de

4. Firma
   Müller & Wagner
   Maschinenbau
   Schlossstr. 14
   12163 Berlin

5. Bewerbung um einen Ausbildungsplatz als Industriekaufmann

6. Sehr geehrte Damen und Herren,

7. mir ist bekannt, dass Sie Auszubildende einstellen. Daher bewerbe ich mich um einen Ausbildungsplatz als Industriekaufmann in Ihrer Firma.
   Zur Zeit besuche ich die Heinrich-Heine-Realschule in Berlin-Steglitz, die ich mit Abschluss der 10. Klasse im Sommer 2001 verlassen werde.
   Ich habe mich in den letzten Monaten intensiv über den Beruf des Industriekaufmanns informiert, unter anderem durch Schriften der Berufsberatung und Gespräche mit Berufsvertretern. Mein Schwager ist in demselben Beruf tätig und hat mir viele Informationen zur Ausbildung und zu Aufgaben und Tätigkeiten des Industriekaufmanns geben können.
   Tätigkeiten wie Planen, Organisieren und auch Kalkulieren habe ich immer mit großem Engagement als Kassenwart meines Fußballvereins übernommen.
   Ich würde mich Ihnen gern in einem persönlichen Gespräch vorstellen und mich über eine Einladung freuen.

Diesem Schreiben habe ich meinen Lebenslauf, die Kopie der letzten beiden Schulzeugnisse, eine Bescheinigung über meine Teilnahme an einem Computerkurs (Excel) sowie ein Lichtbild beigelegt.

8. Mit freundlichen Grüßen

9. Unterschrift

10. Anlagen
    Lebenslauf mit Foto
    Zeugniskopien
    Kopie der Bescheinigung über einen Computerkurs

Warnung: Sollten Sie Ihr Bewerbungsschreiben (abgesehen von Ihren persönlichen Daten) im Wortlaut nahezu gleich abfassen wie hier oder in anderen Büchern vorgeschlagen, wäre das ganz sicher ein Fehler. Viele Ausbilder klagen über die Einfallslosigkeit und Uniformität der Bewerbungsschreiben, die starr nach Anleitungen z. B. vom Arbeitsamt abgeschrieben werden. Ein bisschen Mut zur Individualität, der eine oder andere selbst formulierte Satz, eine persönliche Aussage ist notwendig – ohne nun aber ins andere Extrem zu verfallen und mit grüner Tinte auf rotem Papier zu schreiben.

Der Lebenslauf

Es gibt verschiedene Formen, einen Lebenslauf zu schreiben. In der Schule ist das Unterrichtsstoff. Wir empfehlen eine vereinfachte tabellarische Form, die folgende Angaben enthalten sollte (siehe auch Beispiel S. 66):

1. Persönliche Daten
   - Vor- und Zuname
   - Geburtsdatum und Ort
   - Eltern
   - Name des Vaters und Beruf
   - Name der Mutter und Beruf
   - Zahl der Geschwister, Alter

- Wohnort, Anschrift und Telefonnummer sowie evtl. E-Mail-Adresse

2. Schulbildung
   - besuchte Schulen
   - Schulabschlüsse
   - besuchte Kurse
   - angestrebter Schulabschluss
   - Sprachkenntnisse
     (evtl. Auslandsaufenthalte, auch wiederholte lange Ferienaufenthalte im Ausland)
   - ggf. Praktika/Aushilfstätigkeiten/Neben- und Ferienjobs usw.

3. Weitere Informationen
   - Führerschein (falls vorhanden)
   - außerschulische Kurse (Art und Dauer), z. B. Computerkurs
   - Interessen, Hobbys (besonders solche, die in Zusammenhang mit dem Berufswunsch gebracht werden können)
   - Berufswunsch
   - Datum und Unterschrift

Lebenslauf

Name:	Christoph Bach
Geburtsdatum:	31. August 1985
Geburtsort:	Berlin
Eltern:	Fritz Bach, Bäckermeister Franziska Bach geb. Teufel, Sekretärin
Wohnort:	Albrechtstr. 116, 12103 Berlin Telefon 0 30/91 49 12 christoph.bach@t-online.de
Geschwister:	Ein Bruder, Alter: 10 Jahre
Schulbildung:	1991–2001 Besuch der Grundschule und der Heinrich-Heine-Realschule in Berlin
Voraussichtlicher Schulabschluss:	Sommer 2001
Besuchte Kurse:	Foto- und Sportkurs

Sprachkenntnisse:	Englisch und Französisch
Außerschulische Kurse:	Textverarbeitungs- und Bildbearbeitungskurs (an der Volkshochschule)
Hobbys:	Computer/Fußballverein/ Briefmarken sammeln
Aushilfstätigkeit:	Im Sommer 1998, 1999 und 2000 Ferienjob als Aushilfe bei einer Lokalzeitung
Berufswunsch:	Industriekaufmann

Berlin, 10. Oktober 2000

Ein tabellarischer Lebenslauf sollte (wenn nicht ausdrücklich handschriftlich verlangt) mit der Schreibmaschine/dem Computer geschrieben und von Hand unterzeichnet sein. Sollte eine Handschriftenprobe verlangt werden, empfehlen wir, Ihren Bewerbungsunterlagen eine weitere Seite beizulegen und in ein paar Zeilen (ebenfalls wieder versehen mit Ihrem Namen als Überschrift und Ihrer Anschrift daneben) einige Sätze aufzuschreiben, warum Sie diesen bestimmten Berufswunsch haben. Hier besteht noch einmal die Möglichkeit, Ihr besonderes Interesse an diesem Ausbildungsplatz hervorzuheben. Wenige Sätze reichen dem Beurteiler in der Regel, um einen Eindruck von Ihrer Handschrift zu bekommen. Achtung: Geben Sie eine Handschriftenprobe nur, wenn Sie dazu aufgefordert werden!

Das Foto

Zu einem guten Bewerbungsschreiben gehört auch ein gutes Foto. Schnellfotos aus Passbildautomaten sind bisweilen unvorteilhaft. Ein Bild kann Ihren Berufsstart beeinflussen – der Weg zum Fotografen lohnt sich und ist vielleicht gar nicht so teuer, wie Sie denken (ca. 7–10 Euro (€)). Wählen Sie aus mehreren Fotos das vorteilhafteste aus, achten Sie dabei auf dezente Kleidung sowie auf eine gute und ordentliche Frisur. Denken Sie daran: Sie bewerben sich weder beim Theater noch beim Film. Lassen Sie sich von dem Bild Ihrer

Wahl mehrere Abzüge im Passbildformat (5,5 × 4 cm oder etwas größer) anfertigen. Bitte denken Sie daran: keine Ganz-, Ferien-, Postkarten- oder Familienfotos! Schreiben Sie auf die Rückseite des Fotos Ihren Namen und Ihre Adresse. Befestigen Sie das Foto mit einem kleinen Klebepunkt auf der rechten Seite (obere Hälfte) Ihres Lebenslaufes.

Zu guter Letzt

Wenn Sie alle Unterlagen sorgfältig vorbereitet haben, packen Sie diese in einen großen (für DIN-A4 geeigneten) Umschlag (am besten mit verstärktem Rücken) und versehen ihn mit der Anschrift des Empfängers. Auch hier gilt: Das Anschriftenfeld, Ihr Absender und zu guter Letzt die Briefmarke müssen mit der gleichen Sorgfalt behandelt werden wie Ihre Unterlagen.
Bisweilen glauben Ausbildungsplatzsucher, wenigstens bei der Briefmarke ihren verständlichen Frust über die ganze Bewerbungsmisere rauslassen zu dürfen, indem sie diese z. B. falsch herum aufkleben. Solche Aktionen stoßen nicht unbedingt auf die Toleranz und den Humor des Empfängers. Die Bewerbung per Einschreiben zu schicken macht einen denkbar ungünstigen Eindruck. Der ganz normale Postversand ist in der Regel völlig ausreichend. Die korrekte Frankierung ist ebenso Voraussetzung, nicht unangenehm aufzufallen.
Eine Alternative zum Postversand besteht darin, die Unterlagen persönlich abzugeben. Hierbei können Sie davon ausgehen, dass man sich Ihr Äußeres und Ihr Auftreten anschaut, vielleicht sogar merkt. In manchen Betrieben kann das Ihre Chance durchaus verbessern. Unter Umständen laufen Sie dem Ausbildungsleiter oder dem Meister über den Weg, und es ergibt sich ein Gespräch. Auch die Sekretärin des Betriebes ist wichtig: Bisweilen haben Sekretärinnen ein gewichtiges Wort bei der Personalauswahl mitzureden.
Übrigens: Wir kennen einen Bewerber, der seinen Ausbildungsplatz sofort bei der ersten Bewerbung bekommen hat. Wir kennen aber eine ganze Menge Ausbildungsplatzsucher, die über 20 Bewerbungen rausschicken mussten, bevor sie Erfolg hatten. Im Schnitt müssen wohl heutzutage zwischen 10 und 20 Bewerbungsschreiben abgeschickt werden, bevor es mit einem Ausbildungsplatz klappt.

Verzweifeln Sie also nicht, weder nach der dritten noch nach der 20. erfolglosen Bewerbung. Es könnte gerade die 21. sein, die Erfolg hat. Auch hier gilt: Man sollte sein Selbstwertgefühl nicht von der Zu- oder Absage eines Arbeitgebers abhängig machen – dazu sind die Auswahlkriterien zu willkürlich und undurchschaubar. Aber zugegeben: leicht gesagt und schwer getan.

2. Tests

Tipps für Tests – vor dem Test

Emotionale Vorbereitung

Stellen Sie sich die Testsituation einmal vor: Welche Gefühle bekommen Sie, welche Erwartungen haben Sie an sich selbst, aber auch: mit welchen Erwartungen begegnen Ihnen andere, z. B. Eltern, Geschwister und Freunde?

Gelassenheit anstreben

Zu große Sicherheit, aber auch zu große Unsicherheit können Probleme bewirken. Anzustreben ist eine mittlere Position der Gelassenheit, etwa nach der Formel: »Entweder habe ich Erfolg oder nicht, ich will mich der Situation auf jeden Fall stellen und versuchen, das Beste für mich herauszuholen. Auf jeden Fall werde ich etwas lernen und nicht aufgeben.« Geduld und Durchhaltevermögen sind bei der Bemühung um einen Ausbildungsplatz mit am wichtigsten. Es ist sehr unwahrscheinlich, dass es auf Anhieb klappt, aber es ist sehr wahrscheinlich, dass Sie mit zunehmenden Bewerbungserfahrungen einen Ausbildungsplatz erhalten.

Selbstwertgefühl nicht vom Testergebnis abhängig machen

Wie erreichen Sie eine angemessene realistische und gelassene Einstellung gegenüber diesen Tests? – Sie sollten wissen: Tests sind kein Gottesurteil über den Wert Ihrer Person. Machen Sie Ihr Selbstwertgefühl auf keinen Fall vom Testresultat abhängig. Das gilt sowohl für den erfolgreich als auch für den nicht bestandenen Test. Testerfolg ist keine Gewähr für Ausbildungs- und Berufserfolg, ebenso wenig wie Testmisserfolg heißt, dass Sie für den Beruf nicht geeignet oder gar zu dumm sind.

Es ist heute sogar so, dass Sie auch nach bestandenem Test nicht unbedingt einen Ausbildungsplatz bekommen.

Test-, Autoritäts- und Wissenschaftsgläubigkeit abbauen

Auch wenn die eingesetzten Testverfahren den Anschein von Objektivität und absoluter Wissenschaftlichkeit bei Ihnen erwecken, so sollten Sie doch wissen, dass dies alles nur Fassade ist. Bauen Sie Ihre Autoritäts- und Wissenschaftsgläubigkeit ab. Auch wenn Ihnen durch die Autorität einer Firma bzw. eines Machtapparates suggeriert wird, man wisse ganz genau, warum man sich wie entscheidet. Kein Mensch kann in die Zukunft sehen, geschweige denn einen lern- und entwicklungsfähigen jungen Menschen absolut richtig beurteilen.

Solidarität verschaffen

Alle diese Argumente sind auch für die Personen von besonderer Wichtigkeit, die Sie unterstützen, manchmal aber leider auch hemmen. Oftmals sind es ja gerade die Eltern, Geschwister oder Freunde, die einem die Situation durch negative Prophezeiungen und/oder übergroße Erwartungen noch zusätzlich erschweren. Setzen Sie sich mit der Erwartungshaltung und der Einstellung Ihrer Eltern auseinander. Zeigen Sie diesem Personenkreis, welche Aufgaben und Probleme Sie bei Tests voraussichtlich lösen müssen. Lassen Sie diese Personen selbst einmal Aufgaben aus diesem Buch lösen, und vermitteln Sie ihnen so die Erfahrung, dass die Anforderungen bei solchen Einstellungstests keinesfalls kinderleicht sind.

Viele Leute, die bereits über eine langjährige Berufserfahrung verfügen und durchaus erfolgreich in ihrem Beruf sind, würden wohl heutzutage bei diesen Auswahlmethoden keinen Ausbildungsplatz bekommen. Verschaffen Sie sich durch Aufklärung und Information Ihrer Eltern die notwendige Solidarität, den unterstützenden Rückhalt, den Sie für die schwierige Situation brauchen.

Intellektuelle Vorbereitung

Informationen über Tests sammeln

Sammeln Sie so viele Informationen wie möglich über Einstellungstests, die bei der Bewerberauswahl in dem von Ihnen angestrebten Ausbildungsberuf eingesetzt werden. Interviewen Sie Ihre Klassenkameraden oder andere Personen, die sich beworben haben. In der Schule sollte Ihr Lehrer eine angemessene Zeit für die Vorbereitung auf Bewerbung und Einstellungstests zur Verfügung stellen. Vielleicht können Sie auch über Ihre Schule, zusammen mit Mitschülern und Lehrern, eine Anfrage an verschiedene Ausbildungsbetriebe richten, welche Testverfahren eingesetzt werden.

Tests üben

Bereiten Sie sich auf die intellektuellen Anforderungen in Tests vor, z. B. durch

- intensives Durcharbeiten dieses Buches und Wiederholen von Aufgaben und Lösungsstrategien (nicht zu kurz vor dem Testtermin)
- Sammeln von Testerfahrung, indem Sie sich bei mehreren Firmen/Institutionen bewerben und an Einstellungstests teilnehmen, auch wenn Sie an einem Ausbildungsplatz in der betreffenden Firma/Institution nicht unbedingt interessiert sein sollten
- gute Vorbereitung besonders auf die Anforderungen in Rechnen und Rechtschreibung
- laufende Information über das aktuelle Zeitgeschehen.

Organisatorische Vorbereitung

Pünktlich kommen

Informieren Sie sich gut über den Ort, an dem der Einstellungstest stattfindet. Berücksichtigen Sie die Anfahrtszeit, damit Sie rechtzeitig ankommen und nicht abgehetzt sind. Kommen Sie weder zu früh noch zu spät. Suchen Sie sich einen guten Platz aus. Setzen Sie sich nicht in die Nähe von Eingangstüren, damit eventuelle Störgeräusche Ihre Konzentration nicht beeinträchtigen.

Vor einem Testtermin sollten Sie gut ausgeschlafen

sein, sich körperlich gesund fühlen und in Ruhe gefrühstückt haben. Sagen Sie den Testtermin lieber ab, wenn Sie sich krank fühlen. Bitten Sie um einen neuen Termin, den man Ihnen in der Regel ohne Probleme geben wird. Wichtig ist das vorherige Bescheidsagen. Wählen Sie bequeme Kleidung. Durch das An- oder Ablegen einer Jacke oder eines Pullovers können Sie sich der Raumtemperatur anpassen, falls es zu warm oder zu kalt ist.
Nehmen Sie mehrere Schreibgeräte (2 Bleistifte, 2 Kugel- bzw. Filzschreiber, Radiergummi, Bleistiftanspitzer, Lineal) und eine Armbanduhr mit (möglichst mit Sekundenanzeiger).
Denken Sie daran, sich eine Kleinigkeit zu essen mitzunehmen, z. B. Süßigkeiten. Konzentration und Müdigkeit werden auch durch den Blutzuckerspiegel beeinflusst. Tests können manchmal sehr lange dauern.

Bittere Pillen

Noch ein Hinweis – Stichwort Tabletten:
Man kann sie nehmen, um sich zu beruhigen, man kann sie in der Nacht davor genommen haben, um wenigstens ruhig durchzuschlafen, man kann sie in der Absicht nehmen, besser in Form zu sein – alle Sorten von Tabletten beinhalten ein großes Risiko. Nutzen und Risiko stehen in einem sehr ungünstigen Verhältnis, besonders wenn Sie sonst nie Tabletten einnehmen, kann der Effekt völlig anders sein als gewünscht. Statt eine gewisse Form der Ruhe zu erreichen, können Sie plötzlich nicht mehr klar denken, oder das am Abend eingenommene Schlafmittel benebelt Sie immer noch, die Tabletten, die Sie in Form bringen sollten, schmeißen Sie aus der Kurve, Sie sind übernervös und flatterig und bekommen nichts Vernünftiges zu Papier. Generell raten wir von Tabletten ab (Ausnahmen natürlich: ärztlich verordnete Medikamente).

Beim Test

Nach der Vorbereitung jetzt zur eigentlichen Testsituation: Wir geben konkrete Hinweise auf

- mögliche Fragen an den Testleiter zu Beginn des Tests
- wichtige Aspekte bei der Aufgabenerklärung
- Bearbeitungs- und Lösungsstrategien.

Mögliche Fragen an den Testleiter zu Beginn des Tests

- Ist der Testleiter Diplom-Psychologe?
- Informationen zum Testverfahren (falls nicht automatisch entsprechende Erläuterungen abgegeben werden):
  - Handelt es sich um einen wissenschaftlichen oder einen selbst gestrickten/hauseigenen Test?
  - Was für Merkmale sollen getestet werden?
  - Handelt es sich um einen Niveau- oder Schnelligkeitstest?*
  - Wie lange dauert dieser Test insgesamt?
  - Wie viel Zeit steht für die einzelnen Tests (Untertests) zur Verfügung?
  - Wird das bekannt gegeben?
  - Ist die Aufgabenschwierigkeit ansteigend?
  - Sind Notizen auf einem extra Blatt erlaubt?
  - Wie ist der Antwortbogen zu handhaben, wie sind die Beantwortungen zu machen?
  - Wie ist bei Korrekturen zu verfahren?

Hinweis: Durch Fragen können Sie sowohl positiv als auch negativ auffallen: Kluge Leute können Fragen stellen – zu kritische Frager entsprechen nicht der Forderung nach Anpassung.

* *Schnelligkeitstests* (engl. speed tests) bestehen aus leichten und/oder mittelschweren Aufgaben, die Sie in der vorgegebenen Zeit unmöglich alle bewältigen können. *Niveautests* (engl. power tests) bestehen aus Aufgaben, die im Schwierigkeitsgrad kontinuierlich ansteigen. Die Zeitbemessung fehlt hier oder ist wesentlich großzügiger. Mit der Zeit kommt man in der Regel zurecht. Trotzdem kann man meist nicht alle Aufgaben schaffen, da sie gegen Ende des Tests zu schwierig werden. Bei den Niveautests geht es mehr um Qualität (»Denkleistung«, »power«), weniger um Geschwindigkeit. Aber: Die Mehrzahl der eingesetzten Tests sind Mischformen aus Schnelligkeits- und Niveautests.
Dennoch: Ob es sich um einen reinen Schnelligkeits- oder um einen Niveautest handelt, ist für die erfolgreiche Bearbeitung natürlich eine wichtige und notwendige Information, die Ihnen der Testleiter nicht vorenthalten sollte. Mit dieser Frage können Sie die Prüfungssituation umkehren und schnell die Grenzen Ihres Testleiters sichtbar machen, falls er Ihnen nicht präzise antworten kann.

Aufgabenerklärung

- Nutzen Sie die Zeit, in der Ihnen die Aufgabe (meist mit Beispielen) vorgestellt wird.
- Konzentrieren Sie sich auf die Aufgabenstellung (lesen, mitlesen und/oder zuhören).
- Lesen Sie die Aufgabenstellung konzentriert und bis zu Ende. Jedes Wort ist wichtig. Häufig entstehen viele Flüchtigkeitsfehler durch eine vorschnelle Vermutung, was zu tun sein könnte!
- Stellen Sie sofort Fragen, wenn Sie die Aufgabe (oder einen Teil) nicht verstanden haben (in der Regel werden während der Aufgabenbearbeitungszeit keine Fragen mehr beantwortet).
- Nehmen Sie die Beispielaufgaben als Übungschance wahr. – Verdeutlichen Sie sich das Aufgaben- und Lösungsschema. Um welchen Aufgabentyp handelt es sich?
  (Das werden Sie schnell feststellen können, wenn Sie unser Buch durchgearbeitet haben.)
  Gibt es eine oder mehrere richtige Lösungen?
  Haben falsche Lösungen Abzüge von der Punktzahl zur Folge?
- Welche Antwortart wird verlangt?
  Auswahl aus vorgegebenen Antwortmöglichkeiten.
  Freie Antwort, die von Ihnen selbst formuliert aufzuschreiben ist.
- Versuchen Sie, sich an ähnliche, schon bearbeitete Aufgaben zu erinnern.
- Stellen Sie sich auf Zeitdruck ein.
- Überlegen Sie, ob Sie nicht doch noch eine Frage haben.
- Versuchen Sie, jede Aufgabe zu bearbeiten, wenn sie Ihnen auch noch so unsympathisch, schwierig oder gar unlösbar erscheint.

Aufgabenbearbeitung

Arbeiten Sie so schnell wie möglich und mit einem sinnvollen Maß an Sorgfalt.

- Fangen Sie sofort an.
- Achten Sie darauf, Ihre in der Regel stark begrenzte Zeit nicht zu lange für eine Aufgabe zu verwenden (nicht »festbeißen«).

- In der Regel sind die Tests so aufgebaut, dass man in der begrenzten Zeit nicht alle Aufgaben schaffen kann.
- Bewahren Sie Ruhe, wenn Sie feststellen, dass Sie nur einen Teil der Aufgaben geschafft haben. Ihrem Nachbarn wird es ähnlich gehen.
- Machen Sie einen ernsthaften Versuch, jede gestellte Aufgabe zu lösen (auch wenn sie auf den ersten Blick schwierig oder sogar unlösbar erscheint).
  Beißen Sie sich trotzdem nicht an einer Aufgabe fest. Raten Sie, wenn Sie keine Lösung finden können. Dennoch: Geben Sie nicht zu schnell auf – nicht ohne sich vorher eingehend mit evtl. Lösungsmöglichkeiten beschäftigt zu haben. Gehen Sie erst dann zur nächsten Aufgabe über.
- Bei Schwierigkeiten:
  - Versuchen Sie, den Testleiter zu fragen (was selten gelingen wird).
  - Schauen Sie sich eine zuvor gelöste Aufgabe dieses Aufgabentyps an, oder gehen Sie noch einmal zu den Übungsbeispielen zurück.
  - Gehen Sie zur nächsten Aufgabe weiter, wenn Sie nicht auf die Lösung kommen (um evtl. später noch einmal zu dieser Aufgabe zurückzukehren), oder raten Sie gleich (unter Zuhilfenahme von Ratestrategien, s. u.).
  - Vermeiden Sie, zu viele Aufgaben auszulassen (besser raten).
  - Versuchen Sie, den Test durchzuhalten, geben Sie nicht auf!
- Berücksichtigen Sie: In der Regel ist der Schwierigkeitsgrad der Aufgaben ansteigend (die schwierigsten Aufgaben stehen meist am Ende) – fangen Sie also nicht wie beim Krimi oder der Zeitung von hinten an!
  Trotz in der Regel ansteigender Aufgabenschwierigkeit sollten Sie nicht glauben, dass Sie die nächsten Aufgaben auch nicht werden lösen können, wenn Sie bei einer Aufgabe Schwierigkeiten haben – vielleicht fällt Ihnen gerade die nächste Aufgabe wieder leicht. Arbeiten Sie in jedem Fall weiter, und nutzen Sie die Zeit.
- Sollte Ihnen Zeit verbleiben:
  Befassen Sie sich mit den ausgelassenen Aufgaben und/oder überprüfen Sie Ihre Antworten. Beenden Sie die Aufgabenbearbeitung nicht vor Ende der zur Verfügung stehenden Zeit.
- Abschreibversuche kosten meistens nur unnötige Zeit, da in der Regel unterschiedliche Testversionen mit verschiedenen Aufga-

ben verwendet werden. Wenn Sie Lösungen bzw. Ergebnisse austauschen, in Erfahrung bringen wollen: Wahrscheinlicher ist es, dass Ihr(e) Vorder- bzw. Ihr(e) Hintermann/-frau die gleichen Aufgaben bearbeitet als Ihr Nachbar zur Rechten und zur Linken. Vergewissern Sie sich, ob die Person, mit der Sie die Ergebnisse austauschen, auch wirklich die gleichen Fragen zu beantworten hat, schreiben Sie nicht blind ab.

Speziell: Zum Bearbeiten von Multiple-Choice-Aufgaben*

Versuchen Sie zu erkennen, um welchen Aufgabentyp es sich handelt, und erinnern Sie sich an ähnliche Testaufgaben, die Sie vielleicht schon einmal in diesem Buch gelöst haben.

Zunächst eigene Lösung suchen

Versuchen Sie, eine eigene Lösung für die Aufgabe zu finden, bevor Sie die angebotenen Möglichkeiten anschauen. Wenn Sie dadurch auch nicht sofort auf die richtige Lösung kommen, haben Sie vielleicht aber schon die Richtung, in der dann aus den vorgegebenen Lösungsmöglichkeiten die richtige auszusuchen ist. Die Lösungsmöglichkeiten sind häufig so gewählt, dass sie aufgrund ihrer Ähnlichkeit verwirren. Das kann zur Folge haben, dass Sie verunsichert werden. Wenn Sie sich zunächst Ihre eigene Lösung überlegt haben, kann Ihnen das helfen, diese Unsicherheit zu überwinden. Schauen Sie sich alle Lösungsmöglichkeiten an, auch wenn Ihnen die erste Antwort gleich auf den ersten Blick plausibel und richtig zu sein scheint. Vergleichen Sie die folgenden Lösungsmöglichkeiten mit Ihrer eigenen Lösungsidee.

Ausschlussstrategie

Wenden Sie die Ausschlussstrategie an: Schalten Sie Lösungsmöglichkeiten aus, die nicht infrage kommen, und versuchen Sie so, die richtige Lösung einzukreisen. Es ist leichter, unter zwei verbleibenden Möglichkeiten auszuwählen als unter mehreren. Ihre Chance, richtig zu raten, ist vergrößert. Raten Sie, falls Sie die richtige Lösung nicht herausbekommen.

* Damit werden Testaufgaben bezeichnet, bei denen Sie unter mehreren vorgegebenen Antworten eine oder (seltener) mehrere als richtig kennzeichnen müssen. Die Mehrzahl der Tests besteht wegen der leichteren Auswertbarkeit aus derartigen Mehrfach-Wahl-Aufgaben.

Nach dem Test – bei einer Absage

Nicht aufgeben und aus der Erfahrung lernen

Angenommen, Sie bekommen nach einem Einstellungstest eine Absage: Klar, dass Sie sich jetzt schlecht fühlen, aber geben Sie nicht auf. Machen Sie weiter, überlegen Sie, was Sie aus Ihrer Testerfahrung lernen können. Was können Sie verbessern, wie können Sie sich für den nächsten Einstellungstest vorbereiten? Versuchen Sie, über Ihr Testergebnis Auskunft zu bekommen. Bitten Sie den Ausbildungsleiter um ein Gespräch, vielleicht bekommen Sie hier Hinweise, die Ihnen helfen, die nächsten Testaufgaben besser zu lösen. Verständlicherweise möchten Sie jetzt alles hinschmeißen, fühlen sich betrogen, aber andererseits wissen Sie um die Schwierigkeiten, einen Ausbildungsplatz zu bekommen. Und selbst wenn das Ihr zehnter gescheiterter Versuch war, ist das kein Grund, den elften nicht zu wagen. Machen Sie sich Folgendes klar: Sie haben soeben einen Korb von einer Freundin oder einem Freund bekommen. Auch in einem solchen Falle würden Sie Ihr Interesse für das andere Geschlecht nicht grundsätzlich einstellen, sondern bei der nächsten Gelegenheit Ihre Chancen wieder versuchen. Ebenso sollten Sie bei den Einstellungstests vorgehen. Auch Lottospieler geben nicht auf, wenn sie am Wochenende keine sechs Richtigen haben.

Bloß keine Vorwürfe

Sie können sich vielleicht auch fragen, was Ihnen bei dieser Firma erspart geblieben ist. Wenn schon so fragwürdige Testverfahren eingesetzt werden, ist vielleicht auch ganz generell nicht das Allerbeste von der Firma zu erwarten. Vor allem aber: Machen Sie sich jetzt keine Vorwürfe. Leuten, die Ihnen Vorwürfe machen wollen, wie z. B. enttäuschte Eltern – »Das habe ich mir ja gleich gedacht, hättest du doch bloß mehr gelernt, statt in die Disco zu gehen!« –, begegnen Sie erneut mit Aufgabenbeispielen, z. B. aus diesem Buch, um denen, die meckern wollen, zu zeigen, worum es geht. Machen Sie sich und anderen deutlich: Nicht Sie haben versagt, sondern das Einstellungsverfahren, das Auswahlgremium. Sie sind Opfer des Testunwesens.

- Machen Sie Ihr Selbstwertgefühl nicht vom Testergebnis abhängig.
- Misstrauen Sie den Tests und ihrer angeblichen Aussagekraft.
- Versuchen Sie so, eine gelassene und realistische Einstellung zu der ganzen Sache zu entwickeln.
- Sichern Sie sich die Unterstützung der für Sie wichtigen Bezugspersonen.
- Sammeln Sie Informationen und Erfahrungen über Einstellungstests.
- Üben Sie Testaufgaben.
- Beachten Sie die wichtigsten Bearbeitungsregeln für Testaufgaben:
  - Nutzen Sie die Zeit der Aufgabenerklärung.
  - Arbeiten Sie so schnell wie möglich und mit einem sinnvollen Maß an Sorgfalt.
  - Beißen Sie sich nicht an schwierigen Aufgaben fest.
  - Wenden Sie bei der Aufgabenlösung die Ausschlussstrategie an.
  - Raten Sie die Lösung lieber, anstatt gar nichts anzukreuzen.
- Auch wenn es nicht klappt: durchhalten, nicht aufgeben.
- Weiter bewerben!
- Nicht Sie haben versagt – Sie sind Opfer des Testunwesens.

Übersicht: Tipps für Tests

Noch ein Hinweis: Sollten Sie eine persönliche Frage zu Tests und Testtraining haben, bitte schreiben Sie uns. Wir werden bemüht sein, Ihnen weiterzuhelfen (Adresse auf S. 4).

Testtraining*

Im zweiten Teil dieses Buches bieten wir Ihnen die Möglichkeit zu einem ausführlichen Testtraining. Beispielaufgaben aus allen Testanforderungsgebieten sollen helfen, sich konkret auf die Testsituation vorzubereiten und das Wesen und die Besonderheit der verschiedenen Aufgaben zu durchschauen. Dabei greifen wir auf die am häufigsten eingesetzten »wissenschaftlichen« Testverfahren zurück. In der Regel bestehen alle diese Tests aus mehreren Untertests, das sind Testteile, die unterschiedliche Anforderungen an Sie stellen. So geht es z. B. in einem Untertest um Rechtschreibungskenntnisse, im nächsten um Ihre Rechenkenntnisse, im dritten Teil z. B. um Ihr technisches Verständnis. Wir haben die einzelnen Bausteine dieser verschiedenen Untertests nach Themen zusammengefasst und stellen so das ganze breite Spektrum der möglichen Testaufgaben zu einem Anforderungsgebiet (z. B. räumliches Vorstellungsvermögen) vor. Das erhöht die Chance, über die verschiedenen Arten der Aufgabenstellung zu einem Anforderungsmerkmal umfassend informiert zu sein, und ermöglicht auch, dass Sie sich speziell auf die Gebiete konzentrieren können, die Ihnen Schwierigkeiten machen. Bitte verdeutlichen Sie sich noch einmal: Es wird in den Tests in der Regel nur das geprüft, was Sie einmal gelernt haben. Kein Mensch wird mit der Fähigkeit geboren, die Frage: »Was ist das Gemeinsame zwischen Fliege und Baum?« zu beantworten. Auch das räumliche Vorstellungsvermögen und die Rechenfähigkeit sind nicht angeboren! Durch das Wissen über die Inhalte von Testaufgaben und die Art und Weise, wie diese Inhalte in eine Auf-

* Unser Anliegen ist es, Ausbildungsplatzsucher mit der Art und Weise vertraut zu machen, in der Testaufgaben gestaltet sind. Bei unseren Testtraining-Aufgaben handelt es sich nicht um Zitate aus urheberrechtlich geschützten Tests, sondern um neue Aufgaben und Variationen, die der Art nach so gestaltet sind, wie in Einstellungstests heutzutage üblich.
Entstehende Ähnlichkeiten mit lebenden oder toten Personen oder Testaufgaben sind rein zufällig.

gabenform gebracht werden, ist es möglich, sich die Kenntnisse anzueignen, die in Tests verlangt werden, und sich in der Bearbeitung dieser Aufgaben zu üben. Übung wird Ihnen helfen, Testsituationen besser zu überstehen, da dann vor allem auch der Überraschungseffekt wegfällt, der Sie ohne Training verwirren und vor den Kopf stoßen könnte.

Hinweis zum Testtraining, Stichwort Zeitaufwand

Übung macht den Meister – aber auch: zu viel tut selten gut. Nehmen Sie sich für diesen Teil Zeit, aber nicht die Ruhe.

Dazu einige Vorschläge:

I. Allgemeine intellektuelle Fähigkeiten

- Kapitel 1 und 2 (Allgemeinwissen/Berufsbezogene Kenntnisse)
- Kapitel 3 (Logisches Denken)
- Kapitel 4 und 5 (Gedächtnis/Gestaltwahrnehmung)
- *Jeweils, wenn möglich, einen Tag (ca. zwei bis höchstens drei Stunden)*

II. Spezielle intellektuelle Fähigkeiten

- Kapitel 1a und 1b (Sprachverständnis/Rechtschreibung)
- Kapitel 1c und 1d (Aufsatz/Vortrag)
- *Jeweils, wenn möglich, einen Tag.*

- Kapitel 2a (Rechnen/Mathe)
- *Ruhig an zwei bis drei Tagen durcharbeiten – nicht hasten!*

- Kapitel 2b (Technik – vielleicht können Sie sich das sparen?)
- *Einen halben Tag.*

- Kapitel 3 (Räumliches Vorstellungsvermögen)
- *Wenn möglich, einen ganzen Tag.*

III. Arbeitsverhalten

- Kapitel 1–3
- *In ein bis zwei Tagen.*

Gesamtzeit für Testtraining: ca. 10–12 Tage
(lässt sich notfalls aber auch verkürzen)

Arbeiten Sie nicht zu viel und nicht zu lange hintereinander. Gönnen Sie sich Pausen und eine Belohnung für Ihre Mühe (Eis, Musik ...). Besser: kürzere Zeiteinheiten, aber dafür konzentriert. *Wichtig:* Arbeiten Sie, wenn möglich, nicht allein, in einer Gruppe oder zu zweit macht es vielleicht sogar Spaß. Man kann auch untereinander/voneinander etwas lernen.

P.S. Noch auf ein Wort:
Sollten Sie bei einer unserer Aufgaben eine eigene, neue Lösungsidee oder -strategie entwickeln, lassen Sie es uns bitte wissen. Schreiben Sie uns, wir sind gespannt (Anschrift auf Seite 4).

I. Allgemeine intellektuelle Fähigkeiten

Im I. Kapitel unseres Testtrainings geht es um so genannte allgemeine intellektuelle Fähigkeiten. Damit sind »Allgemeinwissen«, »logisches Denken«, »Merkfähigkeit« und »Gestaltwahrnehmung« gemeint, also Anforderungen allgemeinerer Art, die durch Tests angeblich überprüft werden sollen. Das Wort »intellektuell« in unserer Überschrift bedeutet, dass es um »rein« geistige, einseitig verstandesmäßige Dinge geht. Unter angeblicher Ausschaltung des Gefühls wird in der Testsituation und in den Intelligenztests versucht, einen speziellen Teil der Gesamtpersönlichkeit (»das Denken, den Verstand«) isoliert herauszupräparieren, zu prüfen und den Bereich der Gefühle und des Sozialverhaltens zurückzustellen.

1. Allgemeinwissen

Zu den Kenntnisprüfungen gehört neben Rechtschreibung, Rechnen, Diktat und Aufsatz häufig auch eine Überprüfung des so genannten Allgemeinwissens. »Allgemeinwissen« wird oft in selbst gestrickten, willkürlich zusammengestellten Aufgabensammlungen abgefragt, ist aber auch für die Beantwortung zahlreicher Fragen in den »wissenschaftlichen« Tests erforderlich. Auch im Vorstellungsgespräch können Fragen zum »Allgemeinwissen« gestellt werden. Was »Allgemeinwissen« ist, bestimmen Testautoren und Ausbilder.

Die Kenntnisfragen zum »Allgemeinwissen« kommen aus folgenden Gebieten:

Staat/Politik/Geschichte
Erdkunde

Biologie
Physik
Chemie
Maße und Gewichte
Technik
Verkehr
Wirtschaft
Sport
Literatur/Musik
Erfinder/Entdecker
Religion
Fremdwörter (siehe auch Anhang, S. 332)
Sonstiges

Am häufigsten werden Fragen aus den Bereichen Staat/Politik/Geschichte und Erdkunde gestellt.

Lassen Sie sich durch unseren Fragenkatalog – der eine sorgfältig zusammengestellte Auswahl darstellt – nicht verunsichern oder mutlos machen. Niemand kann ein ganzes Lexikon im Kopf haben. Denken Sie daran, dass auch die Testautoren manche Fragen und Antworten sicher erst nach längerem Suchen in Nachschlagewerken gefunden haben. Vielleicht können Sie mit unseren Fragen, die vor allem für die »wissenschaftlichen« Tests von Bedeutung sind, ein Familienquiz veranstalten. Quiz- und Rätselbücher sowie Quiz-Sendungen im Fernsehen sind zur weiteren Testvorbereitung in Sachen »Allgemeinwissen« zu empfehlen. Jugendliche haben berichtet, dass manchmal auch ungewöhnliche Fragen bzw. Scherzfragen auftauchen. Diese Wahnsinnsfragen fallen auf die zurück, die sie stellen:

»Welches Autorad dreht sich in einer Linkskurve am langsamsten?« (Das Reserverad)[25]

»Wie viele Geburtstage hat der Mensch?« (Einen)

»Es gibt Monate mit 31 und 30 Tagen, wie viele Monate haben 28 Tage?« (Alle)

»Wie viele Tiere nahm Moses mit an Bord seiner Arche?« (Es war gar nicht Moses, sondern Noah)[26]

»An Fußgängerampeln erscheint ein grünes und ein rotes Männlein. Welches ist oben und welches unten?«[27]

Jetzt aber ernst:

Fragen zu den genannten Sachgebieten (bitte die richtige Antwort ankreuzen bzw. die Frage beantworten):

1. Aufgabe
Staat/Politik/Geschichte

1 Wie heißt die Staatsform der Bundesrepublik Deutschland?
a) parlamentarische Monarchie b) Diktatur c) parlamentarische Demokratie d) Volksdemokratie

2 Was versteht man unter dem Begriff »Gewaltenteilung«?
a) Republik b) Sozialismus c) Demokratie d) Klassenjustiz e) Ausübung von Gesetzgebung, Verwaltung und Rechtsprechung durch voneinander unabhängige Staatsorgane f) Begriff des Eherechtes

3 Zur Gesetzgebung in der Bundesrepublik Deutschland: Wer zeichnet Gesetze zuletzt gegen?
a) Bundeskanzler b) Bundesregierung c) Bundestagspräsident d) Bundespräsident

4 Für welche Amtsdauer wird der Bundespräsident gewählt?
a) 5 Jahre b) 8 Jahre c) 4 Jahre d) 7 Jahre

5 Von wem wird der Bundespräsident gewählt?
a) Bundestag b) Bundeskanzler c) Bundesversammlung d) Bundesrat

6 Kreuzen Sie bitte die Zahlenkombination an, die die richtige Reihenfolge der folgenden Bundespräsidenten der Bundesrepublik Deutschland enthält.
Rau 1 a) 1, 4, 2, 5, 3 b) 3, 2, 4, 5, 1
von Weizsäcker 2 c) 3, 4, 2, 5, 1 d) 4, 3, 5, 1, 2
Scheel 3
Carstens 4
Herzog 5

7 Von wem wird der Bundeskanzler gewählt?
a) Bundesrat b) Bundestag c) Bundesregierung d) Bundespräsident

8 Von welchem vollendeten Lebensjahr an ist man in der Bundesrepublik Deutschland aktiv wahlberechtigt?
a) 21 b) 16 c) 18 d) 25

9 Kreuzen Sie bitte die Zahlenkombination an, die die richtige Reihenfolge der folgenden Bundeskanzler der Bundesrepublik Deutschland enthält.

Erhard 1	a) 1, 3, 2, 4, 6, 5	b) 1, 4, 2, 3, 6, 5
Schmidt 2	c) 1, 5, 4, 2, 3, 6	d) 1, 3, 4, 2, 6, 5
Kiesinger 3		
Brandt 4		
Schröder 5		
Kohl 6		

10 Was ist eine Koalition?
a) eine Absprache zwischen Opposition und Regierung
b) Verbindung von Parteien zur Bildung einer Regierung
c) ein Wahlversprechen
d) ein Parteitagsbeschluss

11 Was ist eine Fraktion?
a) ein Beinbruch b) eine harte politische Rede c) Vereinigung von Abgeordneten eines Parlaments d) Name einer politischen Partei

12 Was verbinden Sie mit dem Belgier d'Hondt?
a) einen berühmten Radrennfahrer b) eine Berechnungsart für die Sitzverteilung bei der Verhältniswahl e) eine Margarinesorte d) die Einführung des Handelfmeters beim Fußball

13 Wo hat das Bundesverfassungsgericht seinen Sitz?
a) Bonn b) Berlin c) Weimar d) Karlsruhe

14 Bitte kreuzen Sie die Buchstabenkombination an, die die richtigen Zuordnungen von Bundesland und Landeshauptstadt enthält.

A	Baden-Württemberg	a	Düsseldorf
B	Bayern	b	Hannover
C	Hessen	c	Dresden
D	Niedersachsen	d	Erfurt
E	Nordrhein-Westfalen	e	München
F	Thüringen	f	Saarbrücken
G	Saarland	g	Stuttgart
H	Sachsen	h	Wiesbaden

a) Ag, Be, Cd, Db, Ea, Fh, Gf, Hc
b) Ag, Be, Ch, Dd, Ea, Fb, Gf, Hc
c) Ag, Be, Ch, Db, Ea, Fd, Gf, Hc
d) Ah, Be, Cg, Db, Ea, Fd, Gf, Hc

15 Wer gründete das Deutsche Reich?
a) Helmut Kohl b) Kaiser Wilhelm II. c) Friedrich der Große d) Bismarck e) Walter Ulbricht

16 Wer war Gustav Stresemann?
a) der Erfinder des gleichnamigen Herrenanzuges b) Widerstandskämpfer gegen Hitler c) Reichskanzler und Außenminister zur Zeit der Weimarer Republik d) Außenminister unter Hitler

Bei den folgenden Ereignissen geht es jeweils darum, das richtige Datum bzw. die richtige Jahreszahl anzukreuzen:

17 Beginn der Französischen Revolution?
a) 1689 b) 1789 c) 1889 d) 1798

18 Russische Oktoberrevolution
a) 1918 b) 1920 c) 1917 d) 1896

19 Beginn des Zweiten Weltkriegs
a) 1938 b) 1939 c) 1940 d) 1941

20 Ende des Zweiten Weltkriegs
a) 1944 b) 1945 c) 1946 d) 1949

21 Volksaufstand in der DDR
a) 17.6.1945 b) 17.6.1953 c) 17.6.1951 d) 17.6.1956

22 Bau der Berliner Mauer
a) 13.8.1962 b) 13.8.1971 c) 13.8.1952 d) 13.8.1961

23 Gründung der Bundesrepublik Deutschland
a) 1950 b) 1949 c) 1948 d) 1952

24 Tag der Wiedervereinigung Deutschlands
a) 9.11.1989 b) 21.8.1968 c) 3.10.1990 d) 1.10.1982

25 Welche Staaten sind nicht Mitglied der NATO?
a) Belgien b) Bundesrepublik Deutschland c) Dänemark e) Frankreich f) Griechenland g) Großbritannien h) Island i) Italien j) Kanada k) Luxemburg l) Niederlande m) Norwegen n) Portugal o) Schweden p) Schweiz q) Türkei r) USA

26 Bitte schreiben Sie die Mitgliedsstaaten der EU auf.

27 Welche Funktion hat der Vatikan?

28 Wie heißt der jetzige Präsident der USA?

2. Aufgabe
Erdkunde

1 Welches der folgenden Länder hat die längste Küste?
a) Italien b) Norwegen c) Frankreich d) Jugoslawien
e) Irland f) Schweiz

2 Welche der folgenden Inseln hat die geringste Oberfläche (km^2)?
a) Malta b) Sizilien c) Zypern d) Kreta e) Sardinien
f) Helgoland

3 Welcher der folgenden Inselstaaten hat die größte Oberfläche?
a) Sri Lanka b) Sizilien c) Irland d) Madagaskar
e) Kuba f) Grenada

4 Welche der folgenden Städte hat die meisten Einwohner?
a) Rom b) Paris c) London d) Osaka e) Chicago f) Bonn

5 Nennen Sie die Hauptstadt der USA.

6 Nennen Sie die Hauptstadt von Japan.

7 In welchem Land liegt Rom?

8 In welchem Erdteil liegt Ägypten?

9 In welchem Erdteil liegt Brasilien?

10 Welcher Kontinent hat die größte Bevölkerung?
a) Europa b) Amerika c) Asien d) Australien e) Afrika

11 Wie viele Einwohner hat Deutschland ungefähr?

12 Wie hoch ist ungefähr der Anteil Deutschlands an der Festlandoberfläche der Erde?
a) 2,8% b) 2,2% c) 1,4% d) 0,6% e) 0,25% f) 3,4%

13 Wie groß ist die Entfernung zwischen Paris und Berlin?

14 Wie viel km beträgt (ca.) die Entfernung von Köln nach Berlin?
a) 750 km b) 570 km c) 499 km d) 440 km e) 820 km
f) 1200 km

15 In welches Meer mündet die Donau?
a) Nordsee b) Mittelmeer c) Ostsee d) Schwarzes Meer

16 Ist es möglich, in Afrika Ski zu fahren? Ja/Nein

17 Ist es möglich, in Afrika Orangen anzupflanzen? Ja/Nein

18 Ist es möglich, in Afrika auf dem Äquator zu stehen? Ja/Nein

19 Ist es möglich, in Afrika den längsten Fluss der Erde zu finden? Ja/Nein

20 Gibt es in der Antarktis Packeis? Ja/Nein

3. Aufgabe
Biologie

1 Mit welchem Tier hat ein Pferd am meisten Ähnlichkeit?
a) Ochse b) Esel c) Hund d) Kuh e) Ziege f) Schwein

2 Was gehört auf jeden Fall zu einem Esel?
a) Peitsche b) Mähne c) Hufe d) Geschirr e) Hufeisen f) Stall

3 Was muss ein Lebewesen immer haben?
a) Nerven b) Licht c) Luft d) Stoffwechsel e) Bewegung f) Zuwendung

4 Worauf kann ein Mensch über längere Zeit am wenigsten verzichten?
a) Schlafen b) Sprechen c) Gehen d) Essen e) Trinken f) Rauchen

5 Was sind die meisten Vierbeiner?
a) Pflanzenfresser b) Säugetiere c) Raubtiere d) Haustiere e) Fleischfresser f) Wiederkäuer

6 Wie groß ist im Durchschnitt ein 10-jähriges Kind?
a) 110 cm b) 120 cm c) 130 cm d) 140 cm e) 150 cm f) 160 cm

7 Was für eine Pferdeart bezeichnet man mit »Schimmel«?
a) ein schnelles b) ein lahmes c) ein junges d) ein weißes e) ein schwarzes f) ein gestohlenes Pferd

8 Gibt es in der Antarktis Pinguine? Ja/Nein

9 Gibt es in der Antarktis Eisbären? Ja/Nein

10 Ist es möglich, in Afrika einen Jaguar zu erlegen? Ja/Nein

11 Wie groß ist in Deutschland im Durchschnitt eine Frau?

12 Welche Aufgabe hat das Herz?

4. Aufgabe
Physik

1 Nach ca. wie viel Sekunden schlägt ein Stein im freien Fall aus 10 m Höhe auf?
a) nach 3 Sek. b) nach 2 Sek. c) nach 1,4 Sek. d) nach 0,5 Sek. e) nach 0,3 Sek. f) nach 4 Sek.

2 Was ist zur Erzeugung tiefer Töne besonders notwendig?
a) Gefühl b) Kraft c) Schwung d) Gewicht e) Stimme

3 Ist es möglich, in einem Eisschrank Rum zugefrieren? Ja/Nein

4 Ist es möglich, in einem Eisschrank Flaschen zu sprengen? Ja/Nein

5 Ist es möglich, in einem Eisschrank Eis zu schmelzen? Ja/Nein

6 Ist es möglich, in einem Eisschrank Eis herzustellen? Ja/Nein

7 Ist es möglich, in einem Eisschrank Nahrung einzufrieren? Ja/Nein

8 Ist es möglich, dass sich Schall in (luft)leeren Räumen ausbreitet? Ja/Nein

9 Ist es möglich, dass sich Schall in Gasen ausbreitet? Ja/Nein

10 Ist es möglich, dass sich Schall in geschlossenen Räumen ausbreitet? Ja/Nein

11 Ist es möglich, dass sich Schall in Flüssigkeiten ausbreitet? Ja/Nein

12 Ist es möglich, dass sich Schall in festen Stoffen ausbreitet? Ja/Nein

13 Ist es möglich, dass ein Lichtstrahl beim Auftreffen auf eine Flüssigkeit gebrochen wird? Ja/Nein

14 Ist es möglich, dass ein Lichtstrahl beim Auftreffen auf Papier absorbiert wird? Ja/Nein

15 Ist es möglich, dass ein Lichtstrahl von einer Konvexlinse zerstreut wird? Ja/Nein

16 Ist es möglich, dass ein Lichtstrahl beim Auftreffen auf Stoff reflektiert wird? Ja/Nein

17 Ist es möglich, dass ein Lichtstrahl in die Spektralfarben zerlegt wird? Ja/Nein

5. Aufgabe
Chemie

1 Was ist Quecksilber?
a) eine Legierung b) ein Gemisch c) eine Lösung d) ein Mineral e) ein Metall f) Scharlatanerie

2 Welche Eigenschaft charakterisiert Gift am ehesten?
a) süchtig b) schädlich c) heimtückisch d) gefährlich e) krank f) tödlich

3 Warum ist Silber wertvoller als Eisen?
a) weil es hübscher ist b) weil es härter ist c) weil es glänzender ist d) weil es seltener ist e) weil es schwerer ist f) weil es teurer ist

4 Ist es möglich, eine Flüssigkeit in einem Sieb zu transportieren? Ja/Nein

5 Besitzen Flüssigkeiten eine bestimmte Gestalt? Ja/Nein

6 Besitzen Flüssigkeiten ein Volumen? Ja/Nein

7 Besitzen Flüssigkeiten ein spezifisches Gewicht? Ja/Nein

8 Ist es möglich, eine Flüssigkeit einzufärben? Ja/Nein

9 Ist es möglich, eine Flüssigkeit verdampfen zu lassen? Ja/Nein

10 Ist es möglich, eine Flüssigkeit mit einer anderen zu vermischen? Ja/Nein

11 Ist es möglich, eine Flüssigkeit zu kristallisieren? Ja/Nein

12 Beschreiben Sie, woraus man Gummi gewinnt!

6. Aufgabe
Maße und Gewichte

1 Wie lang ist ein 20-Euro (€)-Schein?
a) 22,5 cm b) 18,5 cm c) 20,5 cm d) 13,3 cm e) 25,5 cm f) 30 cm

2 Ein Kilogramm hat wie viel Pfund?

3 Ein Jahr hat wie viel Wochen?

7. Aufgabe
Technik

1 Was ist am Fernsehgerät von wesentlicher Bedeutung?
a) Fernsteuerung b) Kontrastregler c) Bildröhre d) Antenne e) Abstellknopf f) Transistoren

8. Aufgabe
Verkehr

1 Was gehört nicht zur Unfallverhütung?
a) Schutzhelm b) Warnschranke c) Warnzeichen d) Verbandskasten e) Schutzbrille f) Stoplicht

9. Aufgabe
Wirtschaft

1 Wie bezeichnet man das Wirtschaftssystem Deutschlands?
a) Planwirtschaft b) Soziale Marktwirtschaft c) Verwaltungswirtschaft d) Bürokratie

2 Was ist Inflation?
a) Geldaufwertung b) Grippeerkrankung c) Staatsverschuldung d) Geldentwertung

10. Aufgabe
Sport

1 Was gehört bei einem Wettkampf immer dazu?
a) Sieg b) Beifall c) Zuschauer d) Gegenpartei
e) Schiedsrichter f) Stimmung

11. Aufgabe
Literatur / Musik

1 Wer schrieb die »Dreigroschenoper«?
a) Willy Millowitsch b) Bert Brecht c) Jimi Hendrix
d) Günter Grass

2 Von wem wurde »Faust« geschrieben?

3 Von wem wurde die »Fromme Helene« geschrieben?

4 Von wem wurde die »Göttliche Komödie« geschrieben?

12. Aufgabe
Erfinder / Entdecker

1 Wer war Einstein?
a) Erfinder des Kugelstoßens b) Begründer der Relativitätstheorie c) Erfinder des Telefons d) berühmter Chemiker

2 Wann entdeckte Kolumbus Amerika?
a) 1592 b) 1392 c) 1610 d) 1492

3 Von wem wurde der Südpol entdeckt?

4 Wer gilt als Erfinder des Flugzeuges?

13. Aufgabe
Religion

1 Was bezeichnet man mit dem Begriff »Koran«?

14. Aufgabe
Fremdwörter

1 Was versteht man unter einer Analyse?
a) Entwicklung b) Gliederung c) Planung d) Zerlegung e) Ergebnis f) Prozess

2 Wie bezeichnet man eine Aussage, die noch nicht gesichert ist?
a) Hypothese b) Irrtum c) Zweideutigkeit d) Risiko e) Paradoxon f) Irrsinn

3 Wie bezeichnet man einen Menschen, der dem Fortschritt skeptisch gegenübersteht?
a) Angeber b) Anarchist c) Konservativer d) Radikaler e) Demokrat f) Humanist

4 Was versteht man in der Regel unter einem Etikett?
a) einen Namen b) Reklame c) eine Aufschrift d) einen Hinweis e) ein Kennzeichen f) eine Überschrift

5 Was verbirgt sich hinter dem Begriff »Apokryphen«?

6 Was versteht man unter dem Ausdruck »Modus Vivendi«?

7 Was versteht man unter »Mimikry«?

8 Was versteht man unter »Ethnologie«?

Hinweis: Im Anhang haben wir weitere in Tests vorkommende Fremdwörter mit Erläuterungen zusammengestellt sowie Abkürzungen, Namen und Wörter, deren Rechtschreibung wichtig sein könnte (siehe S. 332).

15. Aufgabe
Sonstiges

1 Was kann man berechnen, wenn man den prozentualen Anteil der Nieten bei der Lotterie kennt?
a) die Höhe der Gewinne b) die Anzahl der Gewinne c) die Gewinnchancen d) die Lotteriesteuer e) die Anzahl der Teilnehmer f) den Gewinner

2 Durch welches Muster wirkt eine Fläche optisch breiter?
a) diagonal gestreift b) längs gestreift c) quer gestreift
d) kariert e) gepunktet f) ungemustert

Lösungen

Allgemeinwissen

1. Aufgabe
1c / 2e / 3d / 4a / 5c / 6c / 7b / 8c / 9d / 10b / 11c / 12b / 13d / 14c / 15d / 16c / 17b / 18c / 19b / 20b / 21b / 22d / 23b / 24c / 25op / 26: Belgien, Dänemark, Deutschland, Frankreich, Griechenland, Irland, Italien, Luxemburg, Niederlande, Großbritannien, Nordirland, Spanien, Portugal, Schweden, Finnland / 27: Wohnsitz des Papstes / 28: George W. Bush (2001)

2. Aufgabe
1b / 2f / 3d / 4c / 5: Washington / 6: Tokio / 7: Italien / 8: Afrika / 9: Amerika / 10c / 11: Deutschland ca. 80 Mio. / 12e / 13: ca. 1000 km / 14b / 15d / 16 Ja / 17 Ja / 18 Ja / 19 Ja / 20 Ja

3. Aufgabe
1b / 2c / 3d / 4e / 5b / 6c / 7d / 8 Ja / 9 Nein / 10 Nein / 11: ca. 160–170 cm / 12: Blut durch den Körper zu pumpen

4. Aufgabe
1c / 2b / 3 Nein / 4 Ja / 5 Ja / 6 Ja / 7 Ja / 8 Nein / 9 Ja / 10 Ja / 11 Ja / 12 Ja / 13 Ja / 14 Ja / 15 Nein / 16 Ja / 17 Ja

5. Aufgabe
1e / 2d / 3d / 4 Nein / 5 Nein / 6 Ja / 7 Ja / 8 a / 9 Ja / 10 Ja / 11 Ja / 12: Kautschuk, Erdöl

6. Aufgabe
1d / 2: 2 / 3: 52

7. Aufgabe
1c

8. Aufgabe
1d

9. Aufgabe
1b / 2d

10. Aufgabe
1d

11. Aufgabe
1b / 2: Goethe / 3: Busch / 4: Dante

12. Aufgabe
1b / 2d / 3: Amundsen / 4: Gebr. Wright, Lilienthal

13. Aufgabe
1: Bibel, hl. Buch der Mohammedaner, Moslems, Ismaeliten

14. Aufgabe
1d / 2a / 3c / 4c / 5: Nicht aufgenommene Teile der Bibel / 6: erträgliches Zusammenleben / 7: Anpassung, Schutzfarbe / 8: Völkerkunde

15. Aufgabe
1c / 2c

2. Spezielle berufsbezogene Kenntnisse

Im vorigen Kapitel haben wir Kenntnisgebiete und Fragen zum »Allgemeinwissen« aufgeführt. In den selbst gestrickten Tests (und im Vorstellungsgespräch, s. S. 304) können auch Fragen auftauchen, die sich auf den angestrebten Ausbildungsberuf beziehen und somit spezielle Kenntnisse aus dem zukünftigen Arbeitsgebiet prüfen. Nachfolgend sind beispielhaft Kenntnisfragen zu verschiedenen Ausbildungsberufen aufgeführt, um einen Eindruck davon zu vermitteln, was über die sog. wissenschaftlichen Tests hinaus in der Testsituation auf Sie zukommen könnte. Im Gegensatz zu den feststehenden sog. wissenschaftlichen Tests ist ein umfassender Überblick hier nicht möglich, weil die Kenntnisfragen in den »hauseigenen« Tests von sehr unterschiedlichem Umfang und Schwierigkeitsgrad sein können. An dieser Stelle richten wir die Bitte an Ausbildungsplatzbewerber, die einen Test mitgemacht haben, uns

Mitteilung über Art und Umfang von Testfragen, gerade aus dem Gebiet der Spezialkenntnisse, zu machen (siehe dazu auch S. 58).

Kfz-Handwerk

Zu folgenden Themen sind Fragen möglich:

- Werkzeuge, die bei der Reparatur von Kraftfahrzeugen Verwendung finden
- In- und ausländische Automobilhersteller und ihre Produkte – Geschichte des Automobils
- Motor- und Antriebsarten

Beispielfrage:

Welche Batteriespannung ist heutzutage beim Pkw üblich?
a) 12 Volt b) 3 Volt c) 6 Volt d) 9 Volt

Unter den 16 Arbeitsaufgaben eines zentralen Kfz-Handwerktests ging es beispielsweise um das Auseinandernehmen und Zusammensetzen eines Vergasers oder um den Austausch von Zündkerzen. Diese Aufgaben sind Beispiele dafür, dass in Einstellungstests teilweise Fähigkeiten verlangt werden, die während der Ausbildungszeit erst erlernt werden sollten.[28]

Bankkaufmann

Mit Fragen zum Wirtschaftssystem ist zu rechnen, z. B. zu folgenden Begriffen:

Kapital, Investition, Sozialprodukt.

Zum Thema Geld und Währung:

- Wer darf in der Europäischen Währungsunion (Euroland) Banknoten drucken?
- Was versteht man unter dem Begriff »Diskontsatz«, und wer legt ihn fest?

Aus den Bereichen Wertpapiere, Zahlungs- und Kreditverkehr:

- Was ist eine Aktie?
- Was ist eine Dividende?
- Was ist ein Wechsel?

Verwaltungsfachangestellte(r) im öffentlichen Dienst

Hier geht es besonders um Kenntnisse zu den Bereichen Staat / Politik / Geschichte, wie wir sie auf den Seiten 85–87 vorgestellt haben. Teilweise werden zusätzliche landespolitische Kenntnisse (Ministerpräsident, Minister, Parteien usw.) erwartet.

Diese drei Berufe sollten beispielhaft zeigen, wie spezielle Kenntnisse, die mit dem zu erlernenden Ausbildungsberuf nach Meinung der Prüfer in einem Zusammenhang stehen, aussehen können. Es ist auf jeden Fall zu empfehlen, sich ein gewisses Basiswissen anzueignen. Wer sich beim Maler- und Lackiererhandwerk bewirbt, sollte z. B. schon einmal etwas von Dispersionsfarben gehört haben, jemand, der Chemielaborant werden möchte, sollte mit dem Wort »Erlenmeyerkolben« etwas anfangen können. Wer sich um eine Ausbildung als Hebamme bemüht, sollte die führenden französischen Geburtshelfer kennen. Und es kann durchaus passieren, dass ein angehender Polizeibeamter gefragt wird, seit wann es den Beruf des Polizisten eigentlich gibt.

3. Logisches Denken / Abstraktionsfähigkeit

In diesem Kapitel geht es um Aufgaben zum gedanklichen Erkennen von Zusammenhängen und zur Ableitung von Schlussfolgerungen. Unter diesen Begriff fallen auch die Merkmale Abstraktionsfähigkeit, Merkfähigkeit, Kurzzeitgedächtnis und Gestaltwahrnehmung. Was bedeutet Abstraktionsfähigkeit? Man versteht darunter die Fähigkeit, vom besonderen Einzelfall auf das Allgemeine, auf das Gesetzmäßige zu schließen – logisches Denken, wie man auch sagen könnte. Wir geben Ihnen eine Übersicht über die verschiedenen Aufgaben, die im Bereich Abstraktionsfähigkeit eingesetzt werden. Die Abstraktionsfähigkeit umfasst:

1. Die Ableitung von allgemeinen Regeln aus der Betrachtung mehrerer Einzelfälle;
2. das Auffinden von wesentlichen Gemeinsamkeiten zwischen verschiedenen Sachverhalten;
3. das Ordnen von Information.

Beinahe alle so genannten wissenschaftlichen Tests enthalten Aufgaben zu diesen Themen, und es lohnt sich für Sie bestimmt, die folgenden Aufgaben aufmerksam durchzuarbeiten.

3a) Ableitung von Regeln – graphische Aufgaben

1. Aufgabe
Sinnvoll ergänzen – Reihen fortsetzen

Im folgenden Beispiel sehen Sie in drei Kästchen eine Blume, die sich von einer mittleren Position immer mehr nach links neigt. Das vierte Kästchen ist leer. Ihre Aufgabe ist es, von den angegebenen sechs Lösungsmöglichkeiten (a, b, c, d, e oder f) das Kästchen zu benennen, das die Dreierreihe als viertes Bild sinnvoll richtig ergänzt.

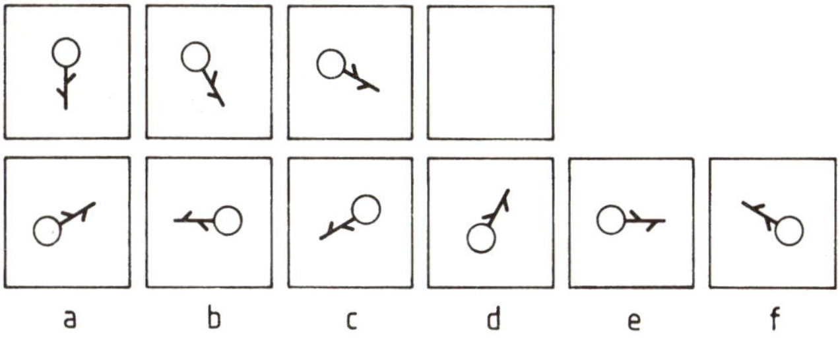

Bei unserem Beispiel ist die richtige Lösung das Kästchen e. Es ergänzt die drei vorhandenen Kästchen sinnvoll, da es eine noch etwas weiter nach links geneigte Blume darstellt.

2. Beispiel:

Hier sehen Sie in den ersten drei Kästchen eine Darstellung, die Sie mit etwas Phantasie an eine heruntergezogene weiße Jalousie erinnern könnte. Welches Kästchen aus der Lösungsmenge (a, b, c, d, e oder f) ergänzt als viertes Bild diese Reihe sinnvoll?

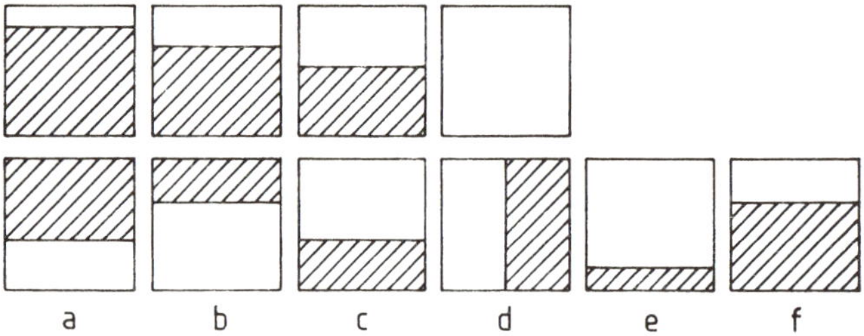

Lösung : c

Bitte lösen Sie die nun folgenden acht Übungsaufgaben wie in den beiden Beispielen beschrieben. Sie bekommen dafür 2 Min. Zeit.

1

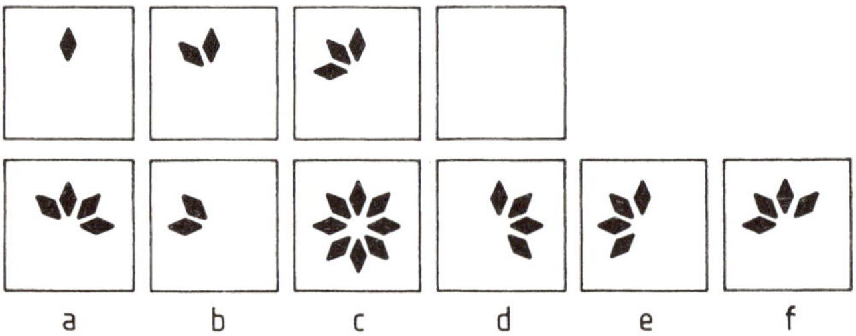

2

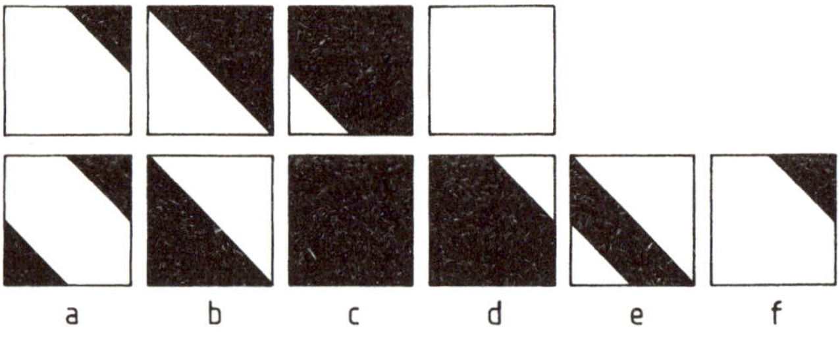

3

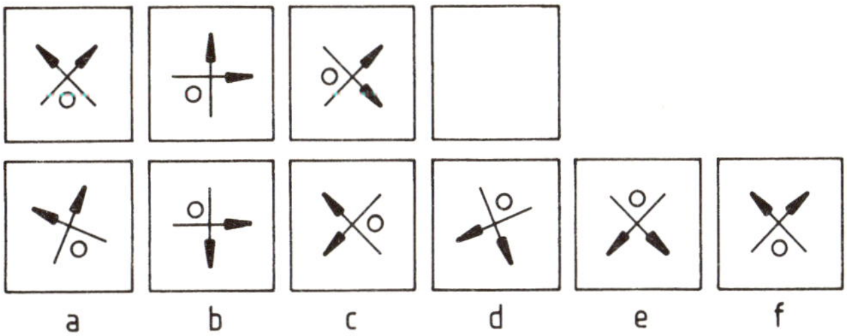

4

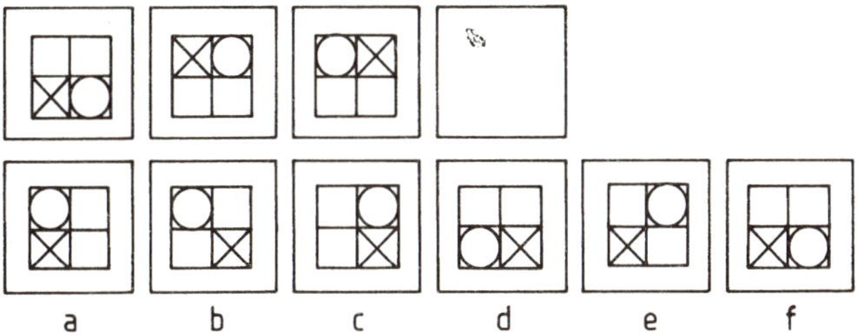

5

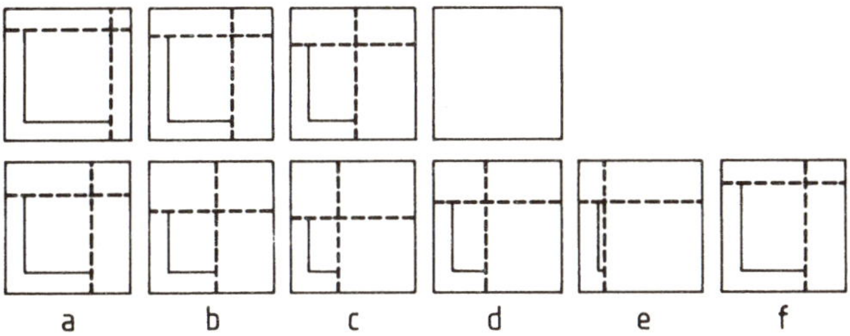

6

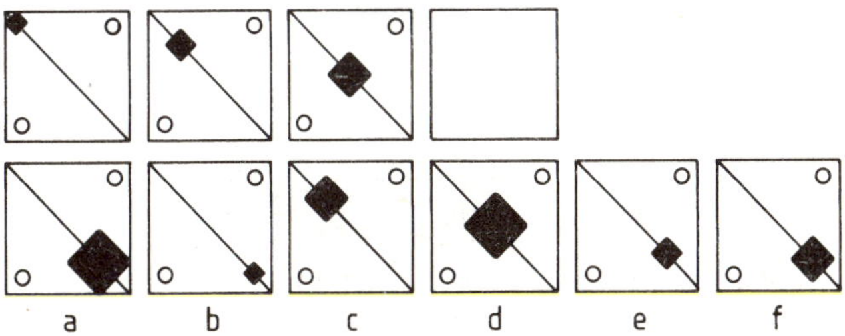

7

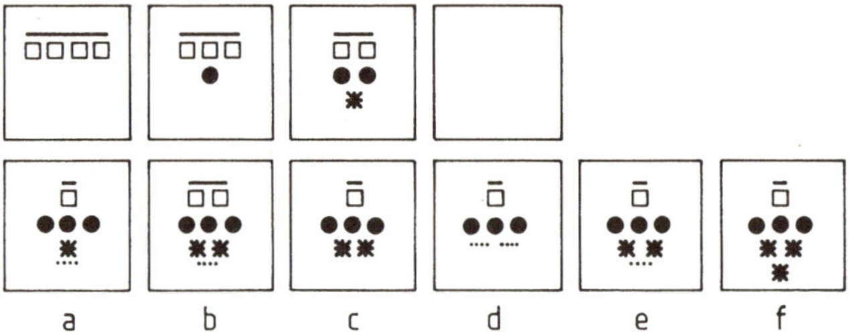

8

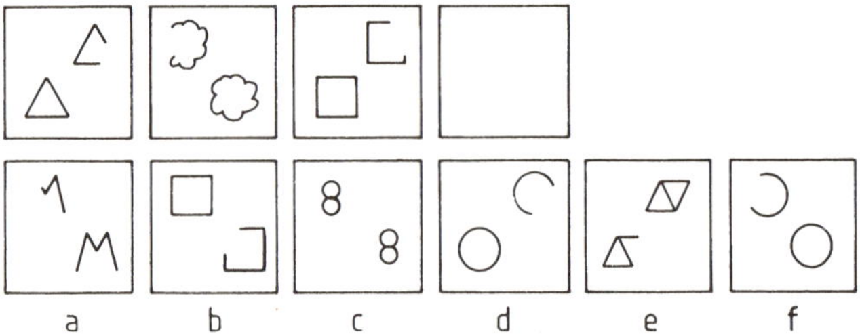

2. Aufgabe
Weiter sinnvoll ergänzen

Bei dieser Aufgabe geht es ganz ähnlich weiter. Sie sehen jetzt in einem großen Quadrat vier kleine Quadrate. Drei dieser kleinen Quadrate enthalten Zeichnungen, das vierte ist leer. Auf der rechten Seite finden Sie sechs kleine Quadrate, von denen Sie nun dasjenige aussuchen sollen, das als viertes in das große Quadrat sinnvoll hineinpasst, es also vervollständigt.

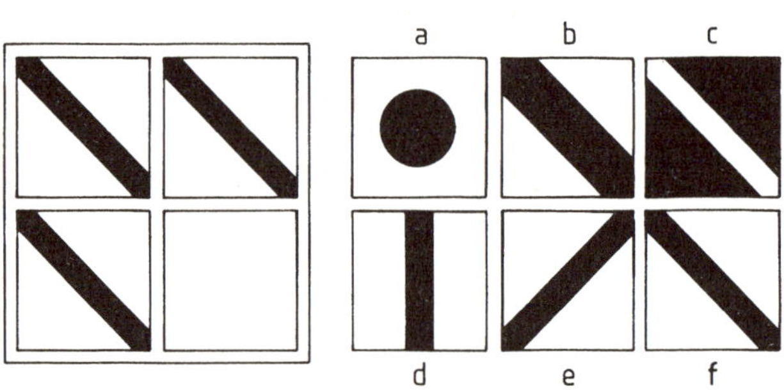

Beim ersten Beispiel ist f richtig, weil es am besten in das große Quadrat hineinpasst. Das System ist sicherlich jedem klar.

2. Beispiel:

Jetzt sind im großen Quadrat neun kleine Quadrate.
Hier gilt es nun ebenfalls, das richtige unterste rechte kleine Quadrat aus der Lösungsmenge von kleinen Quadraten auf der rechten Seite (a–f) herauszufinden.

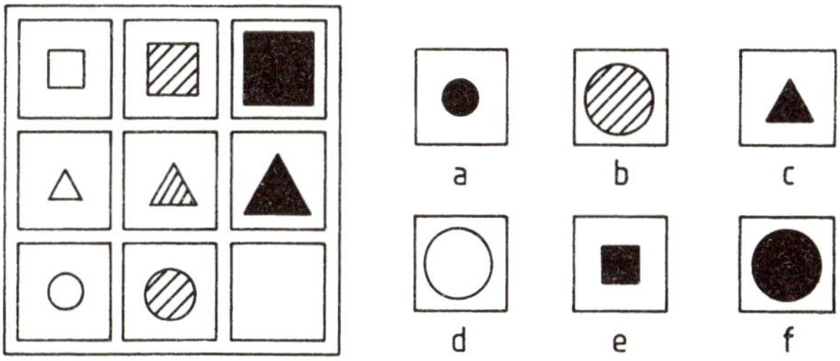

Lösung: f

3. Beispiel:

Noch schwieriger ist die folgende Aufgabe:

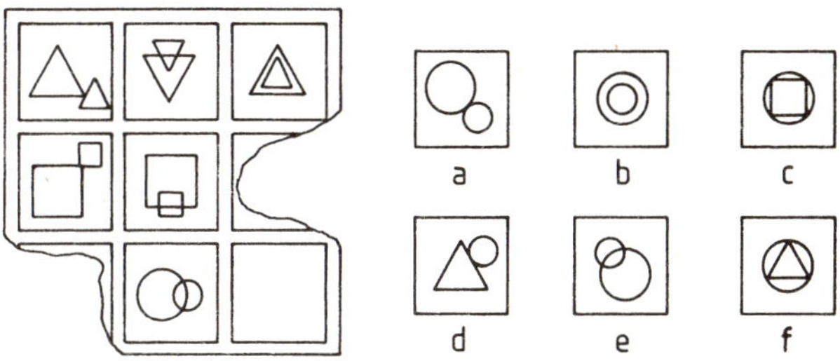

In dem großen Quadrat, das aus neun kleinen Quadraten besteht, ist wieder das in der untersten Reihe ganz rechts außen liegende Quadrat sinnvoll richtig zu ergänzen. Durch ein »Unglück« sind Teile verloren gegangen, sodass die Figurenabfolge nicht mehr einwandfrei für alle drei Querzeilen erkannt werden kann (eine »Knabbermaus« war am Werk).
Sie sehen in der obersten Zeile drei Dreiecke, wobei jeweils zwei

zusammen in den einzelnen Quadraten untergebracht sind. Im ersten Quadrat berühren sich das große und das kleine Dreieck, im zweiten Quadrat überschneiden sie sich, im dritten Quadrat schließlich befindet sich das kleine Dreieck im großen Dreieck. Nach einem ähnlichen Prinzip geht es in der zweiten Zeile zu, in der aber nur zwei Kästchen abgebildet sind, die statt der Dreiecke jetzt zwei Quadrate enthalten. Auch in der dritten Zeile läuft das gleiche Prinzip ab wie in der ersten. Hier haben wir es mit zwei Kreisen zu tun. Das erste und dritte Bild sind verloren gegangen. Im ersten Bild müssten die beiden Kreise nebeneinander sein, dann überschneiden sie sich halb, und das dritte Bild, das sinnvoll zu ergänzen ist, kann nur den kleinen Kreis im großen Kreis zeigen. Die richtige Lösung lautet b.

Bitte lösen Sie die nun folgenden acht Aufgaben nach diesem Prinzip. Dafür stehen Ihnen 2 Min. Zeit zur Verfügung.

1

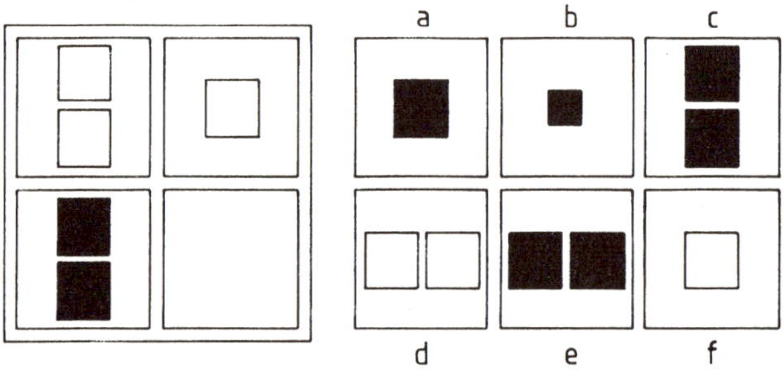

2

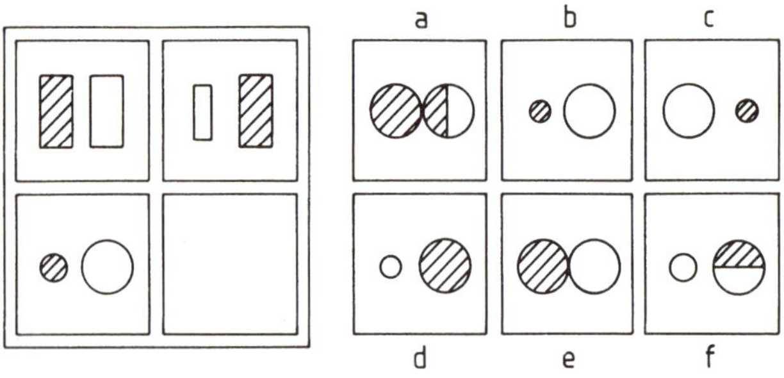

3

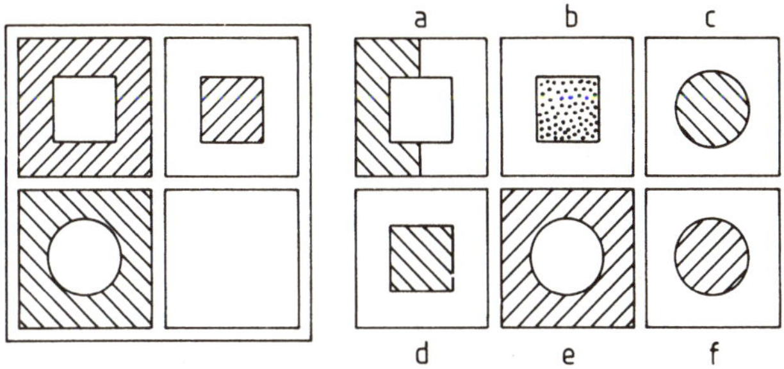

4

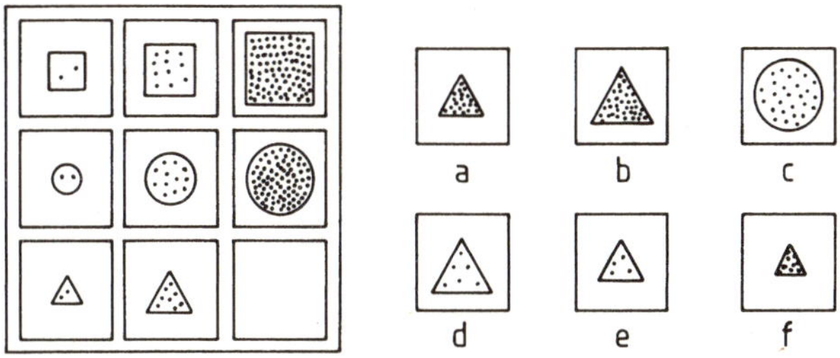

5

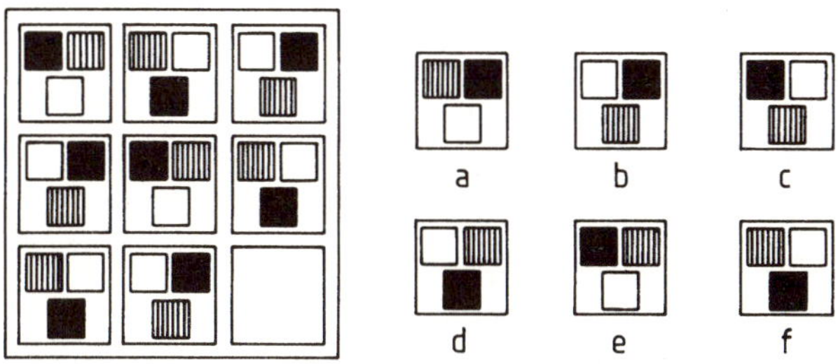

6

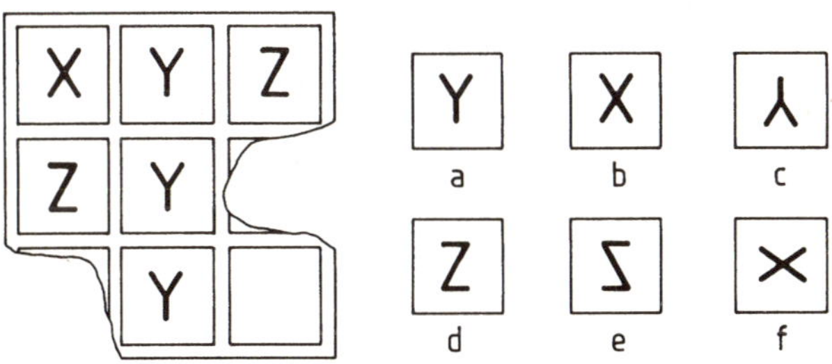

7

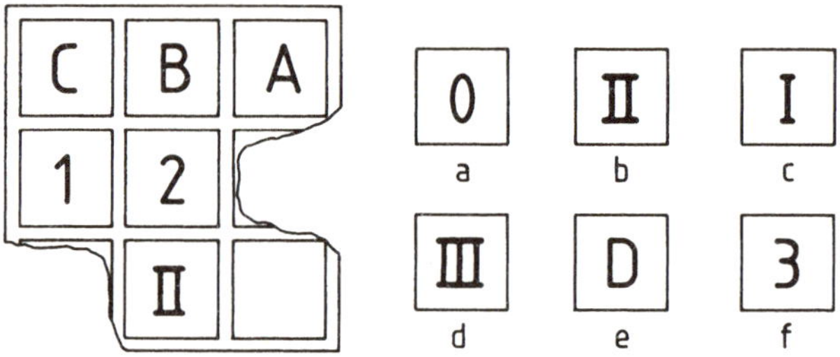

8

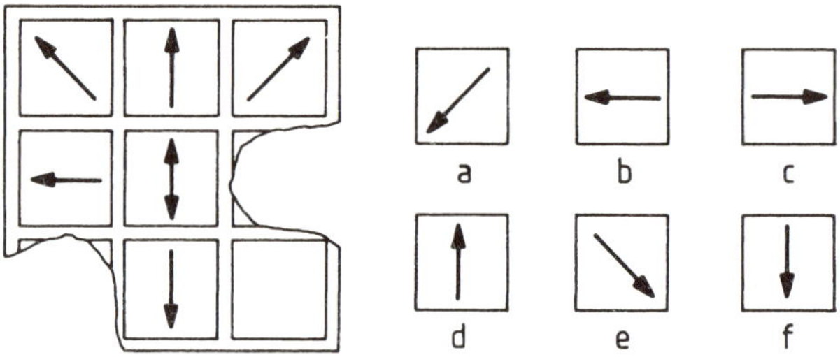

3. Aufgabe
Puzzle dir einen

In diesem Bild mit einem Muster fehlt ein Teil – gleich einem Stein aus einem Puzzle. Ihre Aufgabe ist es, aus den vorgegebenen sechs kleinen Puzzlebausteinen (a–f) denjenigen auszuwählen, der in das Muster gehört.

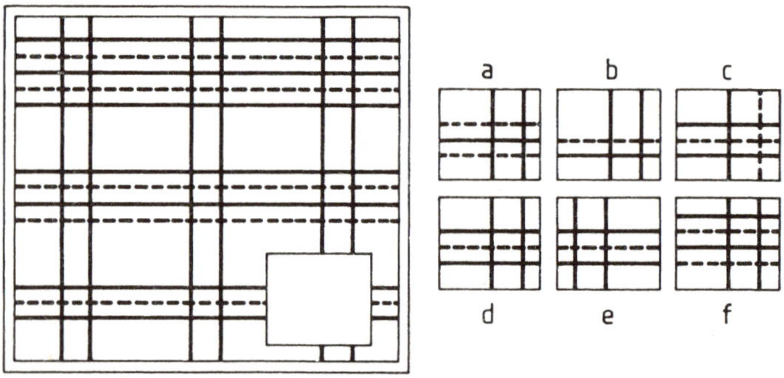

Lösung: d

In einer halben Minute sollen Sie nun die drei folgenden Puzzleaufgaben lösen.

1

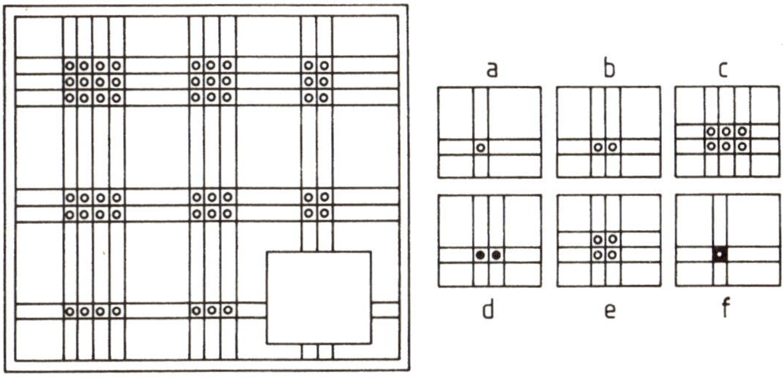

2

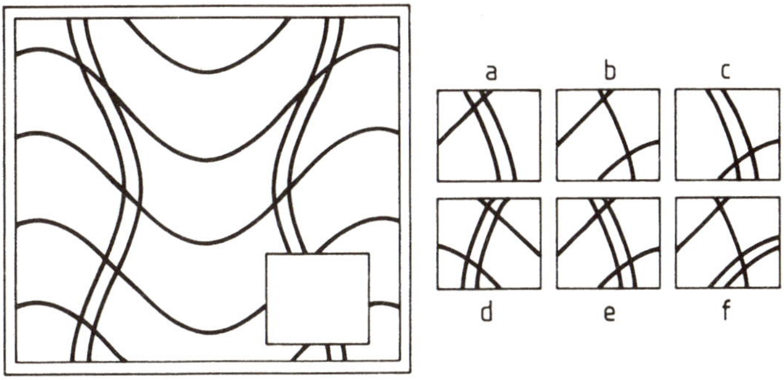

3

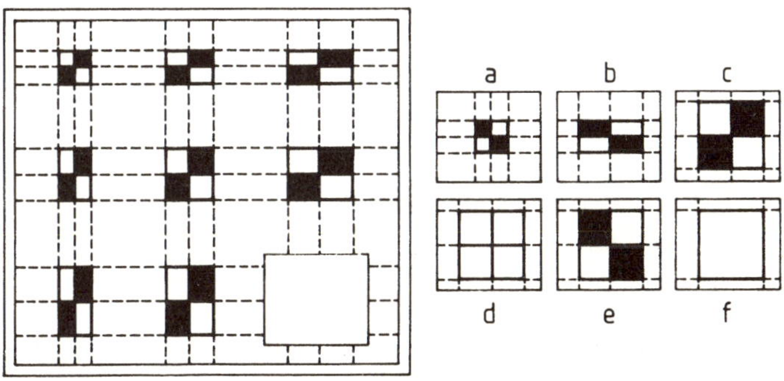

4. Aufgabe
Puzzle dir noch einen

Ähnlich wie beim zweiten Beispiel der 2. Aufgabe sehen Sie hier drei Reihen, bei denen in der letzten Reihe das rechte Symbol fehlt. Sie müssen sich aber hierbei sowohl die Querrichtung (links–rechts, Zeile) als auch die Längsrichtung (oben–unten, Spalte) ansehen. Aus den unten zur Auswahl stehenden sechs Symbolen haben Sie nun das richtige herauszufinden.

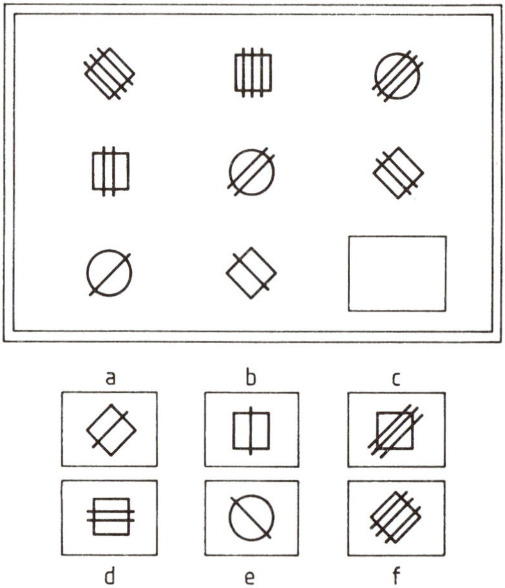

Lösung: b

Für die nächsten vier Aufgaben haben Sie 4 Min. Zeit.

Bevor Sie damit beginnen, noch folgende Information:
In einer realen Testsituation haben Sie mit ungefähr 36 dieser Aufgaben zu rechnen, für die Ihnen 40–60 Min. Zeit zur Verfügung stehen.

1

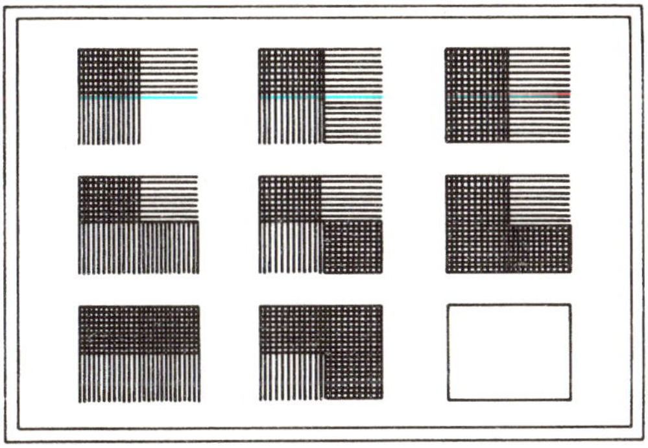

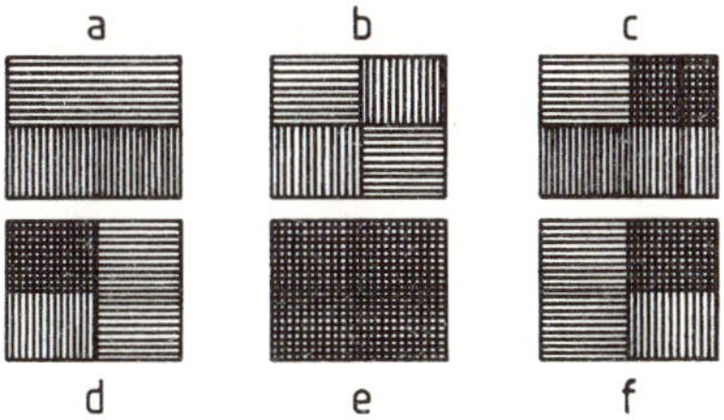

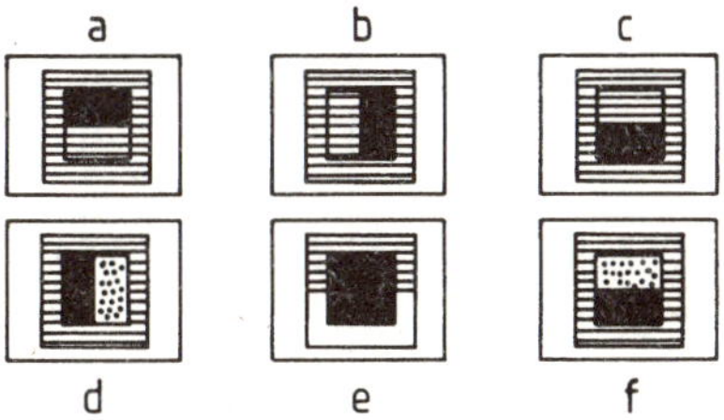

2

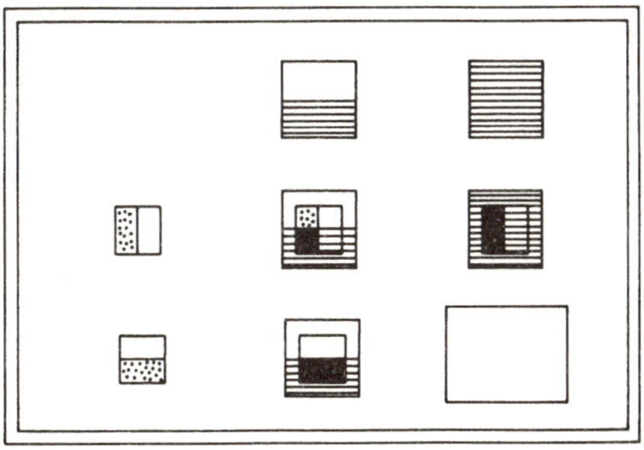

3

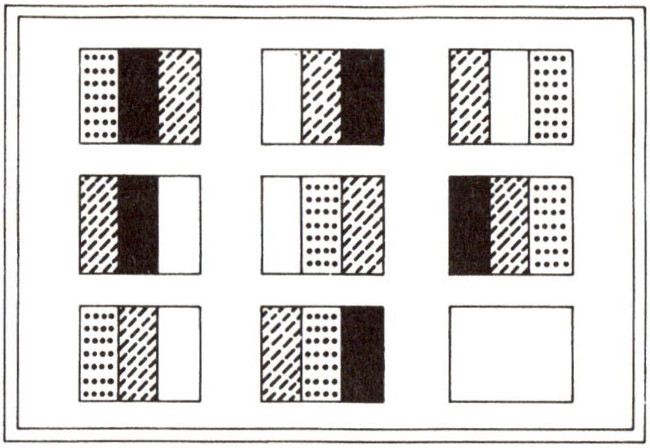

a b c

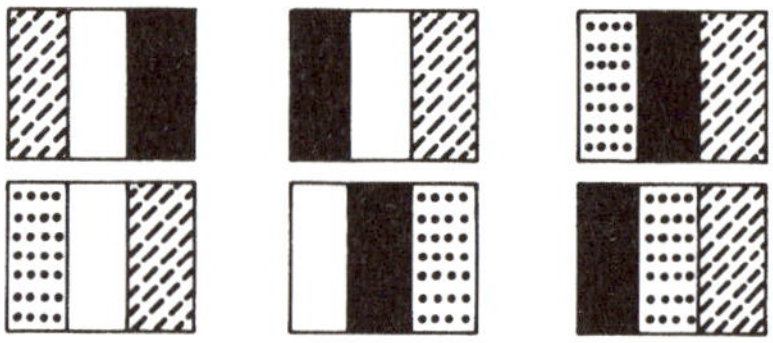

d e f

a b c

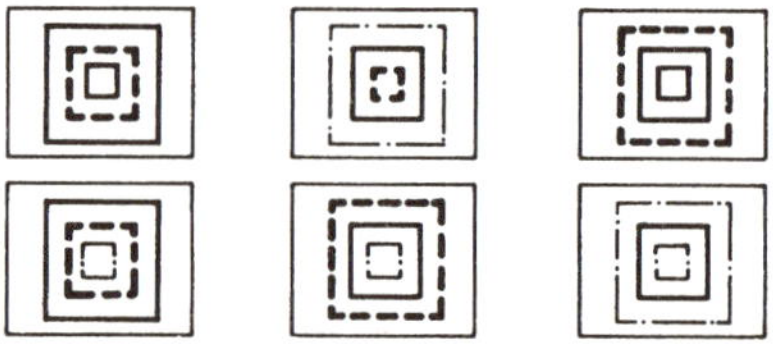

d e f

4

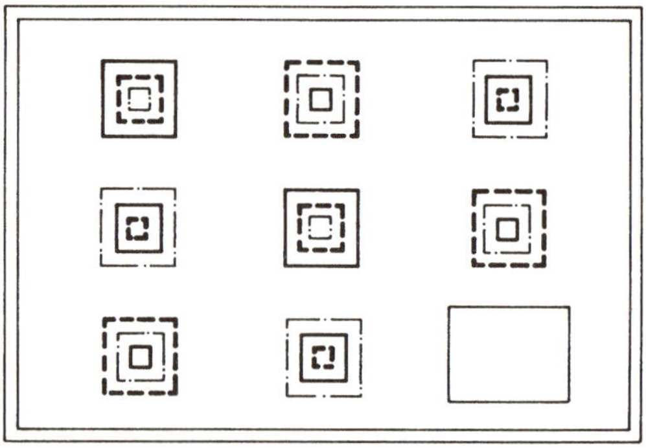

5. Aufgabe
Immer noch sinnvoll ergänzen

Wie eine Erweiterung der 1. Aufgabe sieht die folgende Aufgabe aus: Vier Kästchen sind vorgegeben – das fünfte ist von Ihnen sinnvoll zu ergänzen. Der Schwierigkeitsgrad ist im Vergleich zur 1. Aufgabe etwas erhöht, und Sie haben nur 1,5 Min. Bearbeitungszeit.

Beispiel:

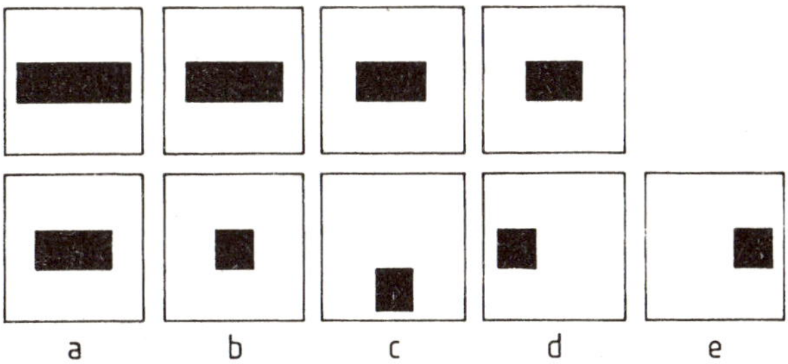

Lösung: b

1

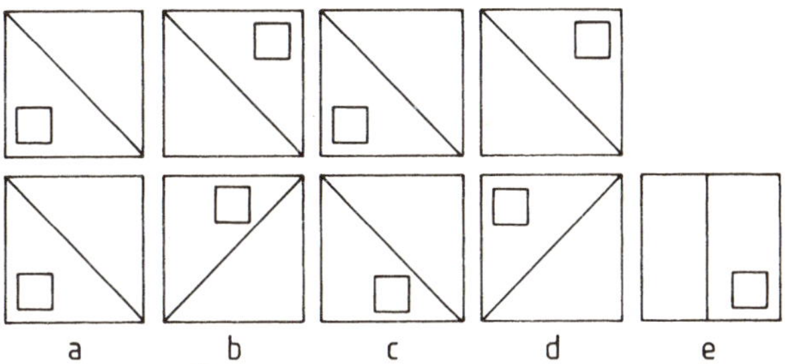

2

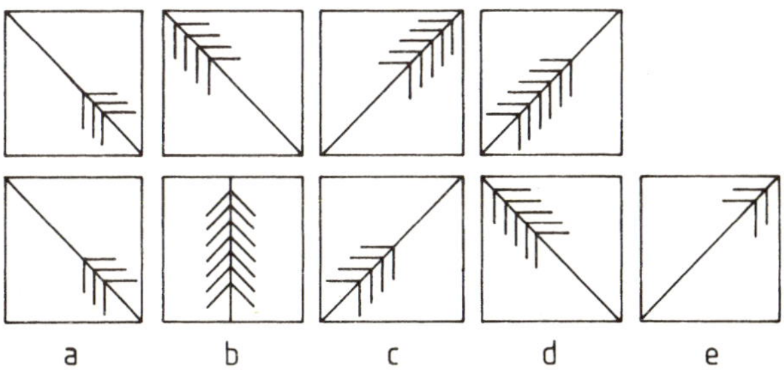

3

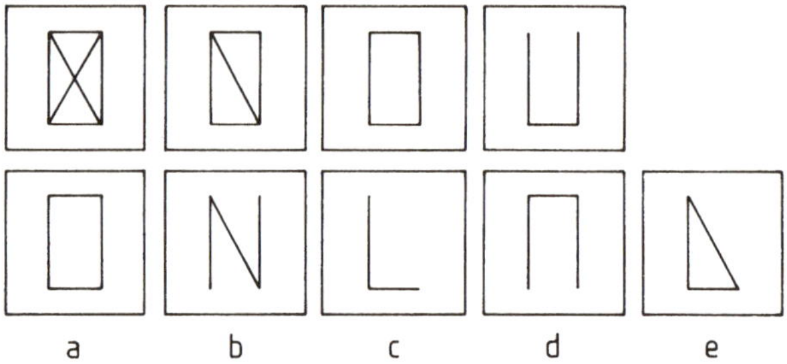

4

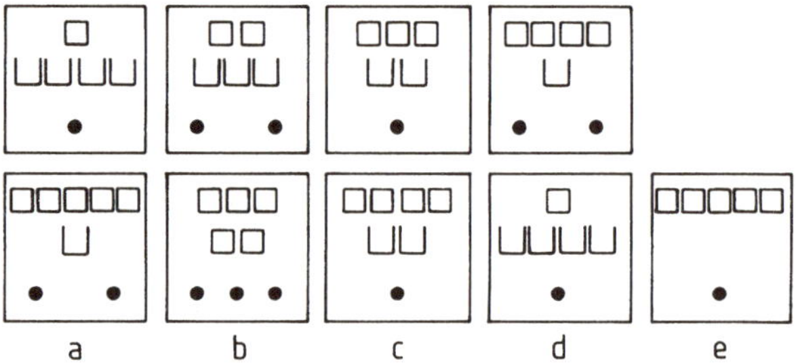

5

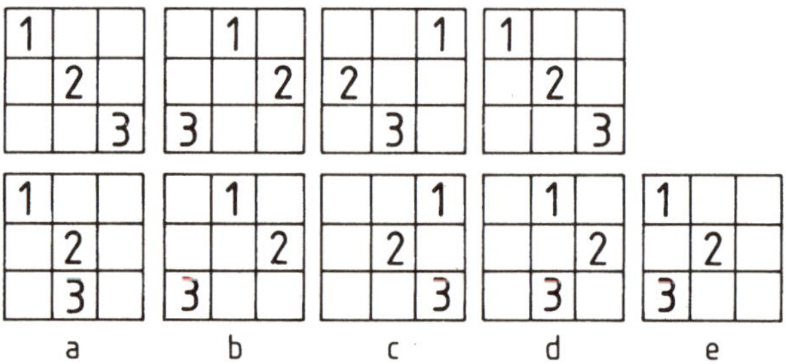

6

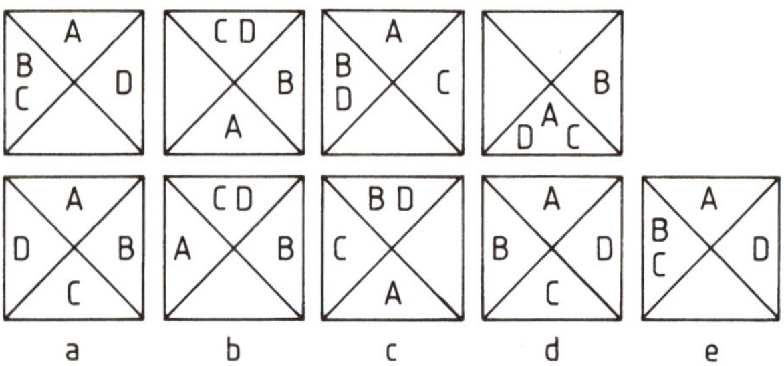

Tipps für das Ergänzen graphischer Reihenaufgaben[29]

Schauen Sie sich die Abfolge der einzelnen Bilder genau an. Ihre Aufgabe ist es ja, eine logische Abfolge von Bildern sinnvoll zu ergänzen.
Beachten Sie die Unterschiede zwischen den Bildern:
vom ersten zum zweiten Bild,
vom zweiten zum dritten usw.,
aber auch in umgekehrter Richtung:
vom zweiten zum ersten,
vom dritten zum zweiten usw.,
auch in einem umfassenderen Blickwinkel vom ersten zum letzten Bild (und umgekehrt).

Achten Sie beim Vergleichen der Bilder auf folgende Punkte:

1. *Veränderungen in Lage und Anordnung einzelner oder mehrerer Bildelemente*
Mögliche Veränderungen können sein:
»Wanderungen« von Elementen
- im oder gegen den Uhrzeigersinn,
- von links nach rechts (und umgekehrt),
- von oben nach unten (und umgekehrt),
- in der Diagonale (z.B. von rechts oben nach links unten und umgekehrt).

Beispiel (5. Aufgabe, Nr. 1):

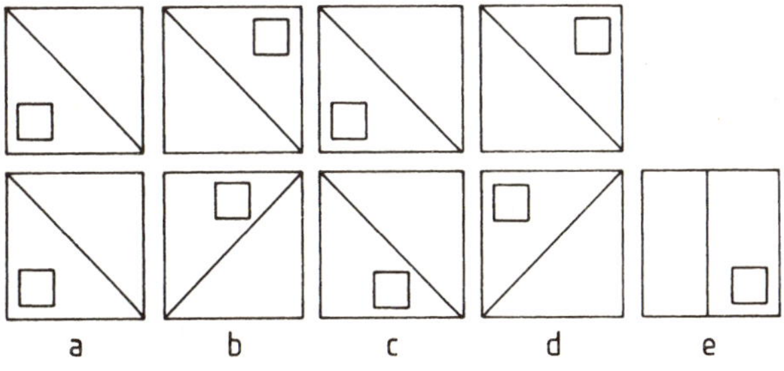

Das kleine Quadrat wandert von links unten nach rechts oben und zurück. Da es sich im vierten Bild rechts oben befindet, muss es im fünften Bild wieder links unten sein.
Lösung: a

2. *Veränderungen in der Anzahl von Elementen*
Die Anzahl der graphischen Elemente kann von einem Bild zum nächsten zu- oder abnehmen. Die Veränderung kann auch komplizierter sein, indem z. B. jeweils zwei Elemente hinzukommen und eins weniger wird usw.

Beispiel (5. Aufgabe, Nr. 2):

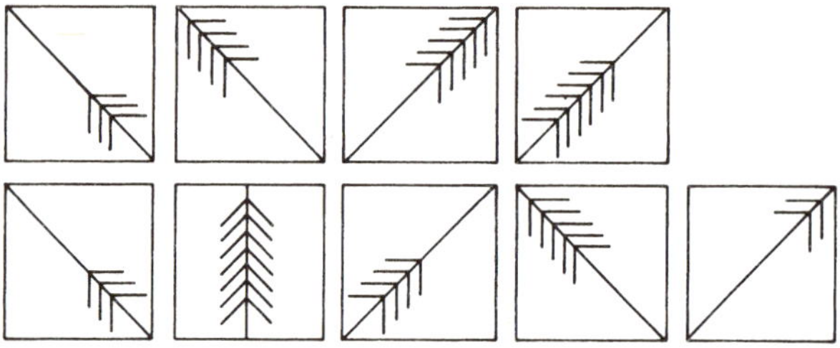

a b c d e

Hier kommt man durch das Beachten der Lageveränderung nicht weiter. Wenn Sie sich auf die Veränderung in der Anzahl der »Tannennadeln« konzentrieren, stellen Sie fest, dass diese stetig (+1) zunehmen.
Als Lösung kommt also nur b in Frage.

3. *Veränderungen bezüglich Lage und Anzahl der Elemente*
Das Zusammenspiel von Lage und Anzahl der Elemente kann sich von einem Bild zum anderen gesetzmäßig verändern. So kann an einer bestimmten Stelle (Lage) ein Element ausgelassen oder neu hinzugefügt werden (Anzahl). Diese Veränderung besteht also in einer Kombination von Lage- und Anzahlveränderung.

Beispiel (1. Aufgabe, Nr. 1):

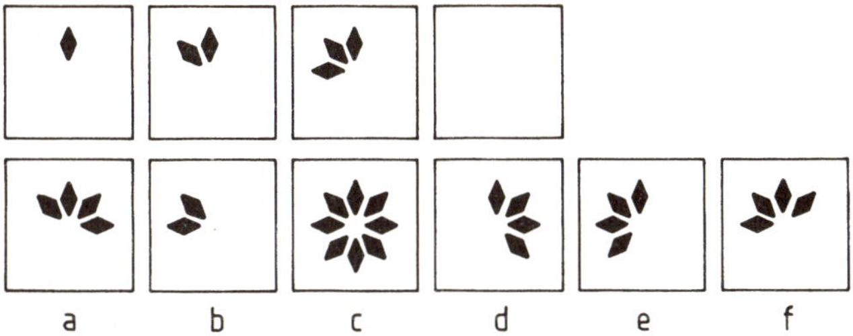

Veränderung der Anzahl: Es kommt jeweils ein Blütenblatt hinzu. Veränderung der Lage: Das neue Blatt kommt jeweils gegen den Uhrzeigersinn hinzu (Lösung: e).

4. *Veränderungen in Größe und Farbgestaltung (Muster/Schraffierung)*
Die Grundform der Elemente kann im Prinzip erhalten bleiben, aber die Elemente verändern sich in ihrer Größe (Maßstab) und Farbgestaltung.

Beispiel (2. Aufgabe, Nr. 4)

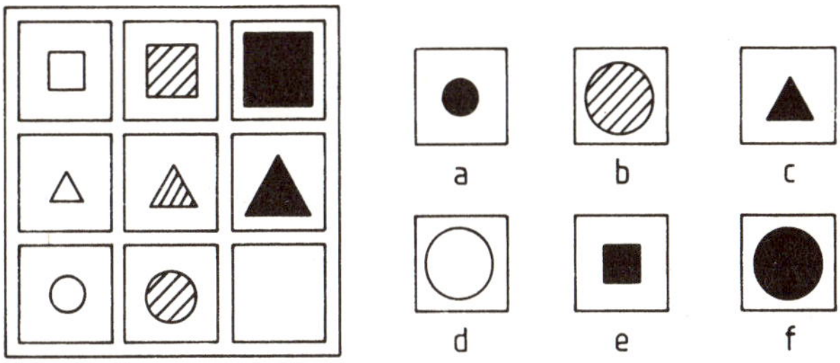

Lösung: f (Veränderung in Größe/Maßstab und Farbgestaltung).

5. *Veränderungen durch Wechsel in der Darstellung*
Manche Eigenschaften der dargestellten Elemente bleiben von Feld zu Feld gleich, während andere nach einem bestimmten Prinzip wechseln, indem z. B. in jedem zweiten Feld gleiche Prinzipien der Darstellung (z. B. Lage oder Form) auftauchen.

Beispiel (1. Aufgabe, Nr. 8):

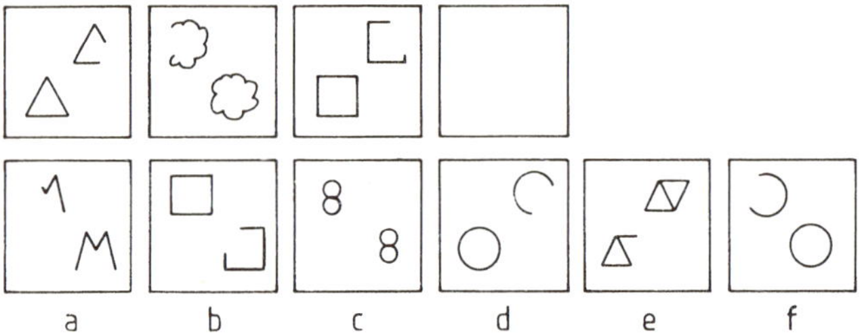

Der Wechsel in der Darstellung besteht hier darin, dass eckige Formen von runden abgelöst werden und die Diagonale abwechselnd von links unten nach rechts oben und von links oben nach rechts unten verläuft. Konstant bleibt, dass die untere Figur geschlossen ist. Diese Erkenntnisse führen zum Ausschluss der Möglichkeiten a–e,

a weil die Figur nicht in die Reihe passt,
b weil die untere Figur offen ist und nicht rund,
c weil beide Figuren geschlossen sind,
d weil die Figuren in der falschen Diagonale angeordnet sind,
e weil die Figuren in der falschen Diagonale laufen, eckig und unten offen sind.

Lösung kann also nur f sein: Die Figur läuft in der richtigen Diagonale, ist oben offen und rund.

6. *Beachten der Konstanz in der Darstellung*
Wie das letzte Beispiel zeigt, kann die Beachtung eines konstanten (gleich bleibenden) Merkmals (z. B. Farbe bzw. im obigen Beispiel, Offensein einer Figur) mit zur Lösung beitragen.
Bitte beachten Sie, dass die genannten sechs Systeme bei schwierigeren Aufgaben kombiniert auftreten und somit die Lösung erschweren. Versuchen Sie, das Aufbau- und Ablaufsystem mit Hilfe der sechs Hinweise zu knacken. Achten Sie auch auf die Möglichkeit, nicht infrage kommende Lösungen auszuschließen (grundsätzlicher Testtipp). Die systematische Problemlösung mit Hilfe der sechs Punkte verkürzt die Bearbeitungszeit bei schwierigeren Aufgaben erheblich. Bei einfacheren Aufgaben kommen Sie wahrscheinlich gefühlsmäßig schnell auf die richtige Lösung und können diese sicher auch erklären, bei schwierigeren Aufgaben ver-

geht durch unsystematisches Ausprobieren und Herumraten viel Zeit.
Es folgen zwei schwierigere Beispiele mit Angaben zum Problemlösungsweg:

4. Aufgabe, Nr. 3:

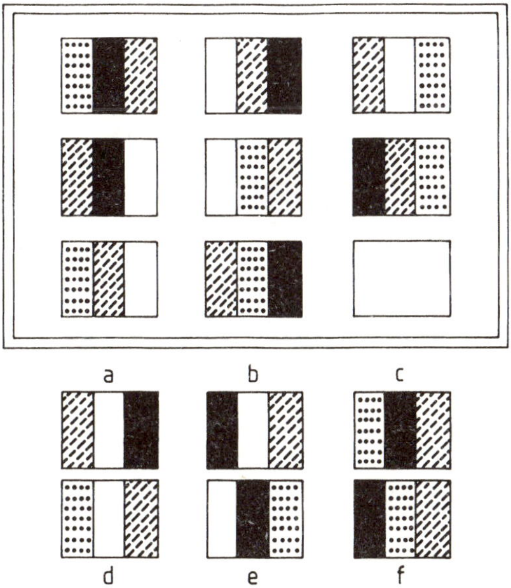

Wir sehen uns die obere Zeile von links nach rechts an. Die verschieden gemusterten Flächen sind der einzige Anhaltspunkt, der uns hier geliefert wird. In der oberen und in der mittleren Zeile fallen sofort die schwarzen Flächen auf: In jeder Zeile sind immer zwei schwarze Flächen vertreten (Punkt 6). Wir schließen daraus, dass auch in der unteren Zeile zwei Kästchen mit je einer schwarzen Fläche enthalten sein müssen. Von den angebotenen Lösungen können wir also d sofort ausschließen. In jeder Zeile stellen wir auch zwei weiße Flächen fest, also muss auch in der unteren Zeile ein weiteres Bild mit einer weißen Fläche vertreten sein (Punkt 6). Somit fallen jetzt c und f von den Lösungsvorschlägen weg, nur noch a, b und e bleiben übrig. Wir stellen fest, dass die schwarzen und weißen Flächen in den ersten beiden Zeilen immer an anderen Positionen sind (Punkt 1), z. B.

Schwarz ist in der oberen Zeile mal an zweiter, mal an dritter Stelle. Deshalb scheidet a als Lösung aus, weil in der unteren Zeile im Lösungskästchen Schwarz an der gleichen Stelle wäre wie im Bild davor und auch die gestreifte Fläche an derselben Stelle säße. Solche Wiederholungen gibt es nicht. Es bleiben nur noch b und e übrig. Wir stellen fest, dass in der oberen und in der mittleren Zeile die gestreifte Fläche jeweils dreimal auftaucht (Punkt 6) und schließen daraus, dass das auch im gesuchten Kästchen der Fall sein muss. Somit können wir e ausschließen, als einzige richtige Lösung bleibt b übrig.

Zu dieser Aufgabe nun noch ein zweiter Lösungsweg:
Wir sehen uns die erste Spalte von oben nach unten an: Zwei schwarze Flächen, zwei gepunktete, zwei weiße und drei gestreifte Flächen fallen uns auf. Bis auf die drei gestreiften Flächen sind die übrigen Paare immer in derselben Position. Zum Beispiel: Bei den drei Kästchen der ersten Spalte sind die beiden schwarzen Flächen in der Mitte und die beiden weißen rechts außen. In der zweiten Spalte setzt sich dieses System fort. Wieder sind zwei schwarze, zwei weiße, zwei gepunktete, aber drei gestreifte Flächen vorhanden. Auch hier wird die Konstanz der Positionen ebenso eingehalten wie bei der ersten Spalte. In der dritten Spalte fehlt das letzte Kästchen. Aufgrund unserer Betrachtungen können wir nun sagen, dass dieses fehlende Kästchen die Flächen schwarz, weiß und gestreift auch in dieser Positionskonstanz enthalten muss. Nur b kann also die richtige Lösung sein.

4. Aufgabe, Nr. 4 (auf Seite 119 oben):

Die Betrachtung der oberen Zeile von links nach rechts ergibt, dass der äußere Rahmen (durchgezogene Linie) ins Zentrum springt und anschließend in die Mitte (Punkte 1 und 5). Bei allen Bildern tauchen drei unterschiedliche Rahmen auf (durchgezogene, gestrichelte und Punkt-Strich-Linie; Punkt 6). Die Betrachtung der mittleren Zeile bestätigt die erste Erkenntnis, dass der äußere Rahmen ins Zentrum und dann in die Mitte springt. So wissen wir, dass sich im Lösungskästchen in der unteren Zeile der gestrichelte Rahmen in der Mitte befinden muss, was von den vorgeschlagenen Lösungsmöglichkeiten nur auf a und d zutrifft. Alle anderen Lösungsmöglichkeiten können ausgeschlossen werden. Die Hinzuziehung der zweiten Erkenntnis, dass in jedem Kästchen drei unterschiedliche Rahmen auftauchen, und die Feststellung, dass in jeder Zeile drei unterschiedliche äußere Rahmen auftreten, bedeutet, dass auch im

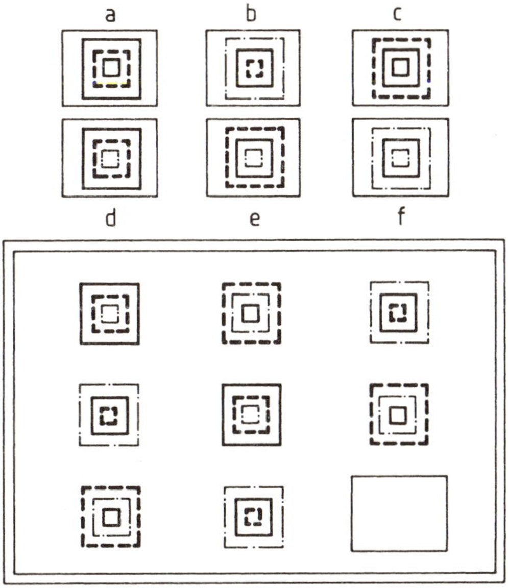

gesuchten Lösungskästchen ein durchgezogener äußerer Rahmen sein muss, da immer alle drei unterschiedlichen Rahmenarten vertreten sind. Die Auswahl zwischen a und d fällt leicht: a kommt nicht infrage, da nur zwei Rahmenmuster verwendet werden, wir aber festgestellt haben, dass jedes Bild aus drei unterschiedlichen Rahmen besteht.
Lösung also: d.
Von den aufgeführten Hinweisen wurde beachtet: Der *Wechsel* von Elementen (Punkt 5, das »Springen« des äußeren Rahmens von außen ins Zentrum zur Mitte), die *Position* der Elemente (Punkt 1; Rahmen außen, im Zentrum oder in der Mitte des Kästchens), die *Konstanz* der Elemente (Punkt 6; jedes Bild besteht aus drei unterschiedlichen Rahmen).

Auch hier ein zweiter Lösungsweg:
Jeder Rahmen (schwarze durchgezogene Linie, gestreifte und Punkt-Strich-Linie) kommt in jeder Zeile, aber auch in jeder Spalte an der gleichen Stelle nur einmal vor. Das gilt für den Außen-, den mittleren und den Innenrahmen gleichermaßen. Jetzt kann man ganz leicht den fehlenden Dreierrahmen selbst aufbauen. Außen

muss er eine durchgezogene Linie haben, der mittlere Rahmen muss gestrichelt sein, und der innere Rahmen hat eine Punkt-Strich-Linie. Also ist d die richtige Lösung.

Zusammenfassung: Beachten Sie beim Lösen von graphischen Reihenaufgaben die folgenden Punkte:

1. Veränderungen in Lage und Anordnung einzelner oder mehrerer Elemente
2. Veränderungen in der Anzahl von Elementen
3. Veränderungen bezüglich Lage *und* Anzahl der Elemente
4. Veränderungen in Größe und Farbgestaltung (Muster/Schraffierung)
5. Veränderungen durch Wechsel in der Darstellung
6. Beachten der Konstanz der Darstellung

Übersicht: Tipps für das Ergänzen graphischer Reihenaufgaben

Eine Bitte: Sollten Sie zu diesen oder anderen Aufgaben eine eigene Lösungsstrategie entwickeln, würden wir uns freuen, wenn Sie uns dies kurz mitteilen (Adresse S. 4).

6. Aufgabe
Falsches Rausstreichen

Wenden wir uns zunächst der Aufgabe A zu:
In jeder Zeile ist das Zeichen durchzustreichen, welches am wenigsten in die Zeile hineinpasst. Es darf immer nur ein Zeichen in jeder Zeile durchgestrichen werden. In der ersten Zeile ist das 6. Symbol (1f) durchzustreichen, da es als Dreieck nicht in die Serie von Quadraten hineinpasst.

Beim Aufgabenteil B (in dem bei diesen graphischen Aufgaben ausnahmsweise auch Zahlen und Buchstaben auftauchen) ist ganz ähnlich zu verfahren:
In der ersten Zeile ist das D (1f) durchzustreichen, da es in die Serie von B nicht hineinpasst.

Für die Aufgabenteile A und B haben Sie jeweils 3 Min. Zeit.

A

a b c d e f g

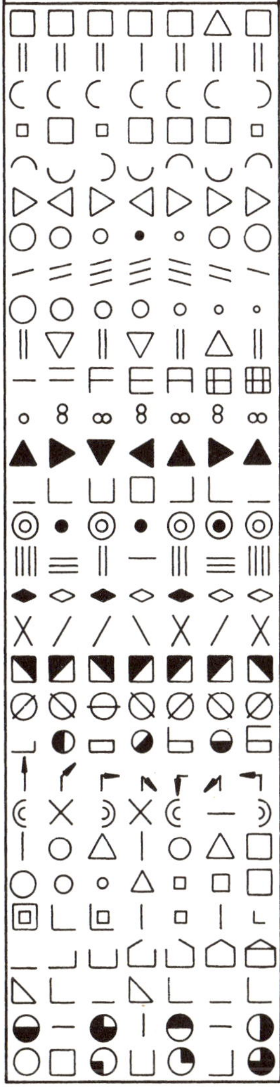

	B						
	a	b	c	d	e	f	g
1	B	B	B	B	B	D	B
2	I	I	J	I	I	I	I
3	2	3	2	3	4	3	2
4	R	R	R	P	R	R	R
5	a	b	c	d	a	d	c
6	A	A	C	B	A	A	B
7	1	2	3	5	1	2	3
8	U	V	W	X	Y	Z	X
9	a	d	a	b	a	b	a
10	3	2	1	0	6	8	7
11	D	E	F	H	D	E	F
12	1	2	3	4	5	5	7
13	p	p	p	q	p	q	p
14	Z	Y	X	Y	X	Y	X
15	6	8	12	15	18	21	24
16	K	L	M	O	K	L	M
17	13	11	9	7	6	3	1
18	o	q	o	p	q	o	p
19	R	S	T	S	R	S	T
20	A	1	D	2	C	3	D
21	A	b	C	d	E	F	G
22	14	12	10	8	9	4	2
23	N	4	P	4	Q	4	R
24	A	C	E	G	I	J	M
25	b	6	9	d	6	9	b
26	192	86	48	24	12	6	3
27	Z	Y	X	V	V	U	T
28	j	k	l	m	n	o	q
29	8	7	b	6	c	5	d
30	2	b	B	3	c	D	4

7. Aufgabe
Buchstabengruppen

Vier Buchstabengruppen sind nach einer bestimmten Regel zusammengesetzt. Eine Buchstabengruppe entspricht aber nicht dieser Regel. Diese ist herauszufinden. Welche Buchstabengruppe passt im ersten Beispiel nicht in die Reihe?

	a	*b*	*c*	*d*
1. Beispiel:	ABC	DEF	FHI	JKL

Die Buchstabengruppe c passt nicht herein, da sie eigentlich GHI lauten müsste.

	a	*b*	*c*	*d*
2. Beispiel:	ACE	GIK	MOQ	SUV

Hier passt die Buchstabengruppe d nicht in die Reihe, da in einer Dreier-Buchstaben-Gruppe zwischen den Buchstaben immer ein Buchstabe ausgelassen worden ist und nach diesem Prinzip nach ›U‹ ›W‹ folgen müsste. Für sechs Aufgaben stehen Ihnen 3 Min. Zeit zur Verfügung.

	a	*b*	*c*	*d*
1	AABC	AAAB	AAAC	AAAD
2	BBDE	DDHI	HHLM	FFNP
3	AMMB	BMMA	XMMY	ZMMX
4	MBBN	OLLO	UMMV	XSSY
5	FCDE	OLMN	URST	WXYZ
6	LNMO	CEDF	ADBC	MONP

8. Aufgabe
Buchstaben ergänzen

Ähnlich wie bei den Kästchen mit den Symbolen und Zeichnungen geht es jetzt um Buchstabenreihen, die nach einer bestimmten Regel aufgebaut sind. Sie sollen diese Reihe mit zwei weiteren Buchstaben sinnvoll fortsetzen. Dafür stehen Ihnen vier Lösungsmöglichkeiten zur Verfügung.

		a	*b*	*c*	*d*
1. Beispiel:	a b c d e f ??	hi	gh	gk	lm

Lösung: b

		a	*b*	*c*	*d*
2. Beispiel:	X Y Z A B C D E F ??	XZ	HC	JH	GH

Lösung: d

Für sechs Aufgaben haben Sie 3 Min. Zeit.

		a	*b*	*c*	*d*
1	a p b p c p ??	dp	fp	pq	Lp
2	B B C D D E F F G H ??	HH	HI	IH	II
3	B C D E B C D E F B C D E ??	AB	HI	FG	BC
4	C D E E D C F G H H G F I J ??	AB	LM	KK	KL
5	A b c D e f G h i J ??	KI	KL	ki	kl
6	A z B y C x ??	Du	Dw	Dv	DW

9. Aufgabe
Herausfinden, was nicht hereinpasst

In einer Reihe von fünf Kästchen, die Zeichen und Figuren enthalten, sind jeweils drei Figuren, die einander ähnlich sind. Zwei Figuren sind von diesen dreien deutlich verschieden. Finden Sie die zwei Figuren in einer Reihe heraus, die nicht hereinpassen.

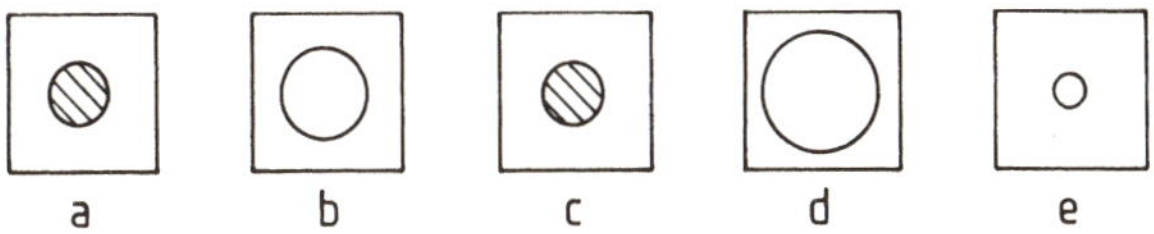

Hier im 1. Beispiel sind das erste und das dritte Kästchen mit dem schraffierten Kreis deutlich von den anderen drei Kästchen mit den weißen Kreisen zu unterscheiden. Lösung also: a, c

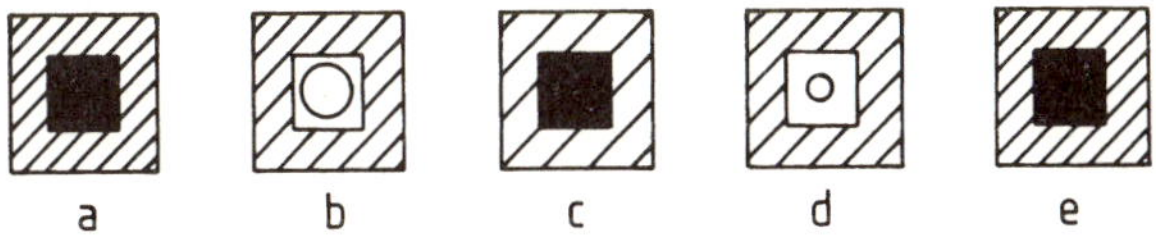

Im 2. Beispiel unterscheiden sich die Kästchen b und d deutlich von den übrigen, weil sie in der Mitte weiß sind. Lösung: b, d

Für die nun folgenden zehn Aufgaben stehen Ihnen 3 Min. Zeit zur Verfügung.

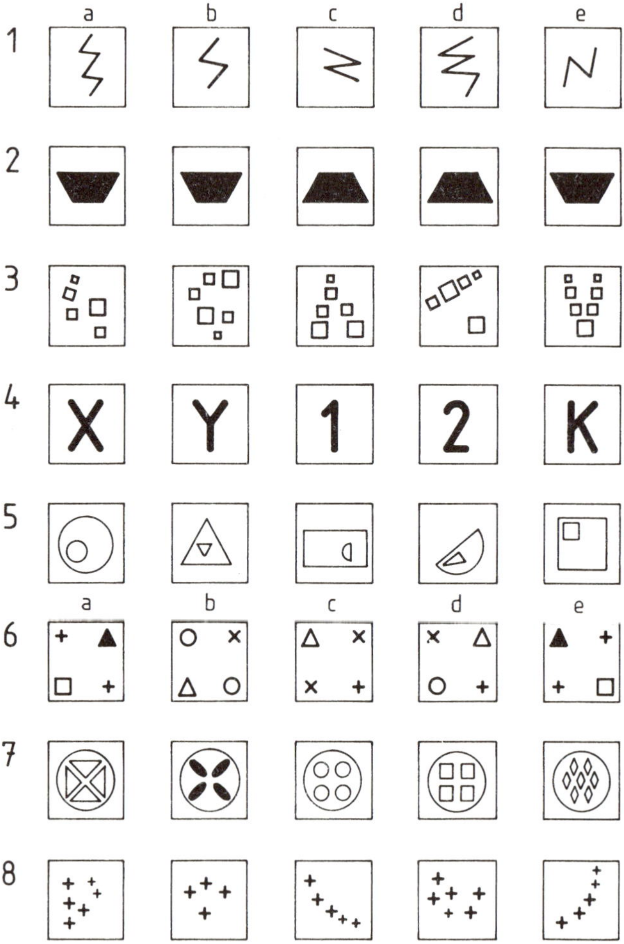

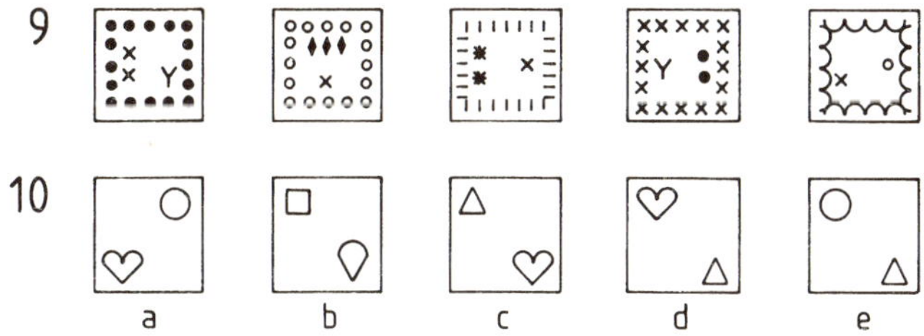

10. Aufgabe
Schöne Verhältnisse

Bei dieser Aufgabe geht es um Ihre Kombinationsfähigkeit. Sie sollen Beziehungen aufdecken und erfassen. Drei Worte sind vorgegeben, bei denen das erste zum zweiten in einer gewissen Beziehung steht. Darunter befinden sich fünf Wahlworte (a, b, c, d und e). Finden Sie das Wort heraus, das zum dritten Wort in einer ähnlichen Beziehung steht wie das erste zum zweiten.

1. Beispiel:

Wiese : Gräser = Wald : ?
a) Sträucher b) Bäume c) grün d) Schonung e) Schneise

Lösung: b (Wiese verhält sich zu Gräser wie Wald zu Bäume)

2. Beispiel:

trocken : nass = hell : ?
a) grau b) schwarz c) dunkel d) Schatten e) regnerisch

Lösung: c (trocken verhält sich zu nass wie hell zu dunkel)

Für die folgenden 20 Aufgaben stehen Ihnen 7 Min. Zeit zur Verfügung. Diese Aufgabenzahl und Zeit entspricht ungefähr den Anforderungen, mit denen Sie in einer realen Testsituation bei diesem Aufgabentyp rechnen müssen.

1 Fisch : Wasser = Vogel : ?
a) Käfig b) fliegen c) Luft d) Flügel e) Zweig

2 naschen : essen = basteln : ?
a) werken b) bauen c) arbeiten d) schuften e) ausruhen

3 Würfel : Quadrat = Kugel : ?
a) Figur b) Kreis c) Rechteck d) Viereck e) Quader

4 Religion : Atheist = Krieg : ?
a) Kommunist b) Humanist c) Pazifist d) Frieden e) Militär

5 Nase : brenzlig = Zunge : ?
a) belegt b) schmecken c) sauer d) muffig e) trocken

6 Trauer : Stimmung = Zorn : ?
a) Wut b) Ärger c) Verlust d) Depression e) Affekt

7 Pflanze : Zelle = Haus : ?
a) Tür b) Dach c) Keller d) Mauerstein e) Passage

8 Wochenende : Urlaub = Unpässlichkeit : ?
a) Müdigkeit b) Leiden c) Erholung d) Krankheit e) Genesung

9 Wort : Bedeutung = Zahl : ?
a) Aussage b) Wert c) Nummer d) rechnen e) Ziffer

10 gemäßigt : extrem = liberal : ?
a) gütig b) ausgleichend c) engagiert d) radikal e) konservativ

11 Film : Kritik = Buch : ?
a) Rezession b) Rezension c) Resignation d) Repression e) Reputation

12 groß : klein = lang : ?
a) kurz b) knapp c) schmal d) eng e) winzig

13 Eisen : feilen = Holz : ?
a) sägen b) schneiden c) hobeln d) hämmern e) knicken

14 messen : schätzen = wissen : ?
a) raten b) vermuten c) prüfen d) bestimmen e) hoffen

15 Leben : Mutation = Staat : ?
a) Evolution b) Revolution c) Gemeinschaft d) Demokratie e) Monarchie

16 Schiff : Sirene = Auto : ?
a) Stoßstange b) Reifen c) Rücklicht d) Bremse e) Warndreieck

17 schwimmen : sinken = fliegen : ?
a) fallen b) stürzen c) steigen d) gleiten e) kriechen

18 Meer : Schiff = Himmel : ?
a) Sterne b) Atmosphäre c) Wolke d) Luft e) Regen

19 ängstlich : vorsichtig = geizig : ?
a) großzügig b) vorsorglich c) wirtschaftlich d) sparsam
e) verschwenderisch

20 Gebot : Religion = Gesetz : ?
a) Gesetzbuch b) Gerechtigkeit c) Recht d) Ordnung
e) Sauberkeit

11. Aufgabe
Schöne Verhältnisse, eine Variante oder es geht weiter

Bei dieser Aufgabe handelt es sich um eine Abwandlung der vorigen: Jetzt ist das Verhältnis nicht in einer Wortgleichung, sondern in einem Satz ausgedrückt. Außerdem ist nicht nur das vierte Wort (mit dem das Parallelverhältnis gebildet wird), sondern auch das erste Wort zu suchen. Mit anderen Worten: Bei den folgenden Sätzen fehlt jeweils das erste und das letzte Wort. Ihre Aufgabe ist es, die Sätze mit einer der vorgegebenen Kombinationsmöglichkeiten (a–e) so zu ergänzen, dass ein Sinn entsteht.

1. Beispiel:

… verhält sich zu miauen, wie Hund zu …

A jagen	1 Katze	a) D1
B Katze	2 bellen	b) C3
C bellen	3 Knochen	c) B2
D Maus	4 knurren	d) A4
		e) B4

Nur mit der Kombination c ergibt sich ein sinnvolles Verhältnis: Katze (B) verhält sich zu miauen wie Hund zu bellen (2).

2. Beispiel:

… (verhält sich) zu Huhn wie Fohlen zu …

A Ei	1 Milch	a) B2
B gackern	2 reiten	b) C3
C Küken	3 Pferd	c) D4
D scharren	4 wiehern	d) A1
		e) C2

Nur mit der Wahlmöglichkeit b ergibt sich ein sinnvolles Verhältnis: Küken (c) zu Huhn wie Fohlen zu Pferd (3).

Lösen Sie bitte die folgenden acht Aufgaben in 4 Min.

1 … zu Frau wie Junge zu …

A Mann	1 Kind	a) A1
B Jungen	2 Mädchen	b) C2
C Herr	3 Frau	c) A2
D Eltern	4 Schüler	d) D4
		e) B3

2 … zu nichts wie viel zu …

A jeder	1 nichts	a) B1
B alles	2 keiner	b) A2
C viel	3 niemals	c) B4
D mehr	4 wenig	d) C1
		e) D3

3 … zu Gramm wie Länge zu …

A Kilo	1 Geschwindigkeit	a) B2
B Pfund	2 Entfernung	b) D2
C wiegen	3 Meter	c) D3
D Gewicht	4 Abstand	d) C4
		e) A1

4 … zu Religion wie Pazifist zu …

A Kirche	1 Krieg	a) D1
B gläubig	2 Frieden	b) C4
C Atheist	3 Gewalt	c) A3
D Kommunist	4 Militär	d) C1
		e) B3

5 … zu Buch wie Ouvertüre zu …

A Kritik	1 Einleitung	a) A1
B Nachwort	2 Theater	b) B2
C Kapitel	3 Anfang	c) C4
D Vorwort	4 Oper	d) D4
		e) D2

6 … zu Krankheit wie Schweiß zu …

A Tablette	1 Lob	a) A1
B Arzt	2 Anstrengung	b) B2

C Thermometer	3 Chef	c) D4
D Fieber	4 Erfolg	d) D2
		e) C1

7 … zu Finanzamt wie Gewerbeaußendienst zu …

A Steuerberater	1 Kriminalpolizei	a) A2
B Steuerfahndung	2 Verbrechen	b) B3
C Steuer	3 Polizei	e) C4
D Lohnsteuer	4 Rauschgift	d) D2
		e) C1

8 … zu Herz wie Takt zu …

A Blut	1 Musik	a) C3
B Pumpe	2 Musiker	b) C1
C Pulsschlag	3 Dirigent	c) A4
D Leben	4 Komposition	d) D3
		e) B4

Tipps für Wortanalogien[30]

Wortanalogien, d. h. »Gleichungen« von Wörtern, die in einer bestimmten ähnlichen Beziehung zueinander stehen, kommen in fast allen so genannten wissenschaftlichen Tests vor. Nachfolgend einige Tipps für Lösungsstrategien bei diesem Aufgabentyp:

1. Beispiel:

Junge : Mädchen = Mann : ?

Zwischen dem ersten und dem zweiten Wort besteht eine Beziehung. Zum dritten Wort ist der dazugehörige »Partner« zu finden. Fragen Sie nach dem Sinn der Verbindung, die im ersten Wortpaar beschrieben wird. Wie gehen Sie dabei am besten vor? Es kann helfen, wenn Sie sich die Wortgleichung laut oder wenigstens im Geist in einem Satz aufsagen:
Beispiel:
»Junge verhält sich zu Mädchen wie Mann zu? – Frau!«
Die Wortgleichung ist jetzt richtig, da beide Wortpaare (das erste und das zweite Wort und das dritte und das vierte) in einer ähnlichen Beziehung zueinander stehen. Die Ähnlichkeit liegt hier in der Geschlechtsrolle, mit dem Unterschied, dass es sich einmal um

eine »junge« und einmal um eine »alte« Geschlechtsrollenbenennung handelt. Bei einfachen Analogien ist die Antwort so schnell gefunden. Zusätzlich haben Sie ja eine vorgegebene Lösungsmenge, aus der Sie bestimmte Vorschläge ausschließen können.

2. Beispiel (9. Aufgabe, Nr. 6):

Trauer : Stimmung = Zorn : ?
a) Wut b) Ärger c) Verlust d) Depression e) Affekt

Drücken Sie eine Beziehung zwischen dem ersten und dem zweiten Wort in einem Satz aus. In diesem Beispiel können Sie mit dem Satz: »Trauer ist eine Art von Stimmung« das Verhältnis der Worte eins und zwei zueinander beschreiben.
Versuchen Sie nun, die gewonnene Verbindungsformulierung (»ist eine Art von«) auf das dritte Wort anzuwenden, indem Sie fragen: »Zorn ist eine Art von was?« (weil Sie ja vorher festgestellt haben, dass Trauer eine Art von Stimmung ist). Wenn Sie mit dieser Formulierung an die Lösungsmöglichkeiten herangehen und dabei gleichzeitig im Auge behalten, dass es sich um einen Begriff von ähnlichem Allgemeinheitsgrad wie »Stimmung« handeln muss, werden Sie feststellen, dass die Lösungsvorschläge a, b, c und d zu speziell sind und nur e (»Affekt«) in Frage kommt (mit Affekt bezeichnet man eine außergewöhnlich heftige seelische Erregung).
Wenn es Ihnen nicht gelingt, vom ersten Wort ausgehend eine richtige Verbindungsformulierung zu finden (unser Beispiel: »Trauer ist eine Art von Stimmung«), versuchen Sie, vom zweiten Wort zum ersten hin eine solche Verbindungsformulierung zu finden.
Sollte auch das noch nicht zu einer Lösung führen, versuchen Sie doch einmal, eine Beziehung zwischen dem ersten und dem dritten Wort herzustellen. Beispiel:

Brot : Wein = Getreide : ?

Die Verbindung vom ersten zum dritten Wort lässt sich sprachlich so ausdrücken: »Brot wird aus Getreide hergestellt.« Jetzt übernehmen wir diese Verbindungsformulierung für das zweite uns bekannte Wort, um das vierte zu finden: »Wein wird hergestellt aus?« Antwort: »Trauben«.
Es sei noch einmal betont, dass Sie meistens mit dem ersten Vorschlag, eine Beziehung zwischen den ersten beiden Worten herzu-

stellen und damit an das zweite Wortpaar heranzugehen, zum Erfolg kommen. Deshalb wollen wir Ihnen nachstehend eine Übersicht geben, wie die am häufigsten verwendeten Beziehungen bei Wort-Analogie-Tests lauten:

bedeutet das Gleiche/den Gegensatz
alles : nichts = viel : wenig

ist eine Art von (Beschreibung)
Trauer : Stimmung = Zorn : Affekt

ist ein Teil von/aus
Gebot : Religion = Gesetz : Recht

ist eine Ursache von/tritt gleichzeitig auf mit
Fieber : Krankheit = Schweiß : Anstrengung

wird benutzt um/von
Pinsel : Maler = Amboss : Schmied

wird hergestellt aus
Brot : Wein = Getreide : Trauben

ist eine kleinere/größere Maßeinheit als
Kilometer : Meile = Zentimeter : Inch

ist Maßeinheit von
Elle : Länge = Unze : Gewicht

hat die Funktion/Wirkung
Wort : Bedeutung = Zahl : Wert

befindet sich (finden wir) in/an
Meer : Schiff = Himmel : Wolke

Übersicht: Beziehungs- und Verbindungsformulierungen für Wortanalogien[31]

Teilweise ist es nicht ausreichend, das Verhältnis durch einen einfachen Satz zu beschreiben, um das vierte gesuchte Wort zu finden. Man muss auch die Ebene berücksichtigen, auf der das Verhältnis dargestellt wird.

Z. B.: (9. Aufgabe, Nr. 18): Meer : Schiff = Himmel : ?

a) Sterne b) Atmosphäre c) Wolke d) Luft e) Regen

Man könnte auf die Idee kommen, dass a) Sterne richtig ist. Aber: Schiffe bewegen sich eher auf dem Meer, wie sich Wolken am Himmel bewegen (dieser Vergleich trifft auf Sterne nicht zu).

12. Aufgabe:
Wirklich absolut unmöglich

In der folgenden Aufgabe verlangen die Testautoren etwas Allgemeinwissen, logisches Denken und sprachliches Feingefühl sowie die bei Tests generell nützliche Eigenschaft, sich nicht verwirren zu lassen.
Es werden vier Behauptungen aufgestellt, von denen entweder drei richtig und eine falsch oder drei falsch und eine richtig ist. Aufgabe ist es nun, jeweils die *eine richtige* oder die *eine falsche* Behauptung herauszufinden.

1. Beispiel:

Es ist völlig unmöglich, dass man …
a) durch einen Lottogewinn Millionär wird
b) immer lebt
c) ohne Nahrungsaufnahme über längere Zeit leben kann
d) wie ein Vogel fliegen lernen kann.

Welche Aussage (a, b, c oder d) ist als Einzige entweder richtig oder falsch? Lösung: a. Nur die Behauptung a ist falsch, da man durch einen Lottogewinn durchaus Millionär werden kann. Dagegen ist z. B. die Aussage b »Es ist völlig unmöglich, dass man immer lebt« richtig.

2. Beispiel:

Es ist völlig unmöglich, dass ein Hund …
a) Eier legen kann
b) bellen kann
c) Flöhe hat
d) gerne Knochen knabbert

Welche Aussage (a, b, c, d) ist als Einzige entweder richtig oder falsch? Lösung: a. Die Aussage a ist als Einzige richtig, denn es ist völlig unmöglich, dass ein Hund Eier legen kann. Die anderen Aussagen sind als falsch zu bezeichnen, denn es ist z. B. nicht völlig unmöglich, dass ein Hund Flöhe hat (c).

Die folgenden neun Übungsaufgaben sind wie eben beschrieben zu bearbeiten. Die Fragestellung lautet: Welche Aussage ist als Einzige entweder richtig oder falsch? Zur Bearbeitung stehen Ihnen 5 Min. Zeit zur Verfügung.

1 Es ist völlig unmöglich, dass ein Huhn …
a) gackert
b) Eier legt
c) Milch gibt
d) Körner pickt

2 Es ist völlig unmöglich, dass ein Sohn …
a) jünger ist als sein Vater
b) klüger ist als sein Vater
c) größer ist als sein Vater
d) älter ist als sein Vater

3 Es ist völlig unmöglich, dass eine Mutter …
a) hübscher ist als ihre Tochter
b) jünger ist als ihre Tochter
c) älter ist als ihre Tochter
d) genauso heißt wie ihre Tochter

4 Es ist völlig unmöglich, dass eine Straße …
a) eine Kurve macht
b) Kopfsteinpflaster hat
c) durch Straßenlaternen beleuchtet wird
d) Frankreich und England verbindet

5 Es ist völlig unmöglich, nach mehreren Herzanfällen …
a) weiterzuleben wie bisher
b) zu sterben
c) ins Krankenhaus gebracht zu werden
d) Astronaut zu werden

6 Es ist völlig unmöglich, dass ein Atomkraftwerk …
a) einen Unfall hat
b) abgestellt wird
c) billigen Strom produziert
d) ohne Sicherungsvorkehrungen auskommt

7 Elektrischer Strom kann auf keinen Fall …
a) gefährlich sein
b) ein Auto antreiben

c) in Wärme umgewandelt werden
d) in ein Gas verwandelt werden

8 Wasser kann niemals ...
a) leichter sein als Fett
b) bei 50 Grad schon kochen
c) bei 1 Grad gefrieren
d) mit Säure vermischt werden

9 Ohne Chemie kann man heute ...
a) keine Esswaren herstellen
b) nicht mehr glücklich werden
c) nicht in einem Großkrankenhaus behandelt werden
d) keine wirkungsvollen Psychopharmaka herstellen

Tipps zum Aufgabentyp »Unmöglichkeiten«

Diese Aufgabe ist wirklich unmöglich. Um Ihnen ein bisschen Orientierung und Hilfe zu geben, empfehlen wir folgende Vorgehensweise: Stellen Sie sich vor, Sie sind Richter und ein Zeuge macht eine Aussage, die Sie zu bewerten haben (richtige oder falsche Zeugenaussage). Wenn Sie sich jede Aussage als vollständigen Satz eines Zeugen vorstellen, können Sie die Aufgaben etwas leichter bewältigen. Beispiel (Nr. 6): Ein Zeuge, in diesem Falle ein wissenschaftlicher Experte, macht folgende Aussage:

a) »Es ist völlig unmöglich, dass ein Atomkraftwerk einen Unfall hat.« Wie bewerten Sie diese Aussage? Lügt der Zeuge, oder hat er Recht? Ist das eine falsche oder richtige Aussage? Ergebnis: Der Zeuge lügt, denn es hat bereits Unfälle gegeben. Die Aussage ist falsch, sie wird deshalb mit einem f gekennzeichnet. Jetzt zur nächsten Zeugenaussage:

b) »Es ist völlig unmöglich, dass ein Atomkraftwerk abgestellt wird.« Lügt der Zeuge, oder spricht er die Wahrheit? Er lügt, denn es ist möglich, dass ein Atomkraftwerk abgestellt wird. Ein weiteres f wird markiert.

Zur dritten Zeugenaussage:

c) »Es ist völlig unmöglich, dass ein Atomkraftwerk billigen Strom produziert.« Diese Aussage ist wiederum falsch, wenn man den heutigen Experten glauben darf, also wieder ein f.

Die vierte Zeugenaussage lautet:

d) »Es ist völlig unmöglich, dass ein Atomkraftwerk ohne Sicherungsvorkehrungen auskommt.« Dieser Zeuge spricht die Wahrheit, also ist diese Behauptung als Einzige richtig, und die Aufgabe sechs ist dadurch gelöst, dass Sie drei falsche (a, b und c) und eine richtige Aussage (d) haben.
Die Schwierigkeit liegt bei dieser Aufgabe in der doppelten Verneinung. Versuchen Sie doch einmal selbst, sich ein, zwei Aufgaben zu konstruieren und dabei sowohl einmal eine richtige und drei falsche Aussagen bzw. umgekehrt drei richtige und eine falsche zu verwenden.

13. Aufgabe
Kalendersprüche

Hier geht es um die Aufgabe, Zusammenhänge in der inhaltlichen Aussage von Sprichwörtern oder Kalendersprüchen zu erkennen. Bei jeder Aufgabe sollen einem vorgegebenen Sprichwort entweder ein oder zwei Sprichworte, die dem Inhalt nach ähnlich sind, zugeordnet werden. Für die Auswahl dieses einen oder der zwei passenden Sprichworte stehen Ihnen Wahlmöglichkeiten a–e zur Verfügung.

1. Beispiel:

Reden ist Silber, Schweigen ist Gold
a) Morgenstund hat Gold im Mund
b) Je später der Abend, desto schöner die Gäste
c) Wer sich nicht wehrt, lebt verkehrt
d) Wenn du geschwiegen hättest, wärst du ein Philosoph geblieben
e) Hier wäre weniger mehr gewesen

Lösung: d, denn nur dieser Satz ist dem oben vorgegebenen Sprichwort inhaltlich ähnlich.

2. Beispiel:

Was Hänschen nicht lernt, lernt Hans nimmermehr
a) Auch Zwerge haben klein angefangen

b) Eigner Herd ist Goldes wert
c) Früh krümmt sich, was ein Häkchen werden will
d) Wie die Alten sungen, so zwitschern jetzt die Jungen
e) Früh übt sich, was ein Meister werden will

Lösung: c und e, da hier zwei der in den Wahlmöglichkeiten aufgeführten Kalendersprüche dem obigen inhaltlich ähnlich sind.

Für die folgenden 12 Sprichwortzuordnungen (immer ein oder zwei Sprichwörter zuordnen, nie mehr) haben Sie 8 Min. Zeit zur Verfügung.

1 *Ohne Fleiß kein Preis*
a) Wie man sich bettet, so liegt man
b) Durch Mühen zu den Sternen
c) Fleiß ist des Glückes Vater
d) Der Wunsch ist der Vater des Gedankens
e) Fleiß ist keine Mühe

2 *Rom ist nicht an einem Tag erbaut worden*
a) Gut Ding will Weile haben
b) Alle Wege führen nach Rom
c) Auch in Rom müssen die Leute sterben
d) Eine Schwalbe macht noch keinen Sommer
e) Aller Anfang ist schwer

3 *Ein Unglück kommt selten allein*
a) Wer den Schaden hat, braucht für den Spott nicht zu sorgen
b) Glück und Glas, wie leicht bricht das
c) Unkraut vergeht nicht
d) Ein Unglück jagt das andere
e) Des einen Unglück ist des andern Glück

4 *Wer A sagt, muss auch B sagen*
a) Mitgegangen, Mitgefangen
b) Unrecht selten gut gedeiht
c) Wer mitgehen will, ist leicht zu ziehen
d) Wer nicht gleich mitgehen kann, muss traben
e) Kleine Ursache, große Wirkung

5 *Schaff dir keine Wiege an, bevor das Kind nicht auf der Welt ist*
a) Kümmere dich nicht um ungelegte Eier
b) Auch ein blindes Huhn findet mal ein Korn
c) Die Hühner scharren überall rückwärts

d) Ein fettes Huhn gibt einen guten Braten
e) Man soll den Tag nicht vor dem Abend loben

6 *Hochmut tut nimmer gut*
a) Hochmut kommt vor dem Fall
b) Wo Hochmut zunimmt, nimmt das Glück ab
c) Hochmut liebt Demut
d) Hochmut und Stolz wachsen auf einem Holz
e) Besser Mut als Hochmut

7 *Jeder kehre vor seiner eigenen Tür*
a) Wer sich in Gefahr begibt, kommt darin um
b) Wer sich unter die Kleie mengt, den fressen die Schweine
c) Wer im Glashaus sitzt, soll nicht mit Steinen werfen
d) Wer anderen eine Grube gräbt, fällt meistens selbst hinein
e) Der Lauscher an der Wand hört seine eigene Schand

8 *Hast du nicht Pfeile im Köcher, so mische dich nicht unter die Schützen*
a) Wie man in den Wald hineinruft, so schallt es heraus
b) Mancher schießt ins Blaue und trifft ins Schwarze
c) Wer kein Pulver riechen kann, der muss nicht in den Krieg ziehen
d) Man soll den Mund nicht zu voll nehmen
e) Auch ein schlechter Schütze trifft einmal in den rechten Punkt

9 *Viele Bäche machen einen Fluss*
a) Viele Hunde sind des Hasen Tod
b) Lieber viel als wenig
c) Kleine Bäche trocknet die Sonne zuerst aus
d) Die kleinen Bächlein laufen in die großen Flüsse
e) Kleine Diebe hängt man, große lässt man laufen

10 *Alte Bäume lassen sich nicht biegen*
a) Was Hänschen nicht lernt, lernt Hans nimmermehr
b) Aus Sträuchern können Bäume werden
c) Man kann die Natur nicht zwingen
d) Ein alter Esel lernt nicht um
e) Altes Holz brennt gut

11 *Ein Helm macht noch keinen Krieger*
a) Eine Schwalbe macht noch keinen Sommer
b) Viel Geld im Portemonnaie macht gute Laune
c) Ein schweres Portemonnaie macht ein leichtes Herz

d) Krieg sät Krieg
e) Krieg macht Gesetz und Recht stumm

12 *Pack schlägt sich, Pack verträgt sich*
a) Gleich und Gleich gesellt sich gern
b) Gegensätze ziehen sich an
c) Was sich liebt, das neckt sich
d) Wer mit den Wölfen essen will, muss mit den Wölfen heulen
e) Eine Krähe hackt der anderen kein Auge aus

Bitte beachten: Sollten in der realen Testsituation Sprichworte vorkommen, bitte die Anweisung genau beachten: Die Aufgabe kann dann darin bestehen, *immer nur ein* Sprichwort zuzuordnen *oder immer zwei* Sprichworte zuzuordnen.

14. Aufgabe
Zahlenreihen

Ihnen wird eine Zahlenreihe vorgegeben, die nach einer bestimmten Regel zusammengestellt wurde. Ihre Aufgabe ist es, die nächste Zahl, das nächste Glied dieser Reihe sinnvoll zu ergänzen.

1. Beispiel: 2 4 6 8 10 12 14 16 ?

Lösung: 18, da in dieser Reihe jede Zahl um zwei größer wurde (Einmaleins der Zwei).

2. Beispiel: 8 10 9 11 10 12 11 13 ?

Die richtige Lösung für diese Zahlenreihe ist 12. Unter der Zahlenreihe wird das System erklärt.
$8_{(+2)}10_{(-1)}9_{(+2)}11_{(-1)}10_{(+2)}12_{(-1)}11_{(+2)}13_{(-1)}12$

Für den folgenden ersten Aufgabenabschnitt mit 12 Zahlenreihen haben Sie 10 Min. Zeit.
Für den zweiten Teil mit 11 Zahlenreihen haben Sie 12 Min. Zeit.

Erster Teil (10 Min.)

A 10 11 13 14 16 17 19 20 ?
B 10 15 22 31 42 55 70 ?
C 7 10 13 17 21 26 31 ?

D 54 52 26 24 12 10 ?
E 18 20 40 42 84 86 ?
F 100 50 52 26 28 14 ?
G 15 10 13 8 11 6 ?
H 5 3 6 2 7 1 ?
I 5 2 6 2 8 3 ?
J 5 4 7 6 10 9 ?
K 32 16 21 7 12 3 ?
L 18 9 36 28 112 105 ?

Zweiter Teil (12 Min.)

A 9 6 3 9 6 3 9 6 ?
B 2 4 1 4 9 3 21 29 ?
C 10 11 13 10 14 19 13 20 ?
D 10 20 40 30 60 120 110 220 ?
E 33 30 15 45 42 21 63 60 ?
F 20 5 9 36 40 10 14 56 ?
G 12 9 27 30 10 7 21 24 ?
H 18 20 10 14 6 12 6 14 ?
I 5 12 10 10 16 13 13 18 ?
J 5 6 7 9 12 17 25 38 ?
K 6 8 16 15 13 26 27 29 ?

Tipps für Zahlenreihen[32]

1. *Versuchen Sie, das Aufbauprinzip (System) der Zahlenreihe auf einen Blick zu erkennen.*

Bevor Sie anfangen, gründlich und rechnerisch an eine Zahlenreihe heranzugehen, sollten Sie versuchen, das System der Zahlenreihe mit einem Blick zu erfassen. Das kann besonders bei einfacheren Systemen gut funktionieren (z. B. 2 4 6 8 ?). Andernfalls sollten Sie die weiteren Hinweise in diesem Abschnitt »Tipps für Zahlenreihen« anwenden.

2. *Stellen Sie fest, ob die Zahlen größer oder kleiner werden oder abwechselnd größer und kleiner bzw. kleiner und größer werden.*

1. Beispiel:

10 11 13 14 16 17 19 21 ?

Bei dieser Zahlenreihe ist jede Zahl größer als die vorhergehende. Das Anwachsen ist unregelmäßig.

2. Beispiel:

21 18 15 12 9 ?

Bei dieser Zahlenreihe nehmen die Zahlen kontinuierlich ab.

3. Beispiel:

10 33 32 13 31 30 16 29 ?

Bei dieser Zahlenreihe nehmen die Zahlen abwechselnd zu und ab.

3. *Wenn die Zahlenwerte in einer Reihe nach einem kontinuierlich anwachsenden oder abnehmenden Prinzip aufgebaut sind, berechnen Sie die Differenzen zwischen den benachbarten Zahlen und versuchen Sie, eine Regelmäßigkeit dieser Differenzen herauszufinden.*

Beispiel:

24 20 16 12 8 ?
Die Differenz beträgt überall –4. Dadurch ist klar, dass die Regel darin besteht, regelmäßig 4 von der vorhergehenden Zahl abzuziehen.
11 12 14 17 21 26 ?
Wir stellen fest: Die Zahlenreihe steigt an, aber nicht gleichmäßig. Wir vergleichen die Zahlen untereinander, rechnen die Differenzen aus und erkennen, dass die Zahlenreihe nach folgendem System konstruiert ist:

11 12 14 17 21 26 32
↘ ↗ ↘
+1 +2 +3 +4 +5 +6

Ist die Methode, Differenzen zwischen den einzelnen Gliedern der Reihe zu bilden, ohne Erfolg und steigern sich die Werte der aufeinander folgenden Zahlen oder mindern sie sich sehr schnell, so ist sicher anzunehmen, dass man es innerhalb des Systemaufbaus mit einer Multiplikation bzw. Division zu tun hat. Man kann davon ausgehen, dass das Ergebnis unter Anwendung der 4 Grundrechenarten noch leicht im Kopf gerechnet werden kann. Sollte es möglich sein, Notizen zu machen, hilft natürlich ein schriftliches Vorgehen beim Herausfinden der Lösung, indem Sie z. B. ähnliche Zusatzzeilen wie oben beschrieben anlegen.

Im folgenden Beispiel funktioniert die Regel 3 nicht mehr so einfach:

1 4 16 64 ?

Bei dieser Aufgabe erhält man durch die Differenzen (3, 12, 48) kein klares Bild über das System dieser Zahlenreihe. Offenbar ist der Aufbau komplizierter. Wenn unsere Regel 3 (die Differenzregel) nicht mehr funktioniert, sollten Sie den folgenden Vorschlag ausprobieren:

4. *Wenn durch Anwendung der Regel 3 keine Lösung gefunden werden kann, dividieren Sie drei aufeinander folgende Differenzen und überprüfen Sie, ob die Ergebnisse (die Quotienten) gleich sind.*

Beispiel:

```
1       4       16      64 ?
  ↘   ↗   ↘   ↗   ↘   ↗
    3       12      48
```

Die Divisionen der aufeinander folgenden Differenzen lauten:
12 : 3 = 4 und 48 : 12 = 4. Der Quotient ist also immer gleich bleibend 4. Um den Unterschied zwischen 64 und ? zu finden, muss der Rechenweg lauten: ? : 48 = 4. Was ist nun unser Fragezeichen? Es kann nur 192 sein (4 × 48 = 192), 192 addieren wir zu der letzten vorgegebenen Zahl hinzu, also: 192 + 64 = 256, damit haben wir als Ergebnis das letzte gesuchte Glied dieser Zahlenreihe. Das System dieser Zahlenreihe lautet also: Jede vorhergehende Zahl wird mit 4 multipliziert. Der Quotient der zweiten Zeile (4) ist der Multiplikator der ersten.
Diese Vorgehensweise führt bei Zahlenreihen zur Lösung, bei denen eine konstante Beziehung zwischen benachbarten Zahlen vorliegt und lediglich Addition, Subtraktion, Multiplikation, Division oder eine Kombination dieser Rechenoperationen verwendet werden.

5. *Wenn die Zahlenwerte keinem konstant zunehmenden oder abnehmenden Prinzip folgen, versuchen Sie erstens die Zahlenreihe in zwei oder mehr getrennte Reihen zu teilen, die einem konstan-*

ten Aufbauprinzip folgen, und wenden Sie zweitens die Regeln 1, 2, 3 und 4 bei jeder Reihe extra an.

1. Beispiel: 3 17 14 5 11 8 7 5 ?

	−3		−3		−3		−3	−3
3	17	14	5	11	8	7	5	?
	+2				+2			

Wir versuchen, zwischen den einzelnen Gliedern der Zahlenreihe eine Beziehung herzustellen, und stellen fest, dass noch am ehesten zwischen 3, 5 und 7 eine Beziehung besteht, und zwischen 17, 14, 11, 8 und 5 (erster Schritt: Zerlegung der Zahlenreihe in zwei getrennte Reihen). Der zweite Schritt ist dann ganz einfach durchzuführen, Sie überschauen jetzt viel leichter: Die Abstände sind bei der einen Reihe +2 und bei der anderen −3. Die richtige Lösung kann nur 2 lauten.

2. Beispiel (14. Aufgabe, Zweiter Teil/K):

6 8 16 15 13 26 27 29 ?

Diese Aufgabe gehört zu den schwierigeren Zahlenreihenaufgaben. Die Anwendung der in Regel 5 vorgeschlagenen Lösungsstrategie hilft hier weiter:

+2				−2			+2	
6	8	16	15	13	26	27	29	58
	×2	−1			×2	+1		×2

System: +2 × 2 − 1 / − 2 × 2 +1 / + 2 × 2 …

Generell:
Fragen Sie sich bei Zahlenreihen immer, wie Sie vom ersten zum zweiten Glied der Zahlenreihe gelangen können und dann zum dritten, zum vierten usw. Welche Beziehungen bestehen zwischen den einzelnen Mitgliedern der Zahlenreihe?

Aber:
Nicht immer kommt man am Anfang einer Reihe auf das System, sodass man auch die hinteren Glieder einer Reihe anschauen sollte und ihr Verhältnis zueinander, untereinander klären muss. Insbesondere wenn eine Reihe mit ganz kleinen Zahlen anfängt, ist das System manchmal sehr schwer zu erkennen.

Sie brauchen nicht zu befürchten, dass bei den sog. wissenschaftlichen Tests z. B. von irgendeiner Zahl ausgegangen plus 96 gerechnet wird, geteilt durch 44 mal 2, geteilt durch 0,5 mal 27, also dass Ihnen ganz willkürliche, merkwürdige Zahlenreihen präsentiert werden. Vielmehr ist gewiss, dass bei Zahlenreihen in Tests immer wieder gleiche Systeme verwendet werden. Wir haben uns die Mühe gemacht und uns die gängigen Zahlensysteme angeschaut. Als ein Ergebnis haben Sie ja bereits Übungsaufgaben erhalten. Es gibt folgende häufiger verwendete Systeme, nach denen Zahlenreihen aufgebaut werden:

Systeme für Zahlenreihen in wissenschaftlichen Tests

Einfache Systeme

+ 1 +2 / + 1 + 2 / …	Ganz einfache Systeme, in der Regel Addition kleinerer Zahlen, meistens am Anfang der Testaufgabe.
+ 1 + 1 / + 2 + 2 / + 3 + 3 / …	
+ 5 + 5 / + 6 + 6 / + 7 + 7 / …	
+ 3 + 5 + 7 + 9 + 11 … (immer +2)	

Mittelschwere Systeme

– 2 : 2 / – 2 : 2 / …	
+ 2 × 2 / + 2 × 2 / …	
× 2 + 2 / × 2 + 2 / …	
: 2 + 2 / : 2 + 2 / …	
– 5 + 3 / – 5 + 3 / …	
– 2 + 3 – 4 + 5 – 6 + 7 …	Das System wächst jeweils um 1, abwechselnd +/–
– 2 × 2 / –3 × 3 / –4 × 4 …	
– 1 + 3 / – 1 + 4 / – 1 + 5 / – 1 + 6 / …	Die erste Zahl bleibt gleich, die zweite Zahl vergrößert sich um + 1.
– 9 × 3 / 8 × 3 / 7 × 3 / 6 × 3 / …	Hier vermindert sich die erste Zahl, die zweite bleibt gleich.
– 9 × 4 / 8 × 4 / 7 × 4 / – 6 × 4 …	
: 2 + 5 /: 3 + 5 /: 4 + 5 /: 5 + 5 …	

Schwere Systeme

+ 1 + 2 – 3 / + 4 + 5 – 6 / + 7 + 8 – 9/ … — Das System ist +/+/–, die Zahlen vergrößern sich ständig um +1

+ 2 – 3 × 4 / + 5 – 6 × 7 / + 8 – 9 × 10 / …

× 2 : 3 – 4 / × 5 : 6 – 7 / …

+ 4 + 3 : 2 / + 4 + 3 : 2 / … — Einige Gruppenbeispiele +/+/:, die sich wiederholen.

× 2 × 2 – 10 / × 2 × 2 – 10 / …

– 3 : 2 × 3 / – 3 : 2 × 3 / – 3 : 2 × 3 / …

: 3 – 7 × 5 / : 3 – 7 × 5 / …

× 3 + 1 : 2 / × 3 + 1 : 2 / …

+ 1 : 2 – 4 / + 1 : 2 – 4 / …

+ 7 – 2 × 1 / + 6 – 3 × 1 / + 5 – 4 × 1 / … — Bei dieser Dreiergruppe verändern sich die ersten beiden Zahlen.

+ 2 × 2 – 1 / – 2 × 2 + 1 / + 2 × 2 – 1 / … — Bei dieser Dreiergruppe verändert sich das erste und letzte Vorzeichen.

– 3 × 3 + 3 : 3 / – 3 × 3 + 3 : 3 / …

: 4 + 4 × 4 + 4 / : 4 + 4 × 4 + 4 / …

× 7 – 7 : 7 + 7 / × 7 – 7 : 7 + 7 / …

Um es noch einmal ganz deutlich zu sagen: Die hier vorgestellten Systeme sind nicht phantasiert, sondern haben ihren realen Testhintergrund! Mit Hilfe der genannten Systeme können Sie eigene Zahlenreihen bilden und diesen Aufgabentyp weiter üben.

15. Aufgabe
Dominosteine – aber bitte nicht zu Weihnachten

Hier haben wir nun eine Zahlenreihenaufgabe, die mit Symbolen arbeitet. Auch jetzt geht es darum, das System, die Gesetzmäßigkeit zu erkennen und dies dadurch unter Beweis zu stellen, dass man das letzte Glied in der Kette aus einer Anzahl von Lösungsvorschlägen richtig ergänzt.
Jede Reihe von Dominosteinen ist nach bestimmten Regeln aufgebaut und der letzte Dominostein ist einzusetzen. Welcher Domino-

stein aus dem Lösungsangebot (a, b, c, d, e oder f) ergänzt die untere Reihe sinnvoll?

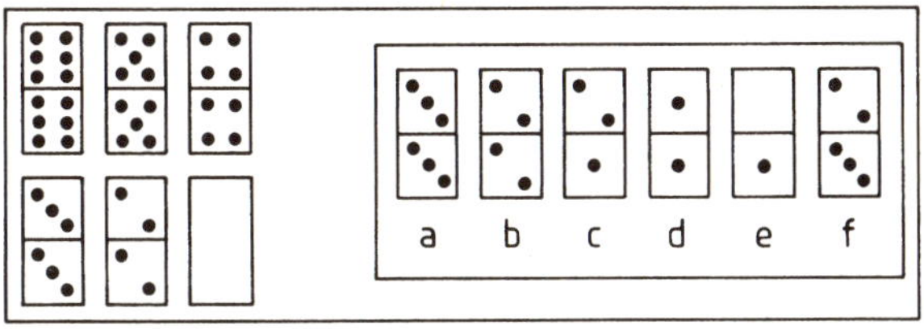

Lösung: d, leuchtet sofort ein.

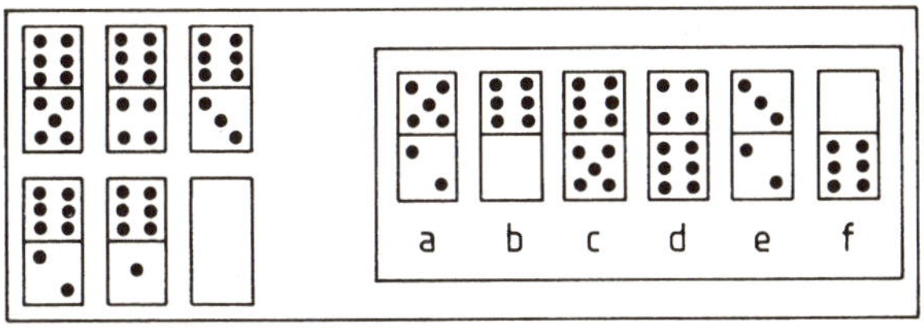

Hier ist die Lösung b. Begründung: Während im oberen Feld die 6 immer gleich bleibt, verringern sich bei den unteren Feldern die Punkte jeweils um 1.

Für die nun folgenden sechs Aufgaben stehen Ihnen 3 Min. Zeit zur Verfügung.

1

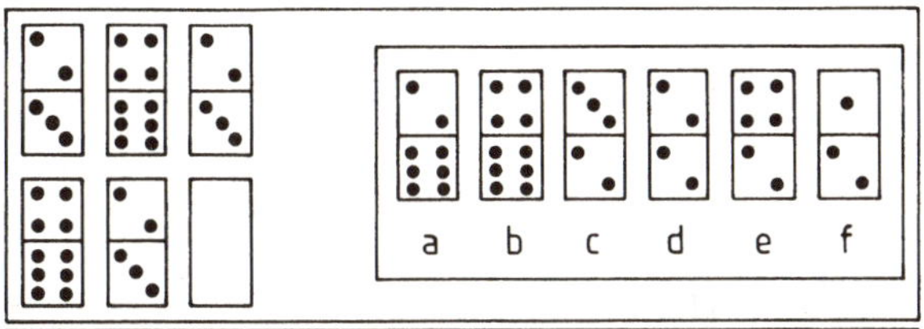

2

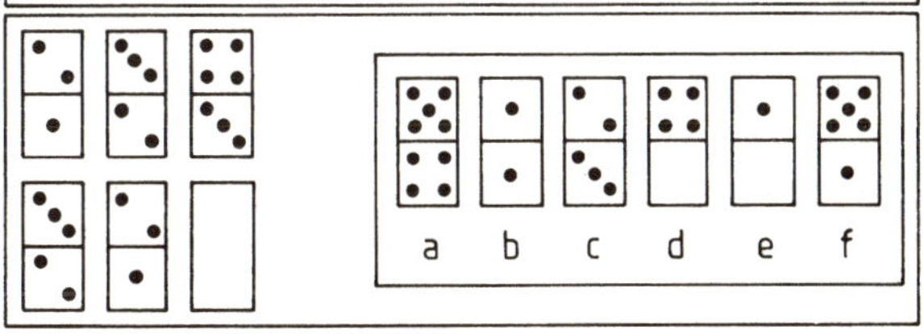

3

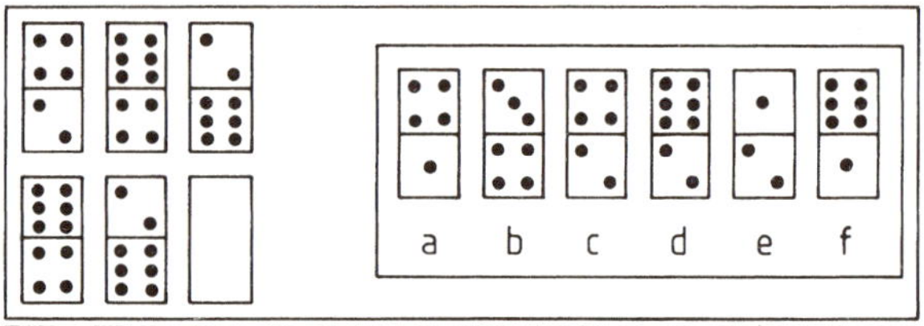

4

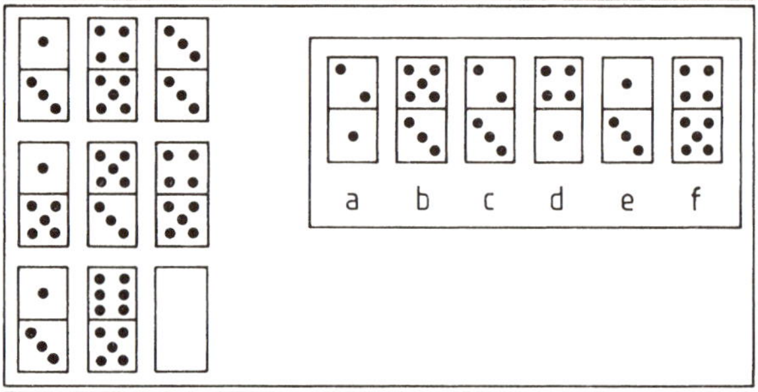

5

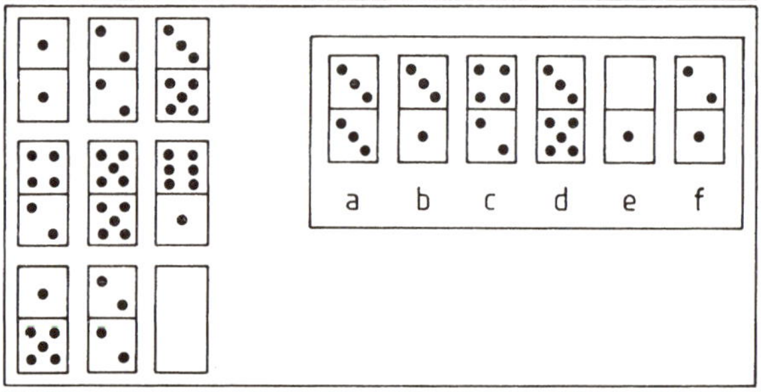

6

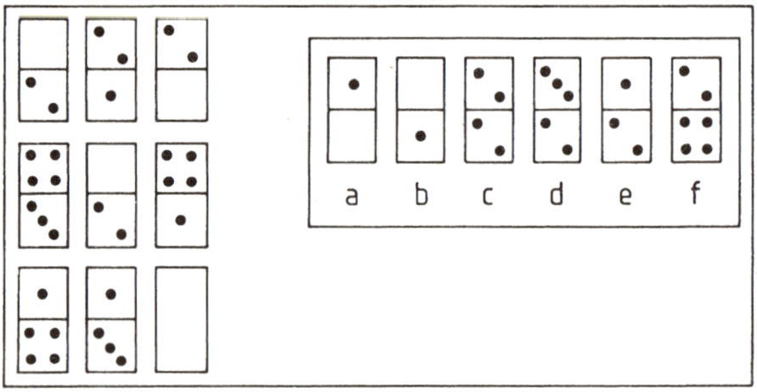

Tipps für Domino-Aufgaben

Bitte beachten Sie: Es geht um die Abfolge der Felder in der Reihe (Zeile – nicht Spalte!). Der erste Dominostein in der ersten Reihe muss mit dem ersten Dominostein in der zweiten bzw. dritten Reihe nichts gemeinsam haben. Das bedeutet auch, dass der dritte Dominostein einer Reihe sich nicht an den ersten der folgenden Reihe logisch anschließen muss (er kann es aber).
Die beiden übereinander liegenden Felder eines Dominosteins sind am besten getrennt zu sehen und zu bearbeiten, denn auch hier muss keine logische Verbindung zwischen dem oberen und dem unteren Feld bestehen. Verschwenden Sie also keine Zeit mit dem Versuch, eine mathematische Beziehung zwischen dem oberen und dem unteren Feld eines Dominosteins zu konstruieren, die gar nicht existiert.
Die empfehlenswerte Bearbeitungsstrategie besteht bei diesem Aufgabentyp darin, zunächst die oberen Felder der Dominosteine Reihe für Reihe durchzugehen, um so das obere Feld des gesuchten Dominosteins zu ermitteln. Dann betrachten Sie die unteren Felder Reihe für Reihe, um das gesuchte untere Feld zu ermitteln. Natürlich können Sie auch umgekehrt vorgehen und zunächst das untere gesuchte Feld »knacken«. Mit Hilfe der Ausschlussmethode kann man meist schon einige Lösungsmöglichkeiten ausschließen, wenn man das obere oder das untere gesuchte Feld ermittelt hat.

16. Aufgabe
Symbole statt Zahlen

Bei dieser Form der Rechenaufgabe rechnen Sie nicht mit Zahlen, sondern mit Symbolen. Für jede Zahl gibt es ein bestimmtes Symbol. Es gilt die Regel, dass für ein einzelnes Symbol eine einstellige Zahl (0–9) und für zwei nebeneinander stehende Symbole entsprechend eine zweistellige Zahl (10–99) gilt.

1. Beispiel:

Lösung: 0

Bei dieser Rechenaufgabe kann für den Kreis nur eine Null eingesetzt werden. Die richtige Lösung ist also Null. Begründung: Wenn man zwei gleiche Zahlen voneinander abzieht, ist das Ergebnis immer Null.

2. Beispiel:
Welche Zahl kann für den Kreis mit dem Kreuz eingesetzt werden, damit die Aufgabe als richtig gelöst gilt?

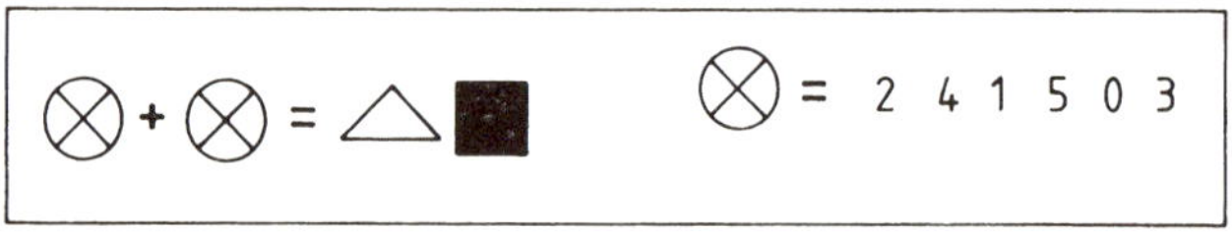

Lösung: 5

Wenn zwei gleiche einstellige Zahlen zusammengezählt werden und sie eine zweistellige Zahl ergeben, kann es sich in unserem Beispiel nur um die Lösung 5 handeln, da alle anderen Zahlen beim Zusammenzählen keine zweistellige Zahl ergeben würden.
Für acht Übungsaufgaben stehen Ihnen 5 Min. Zeit zur Verfügung. Diese Aufgabe bereitet vielen erhebliche Schwierigkeiten. Dabei sind die hier verlangten Rechenoperationen ganz einfach. Durch ruhiges Nachdenken – aber wer kann das schon in einer Stresssituation – gelingt es relativ leicht, die richtige Lösung zu finden. Lassen Sie sich also von den verschiedenen Symbolen nicht verwirren. Einige Lösungsvorschläge scheiden schon aufgrund der hohen bzw. niedrigen Zahlenwerte aus. Wichtig ist hier, den Schreck, aber auch die Furcht vor solchen Aufgaben zu überwinden und im Zweifelsfall alle Lösungsvorschläge auszuprobieren. Durch die hier gegebene Übungsmöglichkeit wird es Ihnen in der Ernstsituation sehr viel leichter fallen, mit diesem Aufgabentyp klarzukommen.

A

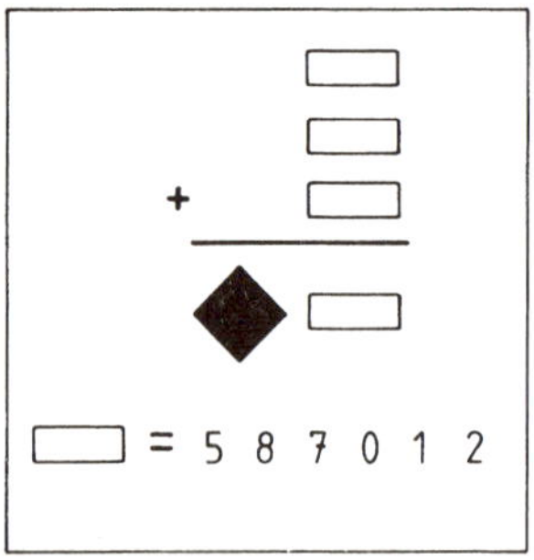

B

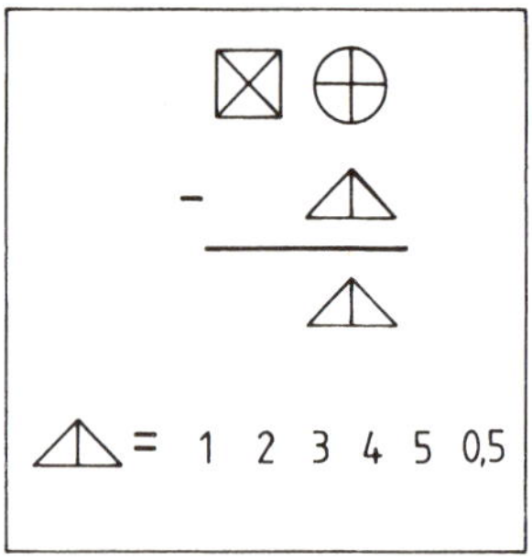

C

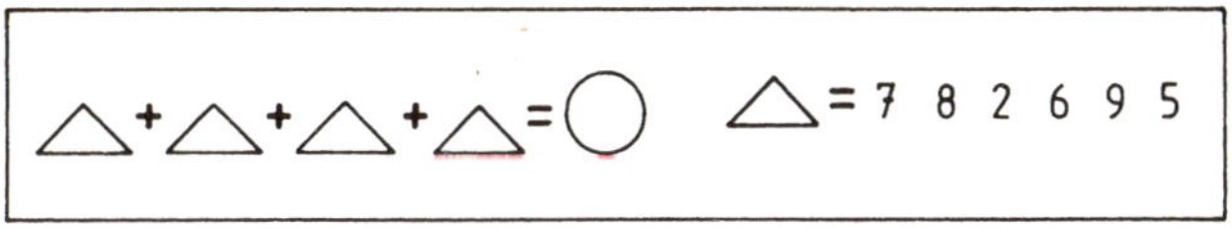

D

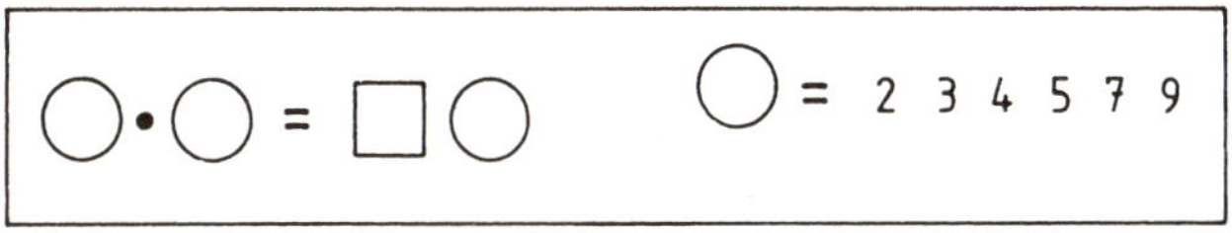

E

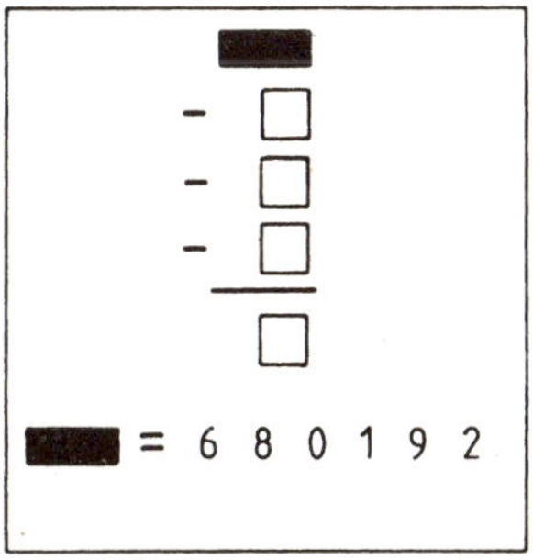

F

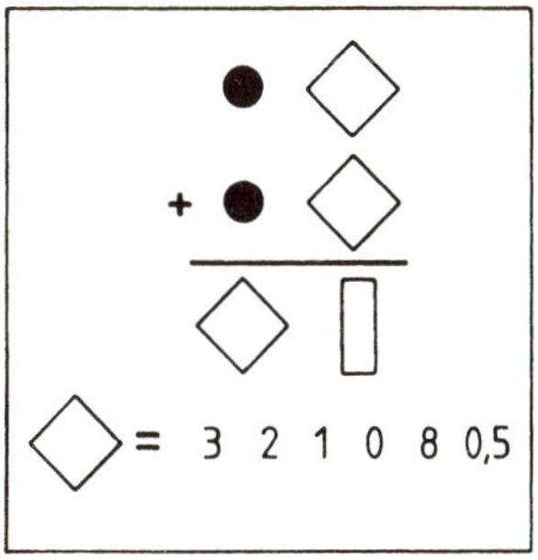

G

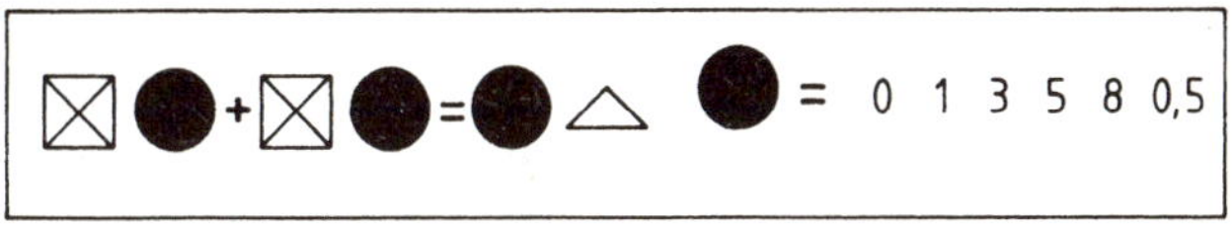

H

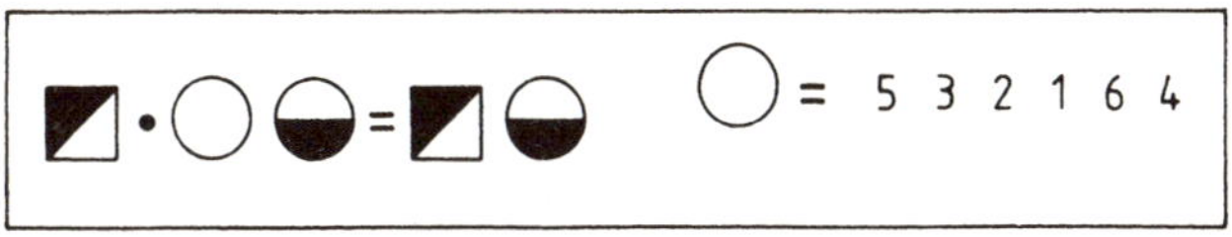

Zusammenfassende Bemerkungen

In diesem ausführlichen Testübungskapitel haben wir uns mit einem Aspekt des Denkens beschäftigt, der so genannten Abstraktionsfähigkeit. Dabei haben wir uns zunächst graphische, dann sprachliche und zuletzt mit Zahlen gestaltete Testaufgaben angesehen.

Abstrakt – Gegner des Konkreten? Verdeutlichen wir uns noch einmal am letzten Testbeispiel, worum es bei der Abstraktionsfähigkeit

geht. Hier haben wir es anstatt mit Zahlen mit Symbolen zu tun. Diese Symbole verkomplizieren aber die ganz einfachen Rechenaufgaben. Anders ausgedrückt: Bei der Abstraktion erfolgt durch eine Formalisierung ein Übertritt aus einer allgemein verständlichen und anschaulichen Ebene in eine unanschauliche – wie man schon hier bei dieser abstrakten Formulierung deutlich spüren kann.
Mit anderen Worten: Was unanschaulich ist, muss entschlüsselt werden, das dahinter liegende System muss erkannt werden. Das heißt bei den Rechenaufgaben: Ganz einfache Grundrechenmuster, die zunächst durch eine Verschlüsselung nahezu unlösbar erscheinen, sind zu erkennen.

3 b) Gemeinsamkeiten finden

Weiter geht es im Kapitel Logisches Denken/Abstraktionsfähigkeit: Wir wenden uns nun dem zweiten Teil der angeblichen Überprüfung Ihrer Abstraktionsfähigkeit zu. Hier soll es darum gehen, wesentliche Gemeinsamkeiten zwischen verschiedenen Dingen herauszufinden. Das können graphische Aufgaben sein, aber auch wieder sprachliche und Zahlenaufgaben. Die Suche nach einem gemeinsamen Nenner bedeutet, gemeinsame Eigenschaften, Übereinstimmungen zwischen verschiedenen Dingen und Merkmalen zu erkennen. Auch diese Aufgabenstellung wird in sehr vielen Tests eingesetzt.

17. Aufgabe
Schwierige Gemeinsamkeiten

Im ersten Beispiel sehen Sie einen Punkt, der von einem Quadrat und einem Kreis eingeschlossen ist. Fünf Lösungskästchen stehen zur Auswahl (a, b, c, d, e). Ihre Aufgabe ist es, das Kästchen auszuwählen, in dem eine gleiche bzw. sehr ähnliche Situation dargestellt wird wie in dem Kästchen oben.

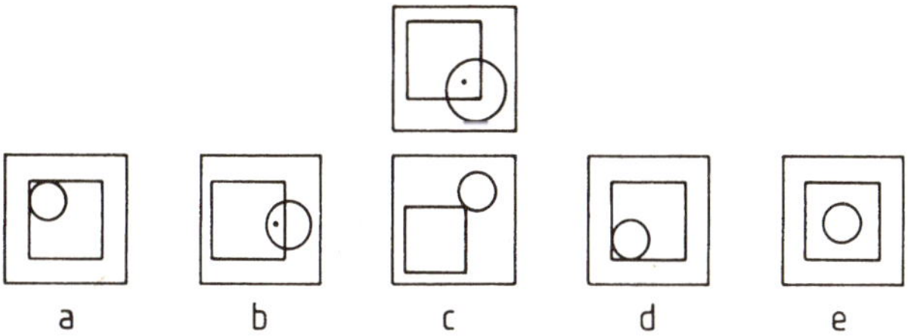

Lösung: b

Im 2. Beispiel sehen Sie einen Punkt, der von zwei Quadraten eingeschlossen wird. Welches der zur Auswahl stehenden Lösungskästchen (a, b, c, d oder e) zeigt eine ähnliche Situation?

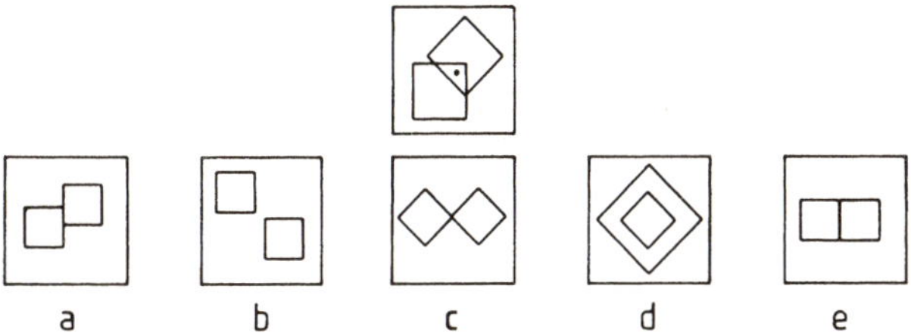

Lösung: d

Begründung: Nur bei d wäre es möglich, einen Punkt in das kleine Quadrat zu setzen, sodass der Punkt sowohl von dem kleinen als auch von dem großen Quadrat umschlossen wird. Diese Situation kommt der Mustersituation noch am nächsten.

Für die folgenden fünf Übungsaufgaben bekommen Sie 2 Min. Zeit.

1

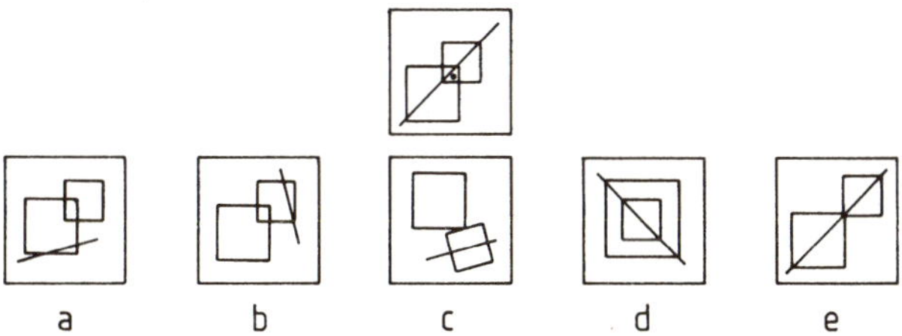

2

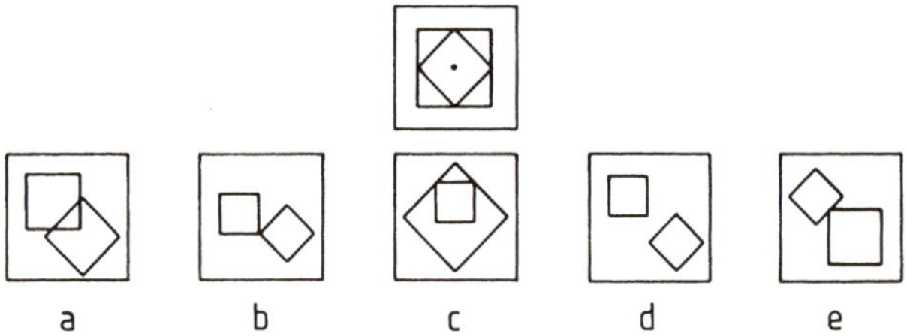

3

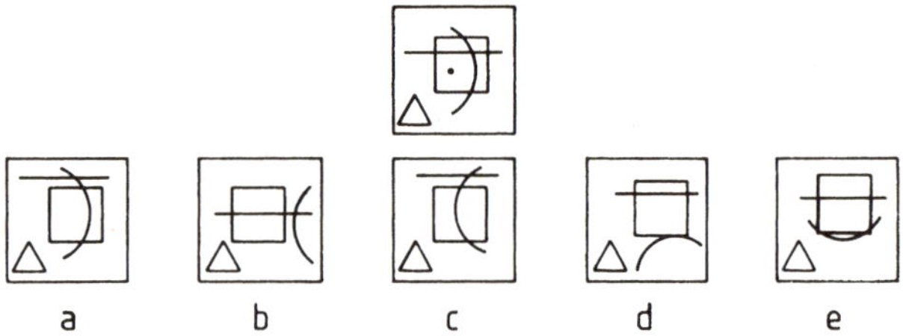

4

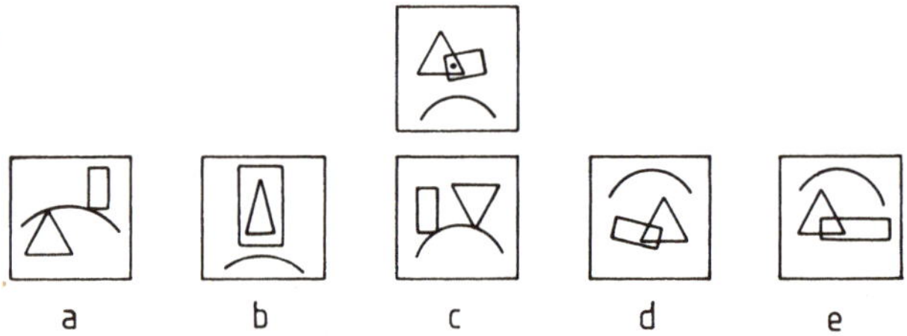

5

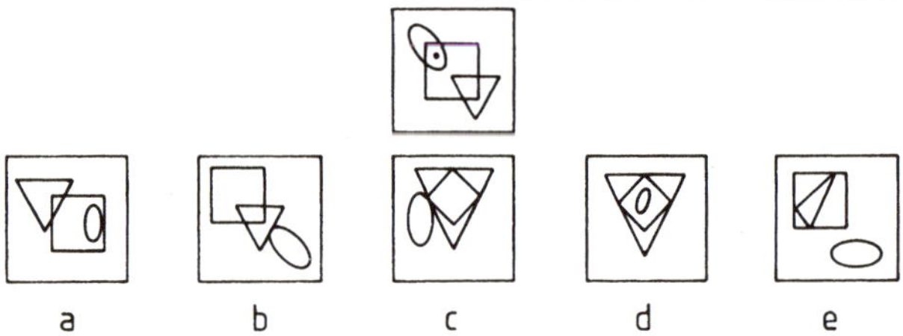

18. Aufgabe
Gemeinsamkeitensuche I

Zwei Begriffe werden Ihnen vorgegeben, bei denen Sie herausfinden sollen, was beide gemeinsam haben.

1. Beispiel:

Apfel – Apfelsine

Lösung: Obst, Früchte

2. Beispiel:

Hund – Katze

Lösung: Haustier, Tier

Hier ist die Lösung »Haustier« der zweiten Lösung »Tier« vorzuziehen, weil Haustier der genauere Oberbegriff ist.

Für 15 Begriffspaare haben Sie 5 Min. Zeit.

1 Nelke – Rose
2 Ohr – Nase
3 warm – kalt
4 Hose – Jacke
5 schnell – langsam
6 Liebe – Hass
7 Hammer – Schraube
8 Fahrrad – Auto
9 Klee – Nashorn
10 Koffer – Gasometer
11 Tadel – Lob
12 Start – Ziel
13 Lied – Gedicht
14 Eiche – Mücke
15 Alkohol – Kohle

19. Aufgabe
Gemeinsamkeitensuche II

Bei der nächsten Aufgabe geht es darum, aus einer Reihe von sieben vorgegebenen Wörtern zwei herauszufinden, die einen gemeinsamen Oberbegriff haben.

1. Beispiel:

a) Gardine b) Topfpflanze c) Sessel d) Teppich e) Bild
f) Schrank g) Haus

Lösung: c und f sind anzukreuzen, beide haben den gemeinsamen Oberbegriff Möbel(stücke).

2. Beispiel:

a) Wurst b) Bier c) Zeitung d) Brot e) Zigarette f) Stuhl g) Telefon

Lösung: a und d, Wurst und Brot haben den Oberbegriff Nahrungsmittel.

Für die folgenden 15 Aufgaben haben Sie 5 Minuten Zeit.

1 a) Halle b) Straße c) Garten d) Büro e) Werkstatt f) Quartier g) Haus
2 a) Vase b) Nelke c) Laub d) Strauch e) Wald f) Linde g) Rose
3 a) Angst b) Armut c) Gefahr d) Krankheit e) Hunger f) Enttäuschung g) Durst
4 a) Fisch b) Qualle c) Seetang d) Boot e) Wasser f) Wal g) Delphin
5 a) Lokal b) Schule c) Atelier d) Kaufhaus e) Werkstatt f) Stadion g) Halle
6 a) Wagen b) Start c) Asphalt d) Reifen e) Ziel f) Zuschauer g) Rennstrecke
7 a) Hund b) Raupe c) Wurm d) Fliege e) Wolf f) Schnecke g) Schwalbe
8 a) malen b) schleudern c) trocknen d) säubern e) hämmern f) stapeln g) waschen
9 a) Rechnung b) Bier c) Becher d) Lokal e) Hopfen f) Kuh g) Milch
10 a) Politik b) Kunst c) Pädagogik d) Geschichte e) Biologie f) Physik
11 a) Reise b) Eisenbahn c) Fahrkarte d) Flugzeug e) Flughafen f) Steward g) Gepäck
12 a) Strom b) Schalter c) Turbine d) Kabel e) Hahn f) Sicherung g) Telefon
13 a) weich b) fettig c) fest d) gerade e) kalt f) flüssig g) biegsam
14 a) Milch b) Eier c) Kartoffeln d) Brot e) Marmelade f) Hering g) Joghurt
15 a) Theater b) Zelt c) Torso d) Rüstung e) Ruine f) Stein g) Standbild

Bei einigen Aufgaben zum Herausfinden von Gemeinsamkeiten und Oberbegriffen scheinen mehrere Lösungsmöglichkeiten sinnvoll zu sein. So könnte man bei unserem 2. Beispiel auch die Idee haben, c) Zeitung und g) Telefon anzukreuzen (beide übermitteln Nachrichten). Aber die von uns vorgeschlagenen Lösungen a) Wurst und d) Brot haben mit »Nahrungsmitteln« einen engeren, genauer kennzeichnenden Oberbegriff als »Nachrichtenübermittlung« für das Wortpaar Zeitung/Telefon. Wählen Sie also immer die Lösungsmöglichkeit, die am engsten und genauesten eine Gemeinsamkeit oder einen Oberbegriff kennzeichnet.

3c) Ordnen von Informationen

Zu guter Letzt soll Ihre Abstraktionsleistung gar nicht mehr so abstrakt, sondern schon relativ beruflich konkret überprüft werden. In einer simulierten Bürosituation sind Sie für Ordnung und Ablage verantwortlich. Diese Tests werden gerne eingesetzt, wenn es um Bewerbungen für Bürotätigkeiten geht.
Was soll überprüft werden? Es geht um das Einordnen in vorgegebene Kategorien. Genauigkeit, Ordnungssinn und Ausdauer werden geprüft. Die »Monotoniefestigkeit« – eine Anforderung, die ja leider in zu vielen Berufen zu den wichtigsten Merkmalen gehört – wird hier in einer simulierten Situation einige Minuten getestet und soll auch Ihre Freude an der Sturheit der Arbeit und Ihre Bereitschaft dazu überprüfen.

20. Aufgabe
Namen alphabetisch ordnen

Bei dieser Aufgabe geht es um das Einordnen von Informationen nach einem bestimmten System. Sie haben 34 Aktenordner zu verwalten (siehe Abbildung), die alphabetisch unterteilt sind. Ihre Aufgabe ist es, Namen von Kunden in den richtigen, dem Anfangsbuchstaben des Kundennamens entsprechenden Ordner einzuordnen.

1. Beispiel:

Müller – Dieser Name gehört in den Ordner Nr. 20.

2. Beispiel:

Schmidt – gehört in den Ordner 28.

Bitte tragen Sie bei den folgenden 40 Namen jeweils hinter dem Namen die richtige Aktenordnerzahl ein. Sie haben 2 Min. Zeit.

Lietz	Carlsen	Vogt	Kraski
Biller	Menke	Tarras	Vandenberg
Draht	Nalle	Ulbrich	Trist
Löwe	Nowak	Kykillus	Techt
Marco	Berg	Dworski	Nimm
Friedrich	Purath	Heise	Lurz
Meyer	Lütjens	Bratz	Durst
Eichen	Kraatz	Mallov	Hupe
Nehls	Polsfuß	Mrost	Blum
Offhaus	Soik	Ludwig	Moere

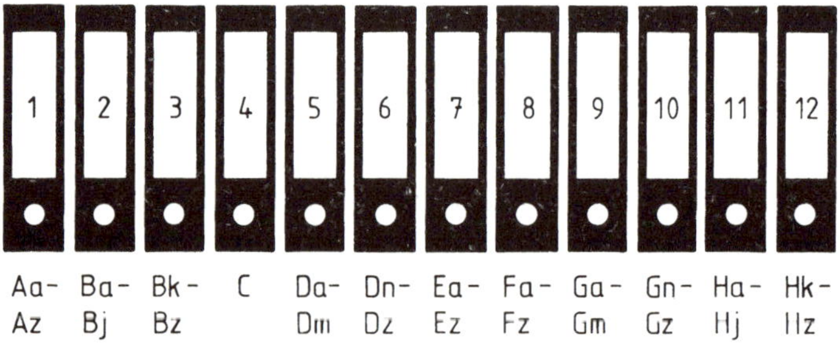

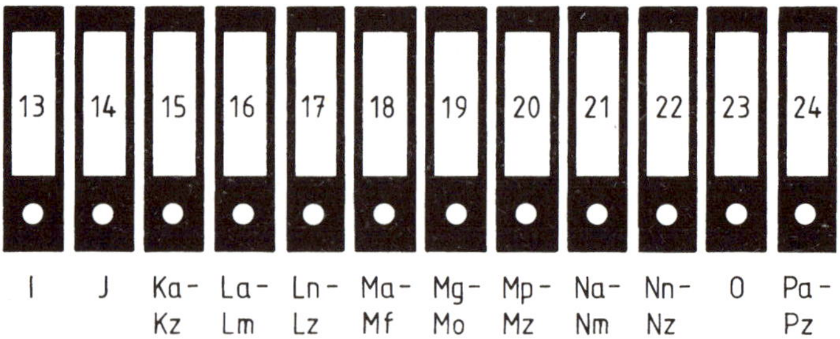

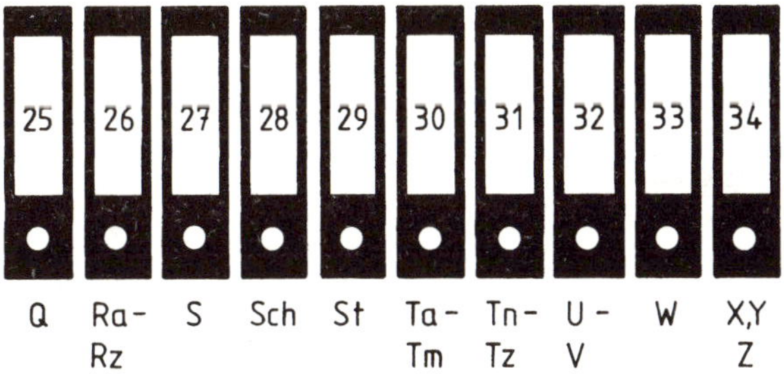

21. Aufgabe
Verteilen und Ordnen

Auch bei dieser Aufgabe geht es um das Einordnen von Informationen nach einem System. Dabei ist eine Rechenoperation (Prozentrechnen) erforderlich.
Sie erhalten eine große Menge von Karteikarten, die Sie auf zehn Karteikästen gleichmäßig zu verteilen haben. Dabei sind die Karteikarten nach den Anfangsbuchstaben der Kundennamen geordnet in die Karteikästen abzulegen. Einzelne Buchstaben des Alphabetes (die Anfangsbuchstaben der Kunden) sind prozentual unterschiedlich oft vertreten (siehe Aufstellung). Wie müssen die 26 Buchstaben des Alphabets auf die zehn Karteikästen verteilt werden, unter Wahrung der Bedingung, dass jeder Karteikasten die gleiche Menge von Karten enthält? Für diese Aufgabe (hier gibt es keine Beispielaufgabe) haben Sie 5–10 Min. Zeit.

Aufstellung

Von allen Kundennamen, die auf Karteikarten stehen und in die zehn Kästen zu sortieren sind, beginnen jeweils

1,25 %	mit den Anfangsbuchstaben	H C X Z B G V Y
2,5 %	mit den Anfangsbuchstaben	A L N R U F Q W
5 %	mit den Anfangsbuchstaben	J E D S M K
10 %	mit den Anfangsbuchstaben	T I P O

Achten Sie bitte auf die Bedingung, dass jeder der zehn Karteikästen die gleiche Menge von Karteikarten enthalten soll.

Bitte die Lösung hier eintragen:

1. Karteikasten
2. Karteikasten
3. Karteikasten
4. Karteikasten
5. Karteikasten
6. Karteikasten
7. Karteikasten
8. Karteikasten
9. Karteikasten
10. Karteikasten

Tipps zur Aufgabe »Verteilen und Ordnen«

Sie müssen sich zunächst verdeutlichen, dass Sie von 100 % auszugehen haben. Dieses Ergebnis bekommt man, wenn man die Prozentaufgaben der Anfangsbuchstaben zusammenzählt. Das bedeutet: Jeder der zehn Karteikästen kann 10 % der Karteikarten aufnehmen, wenn alle Karteikästen gleichermaßen angefüllt werden sollen. Wenn Sie nun mit dem Alphabet anfangen, müssen Sie die Buchstaben den verschiedenen Karteikästen 1–10 in alphabetischer Reihenfolge zuordnen, unter der Berücksichtigung, dass niemals mehr als 10 % der Anfangsbuchstaben in einem Karteikasten landen. Das bedeutet für den ersten Karteikasten, dass Sie A (2,5 %) aufnehmen und jetzt noch 7,5 % frei haben. B und C machen zusammen 2,5 % aus und der Buchstabe D noch 5 %. So haben Sie also die Buchstaben A B C D im ersten Karteikasten. Verfahren Sie nun mit den weiteren Buchstaben ebenso.

Zusammenfassende Bemerkungen

Ordnung sei das halbe Leben – wer hat diesen Erziehungsspruch nicht schon in seiner Kindheit gehört? Es ist kein Zufall, dass eine Eigenschaft, die Kindern meist viel zu früh andressiert wird, nämlich ordentlich und sauber zu sein, auch in den Tests geprüft wird.

Lösungen

3. Logisches Denken/Abstraktionsfähigkeit

1. Aufgabe
1e / 2c / 3b / 4d / 5d / 6a / 7e / 8f

2. Aufgabe
1a / 2d / 3c / 4b / 5e / 6d / 7c / 8e

3. Aufgabe
1b / 2e / 3c

4. Aufgabe
1e / 2c / 3b / 4d

5. Aufgabe
1a / 2b / 3c / 4e / 5b / 6e

6. Aufgabe
A: erste Zeile, f / 2d / 3g / 4e / 5c / 6f / 7d / 8d / 9d / 10f / 11e / 12a / 13g / 14e / 15f / 16e / 17g / 18d / 19e / 20c / 21a / 22e / 23f / 24g / 25d / 26b / 27e / 28g / 29c / 30e
B: erste Zeile, f / 2c / 3e / 4d / 5f / 6c / 7d / 8g / 9b / 10e / 11d / 12f / 13b / 14a / 15b / 16d / 17e / 18a / 19d / 20c / 21f / 22e / 23a / 24f / 25d / 26b / 27d / 28g / 29a / 30f

7. Aufgabe
1a / 2d / 3d / 4b / 5d / 6c

8. Aufgabe
1a / 2b / 3c / 4c / 5d / 6b

9. Aufgabe
1ad / 2cd / 3ce / 4cd / 5cd / 6ae / 7bc / 8ce / 9ad / 10ab

10. Aufgabe
1c / 2a / 3b / 4c / 5c / 6e / 7d / 8d / 9b / 10d / 11b / 12a / 13c / 14b / 15b / 16c / 17b / 18c / 19d / 20c

11. Aufgabe
1c / 2c / 3c / 4d / 5d / 6d / 7b / 8a

12. Aufgabe
1c richtig / 2d r. / 3b r. / 4d r. / 5d r. / 6d r. / 7d r. / 8d falsch / 9d r.

13. Aufgabe
1b / 2ae / 3d / 4a / 5ae / 6ab / 7c / 8c / 9a / 10ad / 11a / 12ae

14. Aufgabe

Erster Teil

A	+ 1 + 2 + 1 + 2 …	(22)
B	+ 5 + 7 + 9 + 11 …	(87)
C	+ 3 + 3 + 4 + 4 + 5 + 5 …	(37)
D	– 2 : 2 – 2 : 2 …	(5)
E	+ 2 × 2 + 2 × 2 …	(172)
F	: 2 + 2 : 2 + 2 …	(16)
G	– 5 + 3 – 5 + 3 …	(9)
H	– 2 + 3 – 4 + 5 – 6 + 7 …	(8)
I	– 3 × 3 – 4 × 4 – 5 × 5 …	(15)
J	– 1 + 3 – 1 + 4 – 1 + 5 …	(14)
K	: 2 + 5 : 3 + 5 : 4 + 5 …	(8)
L	– 9 × 4 – 8 × 4 – 7 × 4 …	(420)

Zweiter Teil

A	– 3 : 2 × 3 – 3 : 2 × 3 …	(3)
B	+ 2 – 3 × 4 + 5 – 6 × 7 + 8 …	(20)
C	+ 1 + 2 – 3 + 4 + 5 – 6 …	(28)
D	× 2 × 2 – 10 × 2 × 2 – 10 …	(440)
E	– 3 : 2 × 3 – 3 : 2 × 3 …	(30)
F	: 4 + 4 × 4 + 4 : 4 + 4 × 4 + 4 …	(60)
G	– 3 × 3 + 3 : 3 – 3 × 3 + 3 : 3 …	(8)
H	+ 2 – 10 + 4 – 8 + 6 – 6 + 8 – 4 …	(10)
I	+ 7 – 2 × 1 + 6 – 3 × 1 + 5 …	(14)
J	+ 1 + 1 + 2 + 3 + 5 + 8 + 13 + 21 …	(59)
K	+ 2 × 2 – 1 – 2 × 2 + 1 + 2 …	(58)

15. Aufgabe

1b / 2e / 3c / 4b / 5b / 6c

16. Aufgabe

A5 / B5 / C2 / D5 / E8 / F2 / G5 / H1

17. Aufgabe

1d / 2c / 3e / 4b / 5a

18. Aufgabe

1 Blume / 2 Sinnesorgane; Organe; Körperteil / 3 Temperatur(empfindung) / 4 Kleidungsstücke; Bekleidung / 5 Geschwindigkeit / 6 Gefühle / 7 Werkzeuge / 8 Fahrzeuge / 9 Lebewesen / 10 Behälter / 11 Erziehungsmaßnahmen / 12 Strecke / 13 Kunst(werke) / 14 Lebewesen / 15 Kohlenstoff; beides brennt

19. Aufgabe
1fg / 2bg / 3eg / 4fg / 5ce / 6be / 7ae / 8dg / 9bg / 10ef / 11bd / 12be / 13cf / 14ag / 15ce

20. Aufgabe
Lietz 16 / Biller 2 / Draht 6 / Löwe 17 / Marco 18 / Friedrich 8 / Meyer 18 / Eichen 7 / Nehls 21 / Offhaus 23 / Carlsen 4 / Menke 18 / Nalle 21 / Nowak 22 / Berg 2 / Purath 24 / Lütjens 17 / Kraatz 15 / Polsfuß 24 / Soik 27 / Vogt 32 / Tarras 30 / Ulbrich 32 / Kykillus 15 / Dworski 6 / Heise 11 / Bratz 3 / Mallov 18 / Mrost 20 / Ludwig 17 / Kraski 15 / Vandenberg 32 / Trist 31 / Techt 30 / Nimm 21 / Lurz 17 / Durst 6 / Hupe 12 / Blum 3 / Moere 19

21. Aufgabe
1. ABCD / 2. EFGH / 3. I / 4. JK / 5. LMN / 6. O / 7. P / 8. QRS / 9.T / 10. UVWXYZ

4. Merkfähigkeit/Kurzzeitgedächtnis

Im vorigen Abschnitt ging es um das Ordnen und Verarbeiten von Information. Dieses Kapitel dreht sich um Tests, die angeblich die Leistung Ihres Kurzzeitgedächtnisses überprüfen. Nun gehört es zu den glücklichen Eigenschaften eines Menschen, dass er vergessen kann. Hier wird aber genau das Gegenteil von Ihnen erwartet. Obwohl Sie kaum überleben könnten, wenn Sie nicht unwichtige Dinge sofort wieder vergessen könnten, ist es jetzt erwünscht, dass Sie sich z. B. sinnlose Zahlenreihen oder wenig zusammenhängende Begriffe wie Sportarten und Städte, aber auch intimes Material wie Personendaten merken. Bei der ersten Aufgabe mit den Zahlenreihen ist es notwendig, dass Sie Ihr Computergehirn voll einschalten. Zusätzlich ist es erforderlich, dass Sie jemanden bitten, Ihnen die erste Aufgabe vorzulesen. Die zweite und dritte Gedächtnisaufgabe erfordert keine weiteren Helfer.

1. Aufgabe
Vergiss mein nicht

Die erste Aufgabe verdient völlig zu Recht die Überschrift »Vergiss mein nicht« (die Postleitzahl), denn hier geht es darum, zehn unterschiedlich lange Zahlenreihen, die Ihnen in der Realsituation von einem mehr oder weniger freundlichen Testleiter vorgelesen werden, aus dem Kopf aufzuschreiben. Wenn Ihnen das am Anfang auch noch gelingt, so wird die Verwirrung spätestens dann einsetzen, wenn Sie lange Zahlenreihen mehrfach hören müssen, auch solche, die nur Ihren Nachbarn betreffen. Er soll ja nicht die gleichen Zahlen wie Sie schreiben – Sie könnten ja sonst leicht abschreiben. Sie dürfen also Ihren Kopfcomputer bei dem Zahlenwirrwarr nur im richtigen Moment auf Aufnahme schalten.

Besorgen Sie sich jetzt extra Papier und Bleistift sowie eine hilfsbereite Person, die Ihnen die folgenden Zahlenreihen freundlicherweise mit angenehmer, wohl temperierter und gleich bleibender Lautstärke ansagt. Nach jeder Zahlenreihe dürfen Sie dann zum Bleistift greifen, um sie auswendig hinzuschreiben!

a) 6 4 5 4 3
b) 5 4 6 8 7 2
c) 8 6 9 2 4 1
d) 7 5 3 1 0 2 4
e) 8 7 4 3 5 6 8 6
f) 2 4 5 0 1 4 6 7 8
g) 1 5 3 7 2 2 8 4 2
h) 4 6 9 8 0 7 5 1 8
i) 3 9 2 5 1 0 2 4 7 6 8
j) 2 8 4 2 3 6 7 1 8 4 7

2. Aufgabe
Lebensschicksale studieren

Bei dieser Aufgabe geht es darum, zwei Lebensgeschichten zu »studieren« und sich dabei die wichtigsten Daten und Merkmale gut einzuprägen. Nach einer gewissen Zeit werden Sie mit Fragen konfrontiert, die überprüfen sollen, an welche Daten und Fakten Sie sich noch erinnern. Für jede Lebensgeschichte stehen Ihnen 3 Min. Durchlese- und Einprägungszeit zur Verfügung. Hier nun die erste Lebensgeschichte:

1. Lebensgeschichte:

Roswitha Eberle
geb. am 1. 11. 1941 in Rosenheim
z. Zt. Wohnort: Ebersbach
Tel.-Nr.: 036/721

Roswitha Eberle ist das älteste von drei Kindern des Schneiders Manuel Kuhn und seiner Ehefrau Paula Kuhn, geb. Maaß. In ihrer Jugend galt ihr ganzes Interesse den Tieren auf dem Bauernhof ihrer Großeltern. Nach dem Abitur fing sie ein Studium der Veterinärmedizin an. Während des Studiums lernte sie ihren ersten Mann, Heinz Schnabel, kennen, der ebenfalls Student der Veterinärmedizin war. Sie heirateten 1961. Wegen einer nicht geplanten Schwangerschaft sah sie keine Möglichkeit, ihr Studium zu beenden. Ihr Mann kam Mitte der 60er Jahre bei einem Verkehrsunfall ums Leben. Als ihre Tochter 10 Jahre alt war, nahm Frau Eberle noch einmal ihr Veterinärmedizinstudium auf, das sie 1975 mit Erfolg zum Abschluss brachte. Bei einem Urlaub in Italien lernte sie ihren zweiten Ehemann, Franz Eberle, kennen, der Diplom-Landwirt ist. Sie führen eine glückliche Ehe.

2. Lebensgeschichte:

Eberhard Roswedel
geb. am 11. 1. 1942 in Eppenstadt
z. Zt. Wohnort: Riegenburg
Tel.: 072/136

Eberhard Roswedel ist als jüngstes Kind des Maurermeisters Fritz Roswedel und seiner Ehefrau Anna Roswedel geb. Telle mit seinen drei Schwestern auf einem Bauernhof aufgewachsen. Schon früh interessierte er sich für landwirtschaftliche Maschinen und Technik und begann 1960 ein Ingenieurstudium. Aufgrund überdurchschnittlicher Leistungen hätte er eine wissenschaftliche Laufbahn einschlagen können. 1971 heiratete er seine jetzige Frau Sonja, mit der er drei Kinder hat. Schon gegen Ende des Studiums (1967) war er in der Fachwelt mit der technischen Verbesserung einer Heugabelmaschine positiv aufgefallen. Eine besonders leistungsstarke Melkmaschine brachte ihm weltweite Patente ein. Seit 1980 hat er sein eigenes Konstruktionsbüro. Seine Mitarbeiter schätzen ihn als einen kreativen, freundlichen und stets gerechten Chef.

Wir hätten Ihnen gern noch mehr aus dem aufregenden Leben von Roswitha Eberle und Eberhard Roswedel erzählt, aber das würde den Rahmen dieses Buches sprengen.

Bitte machen Sie jetzt mit der nächsten Aufgabe weiter, die Fragen zu diesen beiden Texten kommen erst später!

3. Aufgabe
Auswendiglernen

Innerhalb von 3 Min. sind aus sechs Gebieten jeweils vier zugehörige Begriffe auswendig zu lernen. Nach einer kurzen Lernphase sind zu den Begriffen spezielle Fragen zu beantworten. Hier nun die Oberbegriffe und die vier dazugehörigen Begriffe.

Orte	Augsburg – Innsbruck – Nürnberg – Prag
Berufe	Bauer – Chemiker – Jurist – Müller
Sport	Fußball – Hochsprung – Ringkampf – Tanzen
Namen	Ute – Vera – Wilhelm – Zacharias
Nahrung	Datteln – Gurke – Lauch – Quark
Gebäude	Eckgebäude – Kapelle – Opernhaus – Scheune

Bitte decken Sie beim Beantworten der folgenden Fragen diese Lernliste zu. In der realen Testsituation ist ein Nachschauen auch nicht möglich. Sie haben 4 Min. Zeit.

(*Bitte nicht ärgern:* Drei Dinge kann ich mir nicht merken: Namen, Zahlen, und das Dritte hab ich vergessen.)

Bitte beantworten Sie folgende Fragen:

1. Beispiel:

In welche Gruppe gehört das Wort mit dem Anfangsbuchstaben – A –?
a) Orte b) Berufe c) Sport d) Namen e) Nahrung f) Gebäude
A war bei der Gruppe der Orte (Augsburg)

Lösung also: a

2. Beispiel:

In welcher Gruppe war das Wort mit dem Anfangsbuchstaben – Z –?

a) Orte b) Berufe c) Sport d) Namen e) Nahrung f) Gebäude

Lösung: d (Zacharias)

1 In welcher Gruppe war das Wort mit dem Anfangsbuchstaben – B –?
a) Orte b) Berufe c) Sport d) Namen e) Nahrung f) Gebäude

2 In welcher Gruppe war das Wort mit dem Anfangsbuchstaben – C –?
a) Orte b) Berufe c) Sport d) Namen e) Nahrung f) Gebäude

3 In welcher Gruppe war das Wort mit dem Anfangsbuchstaben – D –?
a) Orte b) Berufe c) Sport d) Namen e) Nahrung f) Gebäude

4 In welcher Gruppe war das Wort mit dem Anfangsbuchstaben – E –?
a) Orte b) Berufe c) Sport d) Namen e) Nahrung f) Gebäude

5 In welcher Gruppe war das Wort mit dem Anfangsbuchstaben – F –?
a) Orte b) Berufe c) Sport d) Namen e) Nahrung f) Gebäude

6 In welcher Gruppe war das Wort mit dem Anfangsbuchstaben – G –?
a) Orte b) Berufe c) Sport d) Namen e) Nahrung f) Gebäude

7 In welcher Gruppe war das Wort mit dem Anfangsbuchstaben – H –?
a) Orte b) Berufe c) Sport d) Namen e) Nahrung f) Gebäude

8 In welcher Gruppe war das Wort mit dem Anfangsbuchstaben – I –?
a) Orte b) Berufe c) Sport d) Namen e) Nahrung f) Gebäude

9 In welcher Gruppe war das Wort mit dem Anfangsbuchstaben – J –?
a) Orte b) Berufe c) Sport d) Namen e) Nahrung f) Gebäude

10 In welcher Gruppe war das Wort mit dem Anfangsbuchstaben – K –?
a) Orte b) Berufe c) Sport d) Namen e) Nahrung f) Gebäude

11 In welcher Gruppe war das Wort mit dem Anfangsbuchstaben – L –
a) Orte b) Berufe c) Sport d) Namen e) Nahrung f) Gebäude

12 In welcher Gruppe war das Wort mit dem Anfangsbuchstaben – M –?
a) Orte b) Berufe c) Sport d) Namen e) Nahrung f) Gebäude

13 In welcher Gruppe war das Wort mit dem Anfangsbuchstaben – N –?
a) Orte b) Berufe c) Sport d) Namen e) Nahrung f) Gebäude

14 In welcher Gruppe war das Wort mit dem Anfangsbuchstaben – O –?
a) Orte b) Berufe c) Sport d) Namen e) Nahrung f) Gebäude

15 In welcher Gruppe war das Wort mit dem Anfangsbuchstaben – P –?
a) Orte b) Berufe c) Sport d) Namen e) Nahrung f) Gebäude

16 In welcher Gruppe war das Wort mit dem Anfangsbuchstaben – Q –?
a) Orte b) Berufe c) Sport d) Namen e) Nahrung f) Gebäude

17 In welcher Gruppe war das Wort mit dem Anfangsbuchstaben – R –?
a) Orte b) Berufe c) Sport d) Namen e) Nahrung f) Gebäude

18 In welcher Gruppe war das Wort mit dem Anfangsbuchstaben – S –?
a) Orte b) Berufe c) Sport d) Namen e) Nahrung f) Ge bäude

19 In welcher Gruppe war das Wort mit dem Anfangsbuchstaben – T –
a) Orte b) Berufe c) Sport d) Namen e) Nahrung f) Gebäude

20 In welcher Gruppe war das Wort mit dem Anfangsbuchstaben – U –?
a) Orte b) Berufe c) Sport d) Namen e) Nahrung f) Gebäude

21 In welcher Gruppe war das Wort mit dem Anfangsbuchstaben – V –?
a) Orte b) Berufe c) Sport d) Namen e) Nahrung f) Gebäude

22 In welcher Gruppe war das Wort mit dem Anfangsbuchstaben – W –?
a) Orte b) Berufe c) Sport d) Namen e) Nahrung f) Gebäude

Tipps zur Aufgabe »Auswendiglernen«

Hätten Sie bei dieser Aufgabe von Anfang an gewusst, dass das Alphabet bei den Fragen zum Lernstoff eine Schlüsselrolle spielt, hätten Sie sich ganz anders vorbereiten können. Zum Lernen und zur Aufgabenbearbeitung folgende Tipps:

Sie können beim Lernen ein Gebiet auslassen, das Ihnen beim Einprägen Schwierigkeiten macht. Am Schluss müssen die fehlenden Anfangsbuchstaben aus diesem Gebiet stammen. Lernen Sie nicht jeden Begriff für sich und abstrakt, sondern versuchen Sie, einzelne Begriffe zu einer Geschichte oder einem Bild zu verknüpfen. Stellen Sie sich z. B. die Orte auf einer Landkarte vor, oder verwenden Sie die Eselsbrücke »Burg« zur Verbindung der Orte, vorausgesetzt Sie wissen, dass Prag eine Burg hat (Augsburg, »Innsburg«, Nürnburg, Prag).

Ein Beispiel für eine Geschichte: »Ein *Augsburger Bauer,* der gerne *Chemiker* geworden wäre, pflanzt *Datteln* an, wohnt in einem *Eckgebäude* und spielt *Fußball.*« Hier ist die alphabetische Reihenfolge beachtet worden. Aber es geht auch anders. Versuchen Sie, die untereinander stehenden Worte zu einer Geschichte zusammenzufassen. Beispiel: »Ein *Augsburger Bauer,* der gerne *Fußball* spielt, hat eine Freundin, die *Ute* heißt, gerne *Datteln* isst und in einem *Eckgebäude* wohnt.« Oder: »Ein *Chemiker* aus *Innsbruck* mit dem Vornamen *Zacharias* betreibt *Hochsprung* und isst grüne *Gurken* in der *Kapelle.*«
Aufgrund dieser merkwürdigen assoziativen Geschichten prägen sich die Worte sehr viel leichter ein. Bei der Beantwortung der Fragen gehen Sie nun aber nicht in alphabetischer Reihenfolge vor, sondern Sie suchen sich die Anfangsbuchstaben zu den Worten, die Sie wissen. Dieser Vorschlag ist ein genereller Hinweis: Worte, die Sie behalten haben, können Sie gleich zuordnen, indem Sie sich den entsprechenden Buchstaben bei der Frage raussuchen.
Eine andere Möglichkeit besteht darin, sich nicht die vollständigen Begriffe zu merken, sondern lediglich deren Anfangssilben oder Anfangsbuchstaben. So könnten Sie sich z. B. zu dem Gebiet Nahrung folgende Silben einprägen: QuLaDaGu. Wenn Sie sich das leise vorsprechen, dann haben Sie mit dieser sinnlosen Silbenkombination die Nahrungsmittel »gespeichert«. Für das Gebiet Gebäude wäre eine einfache Kombination der Anfangsbuchstaben denkbar: SOKE. Denkbar sind natürlich auch noch andere Gedächtnisbrücken. Sicherlich werden Sie auch hier Ihre eigene Technik entwickeln und erfolgreich anwenden können, wenn Sie erst einmal wissen, worauf es ankommt.

Zur 2. Aufgabe
Fragen zu Lebensschicksalen

Sie haben sich vor einiger Zeit zwei Lebensgeschichten durchgelesen und hoffentlich gut eingeprägt. Jetzt geht es darum, aus einer vorgegebenen Anzahl von Lösungsmöglichkeiten die jeweils richtige anzukreuzen. Nur eine Lösung ist richtig.

Beispiel:

Vornamen: a) Renate b) Roswitha c) Rudi d) Richard e) Sabine
Von diesen 5 Vornamen ist nur einer in einer der beiden Lebensgeschichten vorgekommen. Welcher Vorname ist es?
Lösung: b.

Für die folgenden acht Aufgaben haben Sie 2 Min. Zeit.

Welche der folgenden Ortsnamen, Geburtsdaten und Telefonnummern kommt in einer der beiden Lebensgeschichten vor? Bei jeder Aufgabe ist nur eine Lösung richtig.

Ortsnamen

	a)	b)	c)	d)
1	a) Rosenstadt	b) Rosenbach	c) Rosenheim	d) Rosenburg
2	a) Ebersstadt	b) Ebersfelde	c) Ebbenburg	d) Eppenstadt
3	a) Riedelsheim	b) Riebenburg	c) Riegenburg	d) Rosenwedel
4	a) Ebersbach	b) Ebersstadt	c) Ebersdorf	d) Eberswedel

Geburtsdaten

	a)	b)	c)	d)
5	a) 1. 10. 1949	b) 11. 10. 1942	c) 1. 10. 1941	d) 11. 1. 1942
6	a) 10. 1. 1942	b) 11. 1. 1942	c) 1. 11. 1941	d) 1. 10. 1941

Telefonnummern

	a)	b)	c)	d)
7	a) 079-139	b) 063-721	c) 027-136	d) 072-136
8	a) 036-163	b) 036-127	c) 036-721	d) 036-172

Bitte beantworten Sie die folgenden zwölf Fragen. Sie haben 3 Min. Zeit:

9 Wie viele Geschwister hatte Roswitha Eberle?
10 Welches Studienfach hat der zweite Mann von Roswitha Eberle studiert?
11 Was geschah mit dem ersten Mann von Roswitha Eberle?
12 Was hat Roswitha Eberle studiert?
13 Wie lautet der Mädchenname von Roswitha Eberle?
14 Welchen Beruf übte der Vater von Roswitha Eberle aus?
15 Wie viele Kinder hatten die Eltern von Eberhard Roswedel?
16 Welchen Beruf übte der Vater von Eberhard Roswedel aus?
17 Wo wuchs Eberhard Roswedel auf?
18 In welchem Jahr hat sich Eberhard Roswedel selbständig gemacht?
19 Wie heißt die Frau von Eberhard Roswedel mit Vornamen?
20 Wie viele Kinder hat die Familie Eberhard Roswedel?

Bei der nächsten Aufgabe geht es darum, dass Sie aus den Ausschnitten der Ihnen vorgestellten Lebensgeschichte herausfinden sollen, was falsch wiedergegeben oder neu hinzugefügt worden ist. Welche Einzelheit ist bei diesem Satz falsch oder neu hinzugefügt?

In *ihrer Jugend* interessierte sich *Roswitha* besonders für *Technik.*
a b c

Lösung: c, Roswitha interessierte sich nicht für Technik, sondern für Tiere.

Bitte beachten Sie: Bei den drei Einzelheiten, die in jedem Satz kursiv gedruckt sind, ist nur eine inhaltlich falsch bzw. neu hinzugefügt worden. Hierbei kommt es nicht auf Abweichungen vom Wortlaut der jeweiligen Lebensgeschichte an, sondern Sie sollen nur herausfinden, welche Einzelheit dem Sinn nach falsch, verändert oder neu hinzugefügt worden ist. Sie haben 2 Min. Zeit.

21 *Roswitha Eberle* ist als *jüngstes* von drei Kindern in *Rosenheim* geboren.
a b c

22 Auf *dem Bauernhof* ihrer *Eltern* galt Roswithas Interesse den *Tieren.*
a b c

23 *Während ihres Urlaubs* lernte Roswitha ihren *zweiten Mann, Heinz Schnabel,* kennen.
a b c

24 Als ihr *Sohn* zehn Jahre alt war, nahm sie ihr *Studium* der *Veterinärmedizin* auf.
a b c

25 Ihr *zweiter Mann,* mit dem sie eine *glückliche Ehe* führt, ist *Diplom-Volkswirt.*
a b c

26 Als *jüngstes Kind* verbrachte *Eberhard Roswedel* eine *glückliche Kindheit.*
a b c

27 Auf dem *Bauernhof seiner Eltern* interessierte er sich für
a b
Technik.
c

28 *Nach seinem Studium* konstruierte *er* eine völlig neue Technik
a b
für eine *Heugabelmaschine.*
c

29 Eine *besonders leistungsstarke Melkmaschine* brachte ihm
a b
die *Anerkennung der Fachwelt* ein.
c

30 *Seine Mitarbeiter* schätzten ihn als einen *besonders tüchtigen*
a b
Chef, seit er sich 1981 selbständig gemacht hat.
c

Lösungen

4. Merkfähigkeit/Kurzzeitgedächtnis

2. Aufgabe
1c / 2d / 3c / 4a / 5d / 6c / 7d / 8c / 9: 2 / 10: Landwirtschaft / 11: Kam Mitte der 60er Jahre bei einem Verkehrsunfall ums Leben / 12: Veterinärmedizin / 13: Kuhn / 14: Schneider / 15: 4 / 16: Maurermeister / 17: Bauernhof,
Eppenstadt / 18: 1980 / 19: Sonja / 20: 3 / 21 b / 22b / 23c / 24a / 25c / 26c / 27b / 28a / 29c / 30c

3. Aufgabe
1b / 2b / 3e / 4f / 5c / 6e / 7c / 8a / 9b / 10f / 11e / 12b / 13a / 14f / 15a / 16e / 17c / 18f / 19c / 20d / 21d / 22d

5. Gestaltwahrnehmung

Der Begriff der Gestaltwahrnehmung könnte bei Ihnen falsche Assoziationen auslösen. Es geht nicht um Ihre Figur oder um die von Freund/Freundin, sondern es handelt sich hier um das Wahrnehmen und Erkennen von vorgegebenen Figuren oder sonstigen Formen in einer ungeordneten Menge von anderen Figuren bzw. Formen. Klar, es versteht sich fast von selbst, dass Sie hierzu nicht unbegrenzt Zeit haben, sondern auch diese Aufgabe unter Stress erledigen müssen. Ob Sie nun ein »guter Beobachter« sind oder nicht, in vielen Tests werden Sie mit ähnlichen Aufgaben zur Gestaltwahrnehmung konfrontiert.

1. Aufgabe
Richtig raten

In der Beispielzeile können Sie im ersten Bild links mit etwas Mühe eine nicht ganz fertig gezeichnete Kerze erkennen. Damit die Lösung als richtig anerkannt werden kann, ist der Anfangsbuchstabe von Kerze (also K) in der Buchstabenzeile über dem Bild durchzustreichen. Im 2. Bild ist der Buchstabe T (der für Tannenbaum steht) durchzustreichen, weil man einen Tannenbaum erkennen kann. Das 3. Bild zeigt ein Gesicht, also ist G durchzustreichen, das 4. Bild einen Fotoapparat. Richtige Lösung also F.

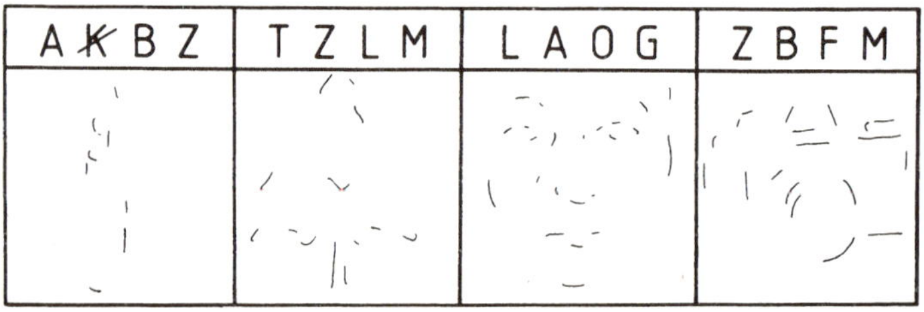

Für die folgenden 16 Bilder haben Sie 1 Min. Zeit.

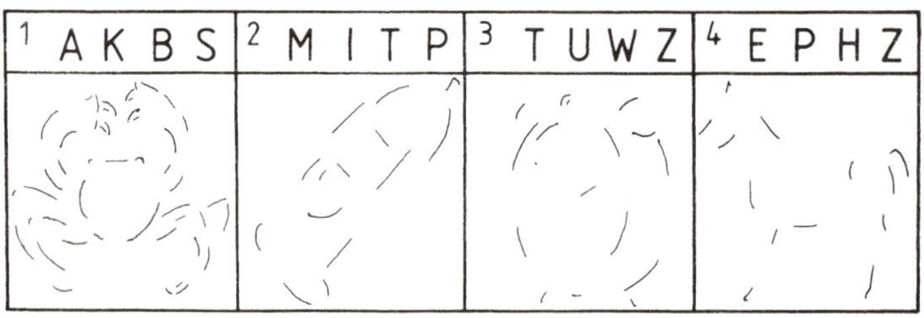

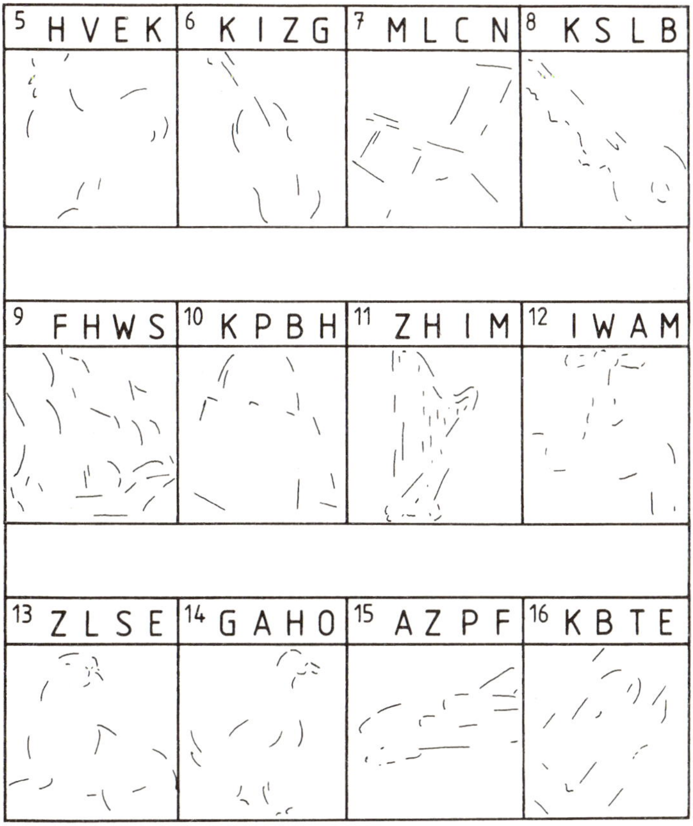

2. Aufgabe
Original und Fälschung

Bei dieser Aufgabe betrachten Sie bitte zunächst die Spalte A und vergleichen diese dann mit der Spalte B. Spalte B sollte ein Originalnachdruck der Spalte A sein, aber es haben sich Fehler eingeschlichen. Diese Fehler sind zu markieren. Nicht in jeder Zeile der Spalte B ist ein Druckfehler. Manchmal sind aber auch mehrere Druckfehler in einer Zeile.

Beispiel:

In der ersten Zeile der Spalte B ist bei der letzten Position rechts statt wie im Original eine Eins eine Null. Diese Null ist anzustreichen. In der zweiten Zeile in der Spalte B ist der Fehler wieder in der letzten Position rechts, denn statt des a steht ein b.

Für die folgenden 20 Aufgaben haben Sie 1 Min. Zeit.

A							B						
a	b	a	b	a	b	1	a	b	a	b	a	b	0
b	a	b	a	b	2	a	b	a	b	a	b	2	b
3	c	b	a	1	2	a	3	c	b	a	1	2	a
b	c	b	b	c	c	c	b	c	b	b	c	c	c
1	2	3	4	5	6	7	1	2	3	4	5	6	7
0	0	0	0	o	0	0	0	0	0	0	o	0	0
5	c	a	4	b	c	d	5	c	a	4	c	b	d
8	7	7	8	m	n	0	8	7	8	7	m	n	0
n	p	q	x	y	z	a	n	p	q	x	x	z	a
7	z	a	4	x	y	c	7	z	a	3	x	y	c
1	j	k	2	4	6	7	1	j	k	2	4	6	7
e	f	g	h	i	j	k	e	f	g	h	i	k	k
4	7	n	s	a	r	b	4	8	n	s	k	r	b
2	4	6	8	9	0	2	2	4	6	8	9	1	2
h	1	l	3	z	2	x	h	1	l	3	2	2	y
z	u	v	4	7	w	i	z	u	v	4	7	w	i
c	u	v	4	7	s	l	c	u	v	4	7	s	l
m	3	2	n	0	p	1	m	3	1	n	0	p	1
8	9	h	i	6	4	4	8	9	h	i	6	3	4
k	u	l	r	s	2	7	k	u	j	r	s	2	7

3. Aufgabe

Falsch geschrieben, richtig geraten

Aus einem verstümmelten, schwer lesbaren Wort (es handelt sich immer um Hauptworte in der Einzahl) ist ein Rechtschreibfehler, falscher Buchstabe, herauszustreichen.

Beispiel:

Sie sehen das Wort Tascho, das o ist falsch, da es Tasche heißen müsste. Verfahren Sie bitte mit den anderen Worten genauso.

Für die restlichen 19 Worte haben Sie 2 Min. Zeit.

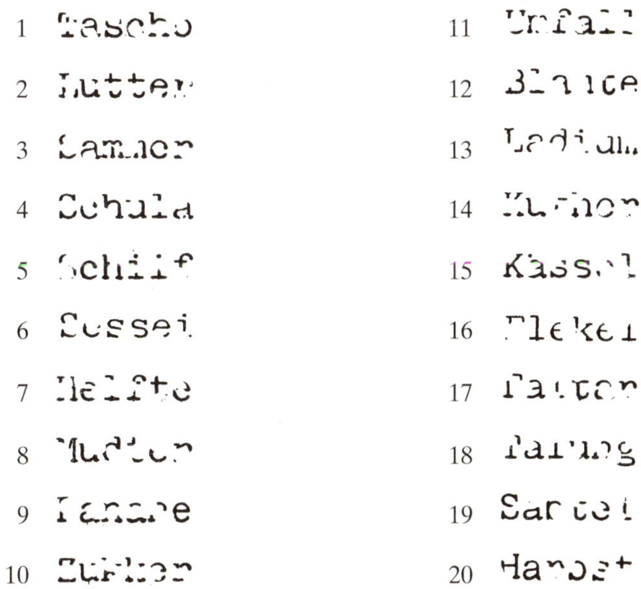

4. Aufgabe
Wiedererkennen

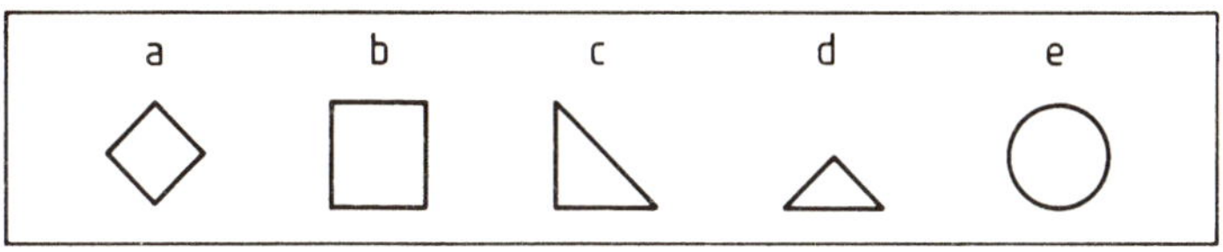

1. Beispiel

2. Beispiel

Fünf Musterfiguren (ein Karo, ein Quadrat, ein rechtwinkliges großes Dreieck, ein kleines Dreieck und ein Kreis) sind in den Zeichnungen wiederzuentdecken. In der 1. Beispielaufgabe sehen wir die folgenden Musterfiguren:

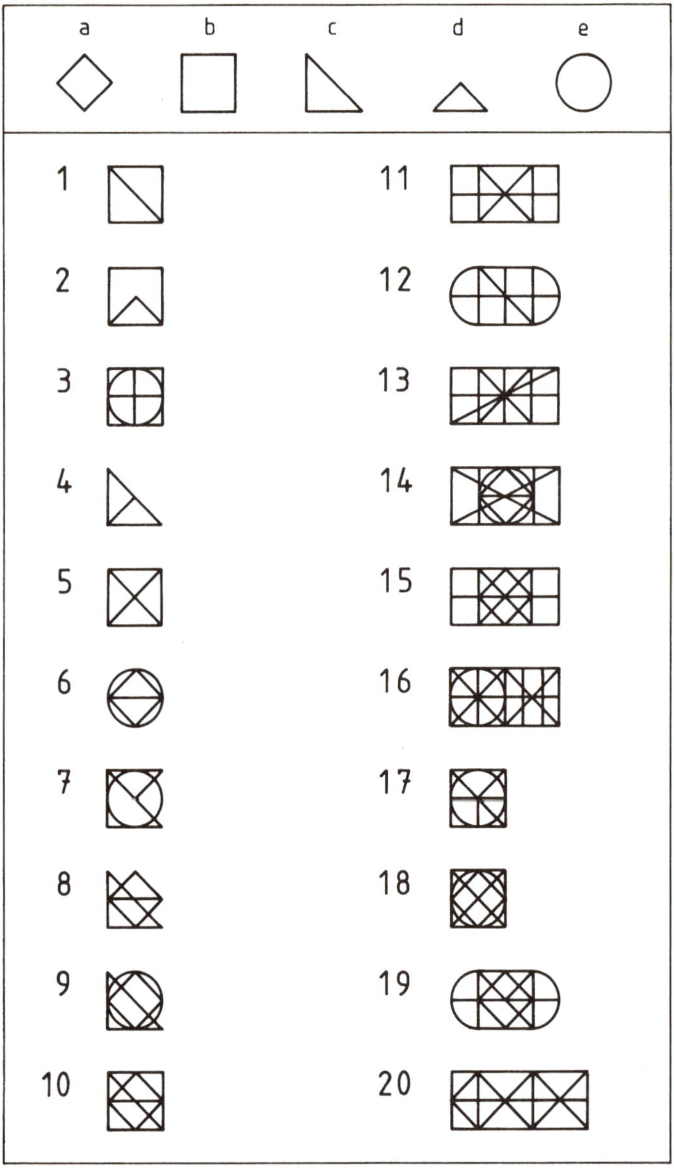
a
b
c
d
e
1
2
3
4
5
6
7
8
9
10
11
12
13
14
15
16
17
18
19
20

Quadrat (b) Kreis (e)
Beide, Quadrat und Kreis, befinden sich in gleicher Größe und Lage wie in den Musterfiguren angegeben. Deshalb ist als richtige Lösung einfach nur b und e hinzuschreiben, nicht aber d, denn hier stimmt die Lage nicht mit dem Muster (d) überein.
In der 2. Beispielaufgabe sind von den vorgegebenen oben aufgeführten Mustern vorhanden: das Karo (a), das Quadrat (b), das rechtwinklige Dreieck (c) und das kleine Dreieck (d). Alle diese Figuren sind in gleicher Größe und Lage wie oben abgebildet. Keine Figur, die Sie wieder erkennen sollen, darf verdreht sein. Es spielt keine Rolle, wie häufig die Musterfiguren in einer Zeichnung auftauchen. In jedem Muster können eine oder mehrere verschiedene Figuren versteckt sein. Bitte beachten Sie noch einmal: Es ist wichtig, dass die versteckte Figur die gleiche Größe und Lage hat wie die obige Grundmusterfigur. Sie darf also nicht verdreht sein, und es darf kein Strich an der versteckten Figur fehlen, allerdings dürfen überflüssige Striche da sein. Für die 20 Übungsaufgaben auf Seite 176 haben Sie 2 Min. Zeit.

5. Aufgabe
Mosaiken kontrollieren

Hier müssen zwei Quadrate, der Plan (rechts) und das Muster (links), genau miteinander verglichen und ein Fehler entdeckt werden. Ein Mosaik ist aus den Bausteinen 1–6 zusammengesetzt: Im Plan sind die Nummern dieser Bausteine eingetragen. Eine Nr. ist falsch. In welchem der Felder (A, B, C, D oder E) befindet sich der falsche Baustein? 1. Beispiel:

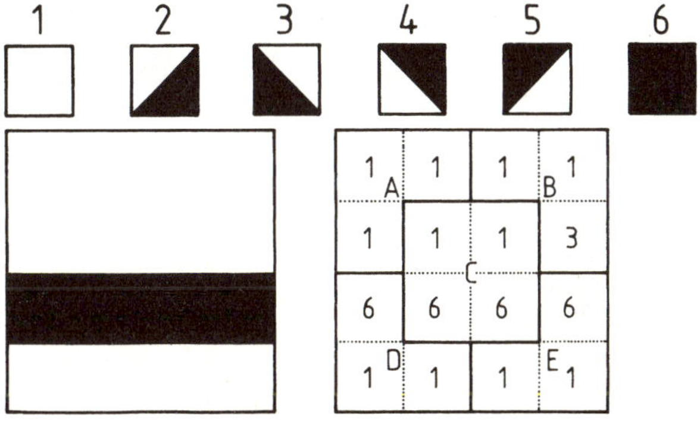

Dieses Muster ist aus den Bausteinen 1 und 6 zusammengesetzt. Im Feld B ist der Mosaikbaustein 3 falsch (richtig wäre 1).

Richtige Lösung also: B (weil sich in diesem Feld der falsche Stein befindet).

2. Beispiel:

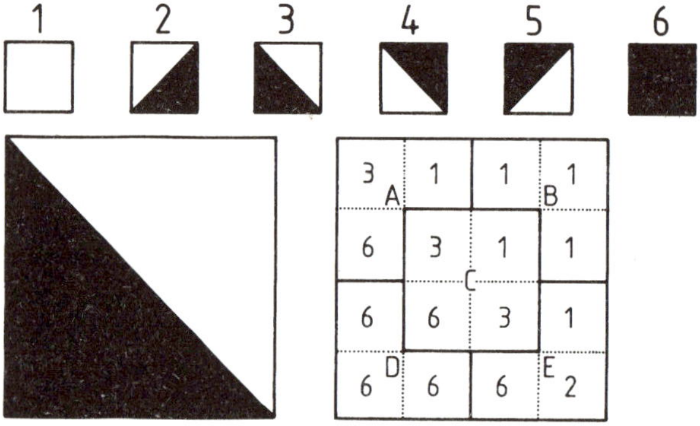

Dieses Mosaik ist aus den Bausteinen 1, 3 und 6 zusammengesetzt. Hier befindet sich der falsche Baustein 2 im Feld E.

Richtige Lösung: E

Für acht Aufgaben haben Sie 4 Min. Zeit.
Bitte schreiben Sie rechts neben den Plan den Buchstaben des Feldes auf, in dem sich der falsche Baustein befindet.

1

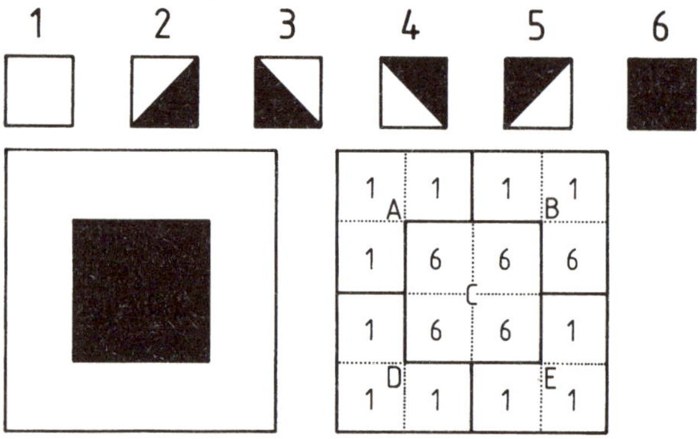

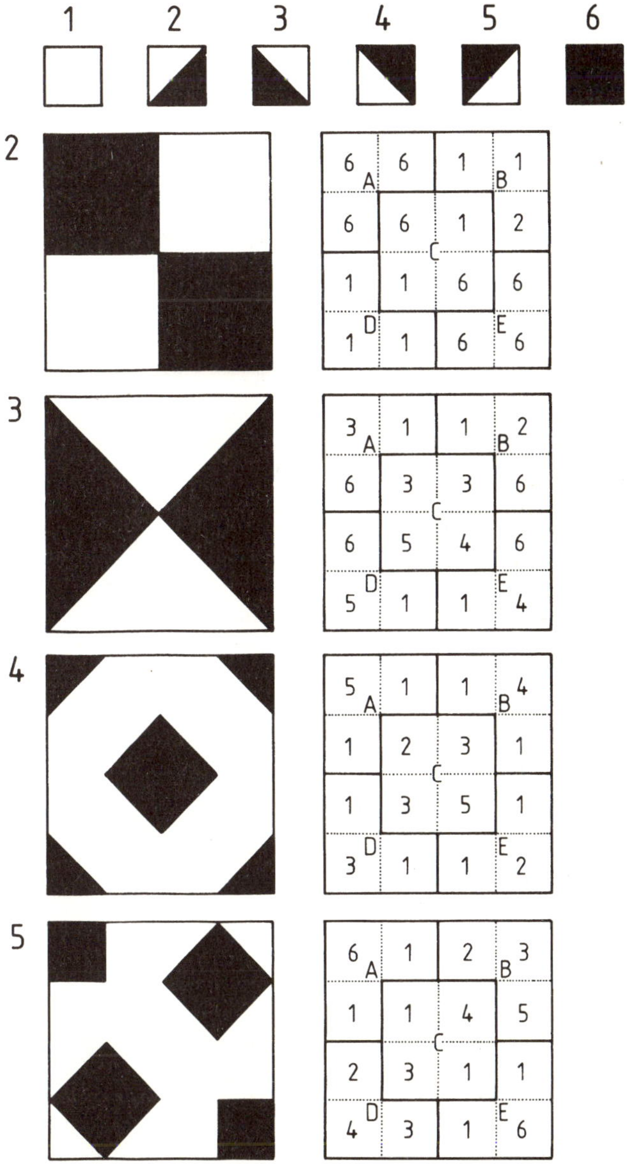
1 2 3 4 5 6
2
6 A 6 1 B 1
6 6 1 2
C
1 1 6 6
1 D 1 6 E 6
3
3 A 1 1 B 2
6 3 3 6
C
6 5 4 6
5 D 1 1 E 4
4
5 A 1 1 B 4
1 2 3 1
C
1 3 5 1
3 D 1 1 E 2
5
6 A 1 2 B 3
1 1 4 5
C
2 3 1 1
4 D 3 1 E 6

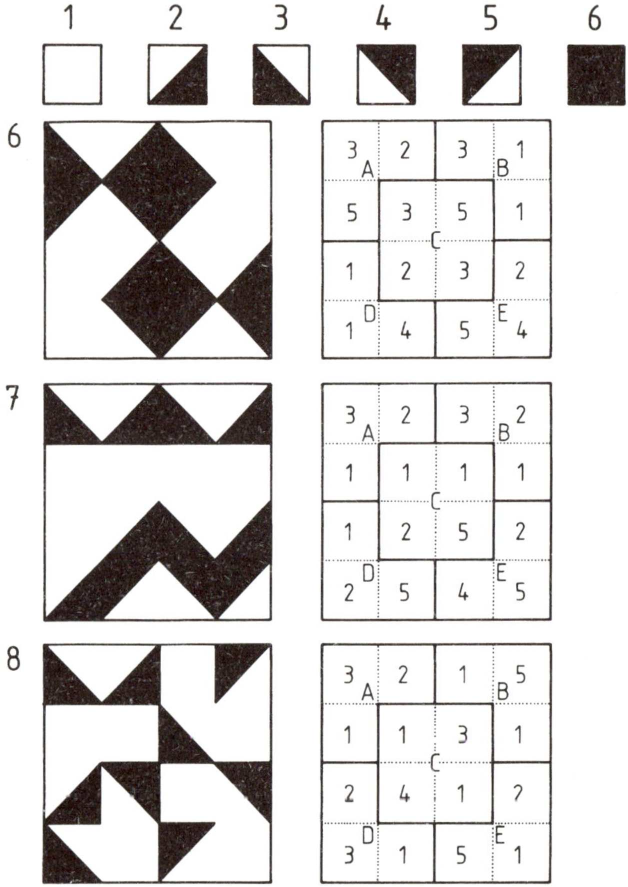

6. Aufgabe
Figuren wieder erkennen

In einem Rechteck befinden sich verschiedene geometrische Figuren, die mit Buchstaben gekennzeichnet sind. In einem zweiten Rechteck darunter finden Sie die gleichen Figuren, allerdings anders angeordnet und mit Ziffern versehen. Aufgabe ist es, z. B. das spitze Dreieck aus dem oberen Rechteck als die Figur in dem unteren Feld zu identifizieren, die mit der Zahl 3 gekennzeichnet ist.

Lösung: A = 3, B = 6, D = 1, C = 5, E = 2, F = 4

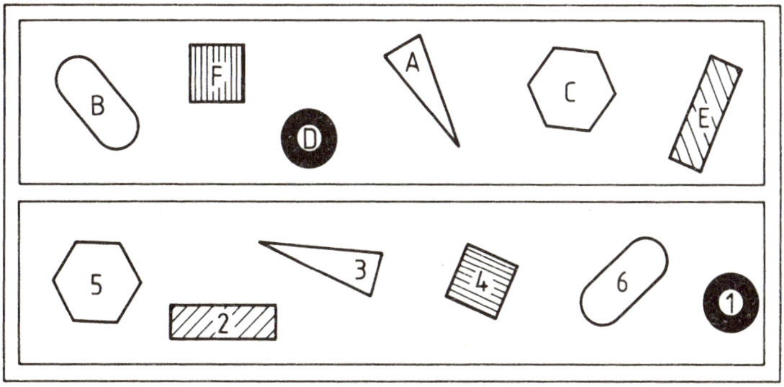

Für 20 Aufgaben auf Seite 182 haben Sie 1 Min. Zeit.

7. Aufgabe
Vergleichen

Der Gegenstand im Kasten ganz rechts, ein rechter Winkel, ist auf der linken Seite viermal abgebildet, aber nur eine Zeichnung entspricht genau der Vorlage im Kasten rechts. Es ist eine ganz ähnliche Aufgabe wie eben (Original und Fälschung).

Im ersten Beispiel ist die richtige Lösung: c

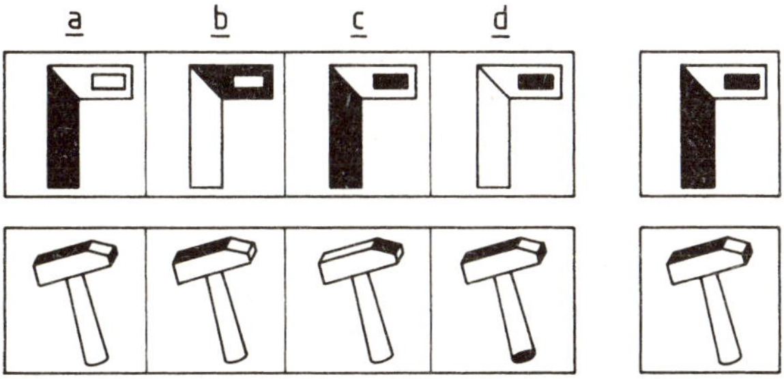

2. Beispiel: Lösung: a

Übung zu Aufgabe 6:

A B C D E F G H I J K L M N O P Q R S T

Für neun Übungsbeispiele bekommen Sie 1 Min. Zeit. In der Realität erwarten Sie von solchen Bilderaufgaben ungefähr 50 Stück, für die Sie dann aber nur 5 Min. Zeit haben. Das ist natürlich nicht zu schaffen (Schnelligkeitstest). Also: Ruhe bewahren, es liegt nicht an Ihnen!

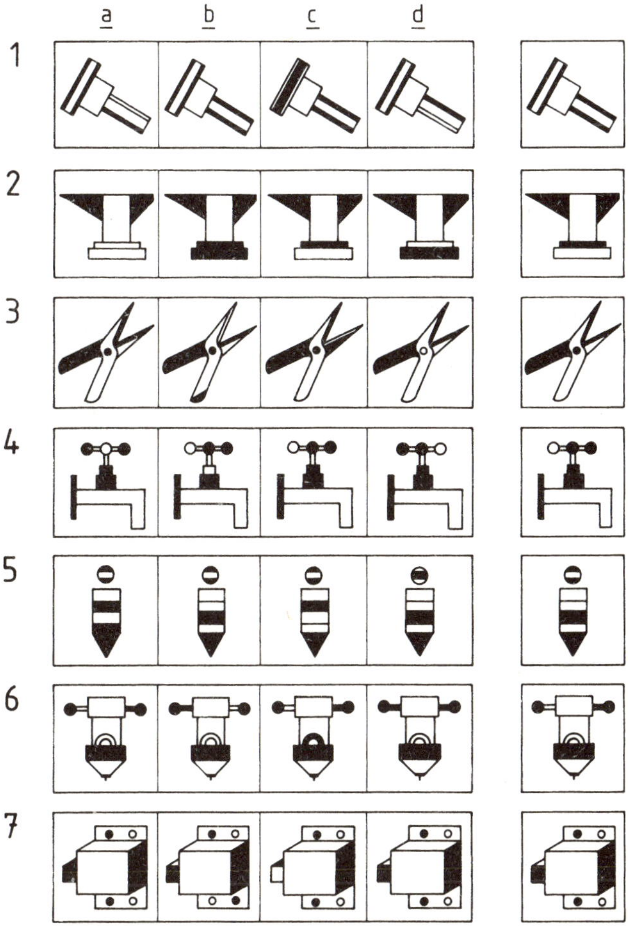

a b c d

8
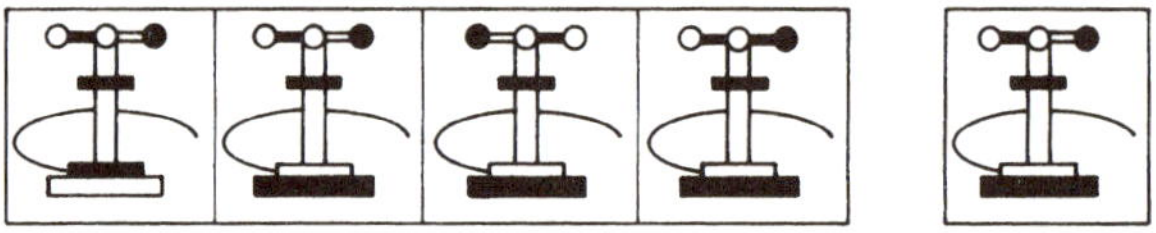

9

Zusammenfassende Bemerkungen

In Ihrer Freizeit ist es vielleicht ganz reizvoll, in einer Illustrierten zwei Bilder zu vergleichen, die einander ganz gleich zu sein scheinen, es aber in Wirklichkeit gar nicht sind – in der Testsituation aber verliert diese Sache schnell ihren Spaß. Der Zeitdruck und die Fülle der Aufgaben sind bewusst so gewählt, dass Sie kurz vor der Verzweiflung stehen. Denken Sie daran, bevor Sie ganz von Sinnen sind, denn darum geht es: Wie verhalten Sie sich unter Stress, wie reagieren Sie, und wie sehen Ihre Leistungen aus, speziell Ihre Wahrnehmung?
Der Alltag zeigt, dass die Wahrnehmungsfähigkeit unter zu großem Stress eingeschränkt sein kann. In der Testsituation gilt es also besonders, sich der künstlichen Stresssituation bewusst zu sein. Die Konzentration, das heißt die Einengung der Aufmerksamkeit auf die zu bearbeitende Aufgabe, darf nicht durch innere oder äußere Ablenkungen gestört werden. Auch hier schafft Ihnen die Vertrautheit mit dem Aufgabentyp und vor allem das Bewusstsein, dass es unmöglich ist, alle Aufgaben zu schaffen, hoffentlich die notwendige Sicherheit, den Stress auszuhalten.

Lösungen

5. Gestaltwahrnehmung

1. Aufgabe
1 Krebs / 2 Trompete / 3 Wecker / 4 Pferd / 5 Hahn / 6 Geige / 7 Lie-

gestuhl / 8 Schlüssel / 9 Segelschiff / 10 Handtasche / 11 Harfe / 12 Wasserhahn / 13 Seelöwe / 14 Gans / 15 Flugzeug / 16 Bleistiftspitzer

2. Aufgabe

a	b	a	b	a	b	0̸
b	a	b	a	b	2	b̸
3	c	b	a	1	2	a
b	c	b	b	c	c	c
1	2	3	4	5	6	7
0	0	0	ø	0̸	0	0
5	c	a	4	c̸	b̸	d
8	7	8̸	7̸	m	n	0
n	p	q	x	x̸	z	a
7	z	a	3̸	x	y	c
1̸	j	k	2	4	6	7
e	f	g	h	i	k̸	k
4	8̸	n	s	k̸	r	b
2	4	6	8	9	1̸	2
h	1	l	3	2	2	y̸
z	u	v	4	7	w	i
c	u	v	4	7	s	l
m	3	1̸	m	0	p	1
8	9	h	i	6	3̸	4
k	u	j̸	r	s	2	7

3. Aufgabe

1	Tascho	Tasche	11	Umfall	Unfall
2	Lutter	Butter*	12	Blaute	Flaute
3	Sammer*	Sommer	13	Ladium	Radium
4	Schula	Schule	14	Kuther	Kutter
5	Schiif	Schiff	15	Kässel	Kessel
6	Sessei	Sessel	16	Flekel	Flegel
7	Helfte	Hälfte	17	Faltar	Falter
8	Mudter	Mutter	18	Talung	Tagung
9	Panane	Banane**	19	Sabtel	Sattel
10	Zukker	Zucker	20	Härbst	Herbst

* Bei einzelnen Aufgaben sind auch andere Worte denkbar, statt Butter z. B. auch Mutter und Kutter, der Fehler (und um den geht es ja auch nur) liegt beim ersten Buchstaben, Ausnahme: Sammer = Sommer oder Hammer.

** 0,1 % der Rater kommen hier auf das Lösungswort »Panade« (allen Koch-Azubis herzlichen Glückwunsch – für die Frisöre: Es handelt sich nicht um Pomade!)

4. Aufgabe
1bc / 2bd / 3be / 4cd / 5bcd / 6ade / 7ce / 8acd / 9ace / 10abcd / 11bcd / 12bc / 13bcd / 14abde / 15abcd / 16abcde / 17bce / 18abcde / 19abcd / 20abcd

5. Aufgabe
1B / 2B / 3C / 4C / 5D / 6C / 7C / 8E

6. Aufgabe
A14 / B7 / C4 / D17 / E11 / F15 / G6 / H20 / I2 / J19 / K1 / L9 / M10 / N8 / O5 / P12 / Q16 / R13 / S3 / T18

7. Aufgabe
1b / 2c / 3a / 4c / 5b / 6a / 7d / 8b / 9c

II. Spezielle intellektuelle Fähigkeiten

Die speziellen intellektuellen Fähigkeiten betreffen das Gebiet der Sprachbeherrschung (verbale Intelligenz), die praktisch-technische Intelligenz (Rechenfähigkeit, technisches Verständnis) sowie das räumliche Vorstellungsvermögen. Hier sind die Vorerfahrungen, die der Prüfling mit den Gebieten Sprechen, Lesen, Schreiben und Rechnen gemacht hat, von besonderer Bedeutung. Auch das technische Verständnis ist nicht angeboren und ebenso von Lerneinflüssen abhängig wie das räumliche Vorstellungsvermögen.

1. Sprachbeherrschung/Verbale Intelligenz

a) Wort- und Sprachverständnis

Das nun folgende Testaufgabenkapitel gibt Ihnen eine gute Orientierung über die Methoden, die zur Erfassung Ihrer »Fähigkeiten« im Bereich »Wort- und Sprachverständnis« eingesetzt werden. Es geht hierbei um Dinge wie

Wortschatz,
Wortbedeutungen,
Fremdwörterkenntnisse,
Sprachphantasie und Sprachgefühl.

Es lohnt sich unbedingt, dieses Kapitel aufmerksam durchzuarbeiten, da Sie bei fast allen Testsituationen – egal für welche Art von Ausbildungsberuf Sie sich entscheiden – auf solche Aufgaben stoßen werden. Einen Teil dieser Aufgaben haben Sie bereits in den vorangegangenen Kapiteln bearbeitet (z. B. Wortanalogien). Die folgenden Beispielaufgaben gehören zum Standard der so genann-

ten Intelligenz- und Berufseignungstests und werden auch in nur gering veränderter Form bei so genannten selbst gestrickten oder hauseigenen Testbatterien eingesetzt.
Vergleichbar dem Schulfach Deutsch (das neben Mathematik ein »Test-Basisfach« darstellt) verlangen diese Tests Kenntnisse und Leistungen von Ihnen, die einem mittleren sozialen Schichtdenken (»gut bürgerlich und besser«, also Beamte, mittlerer/gehobener Dienst, Apotheker bis hin zum Arzt) entsprungen zu sein scheinen. Sollten Sie nicht das Glück gehabt haben, in dieser »wohl behüteten« und intellektuellen Mittelschicht aufgewachsen zu sein, hilft nur das Üben dieser Aufgaben – denn Übung macht den Meister.

1. Aufgabe
Worteinfall I

Bitte bei dieser Aufgabe kontinuierlich innerhalb der angegebenen Zeitgrenzen arbeiten und dann sofort zur nächsten Unteraufgabe übergehen.

1. Schreiben Sie *innerhalb einer Minute* auf einem extra Blatt Papier alle Wörter hintereinander auf, die Ihnen zu dem Anfangsbuchstaben E (e) einfallen (z. B. Emil, Elefant, es, eins, Essen). Es kommen alle Wörter mit dem Anfangsbuchstaben E (e) in Frage, egal ob Groß- oder Kleinschreibung, Eigennamen usw.
Bitte lesen Sie erst nach Durchführung dieser Aufgabe weiter!

2. Jetzt schreiben Sie bitte Wörter mit dem Anfangsbuchstaben F (f) auf, jetzt sind nur noch *45 Sekunden* Zeit.
Bitte lesen Sie erst nach Durchführung dieser Aufgabe weiter!

3. Jetzt schreiben Sie alle Wörter auf, die Ihnen mit dem Anfangsbuchstaben L (l) einfallen, wieder sind *45 Sekunden* Zeit.
Bitte lesen Sie erst nach Durchführung dieser Aufgabe weiter!

4. Schreiben Sie jetzt alle Wörter auf, die Ihnen mit dem Anfangsbuchstaben S (s) einfallen. Sie haben aber jetzt nur noch *20 Sekunden* Zeit.
Sie können damit rechnen, dass auch andere Anfangsbuchstaben vorgegeben werden: z. B.: K (k), P (p), R (r).

Bei dieser Aufgabe kommt es auf Ihre schnelle »Umschaltfähigkeit« an – die lässt sich durch die Fortführung der Aufgabe mit selbst gewählten Buchstaben sehr gut trainieren.
Bei der Auswertung des Tests wird so verfahren, dass man die Anzahl der Wörter wertet, die bei den ersten drei Aufgaben aufgeschrieben werden. Erstaunlicherweise wird die letzte Aufgabe nicht gewertet. Klar, dass wiederholte Wörter nicht berücksichtigt werden, ansonsten bringt jedes Wort einen Punkt, je mehr Wörter, desto mehr Punkte.

2. Aufgabe
Worteinfall II

In einem ähnlichen Test wie dem eben vorgestellten ist noch eine zusätzliche Schwierigkeit eingebaut: Hier wird der Anfangs- und der Endbuchstabe vorgegeben. Es geht wieder darum, sich zu diesen vorgegebenen Anfangs- und Endbuchstaben Wörter einfallen zu lassen. Um ein Beispiel zu nennen: Vorgegeben ist der Anfangsbuchstabe B und der Endbuchstabe E, dann könnten dazu z. B. Wörter wie bete, bestelle, Buche, Bleibe usw. gebildet werden. Alle Wörter sind zulässig, also Haupt-, Tätigkeits- und Eigenschaftswörter, ebenso richtige Abwandlungen von Wörtern, wie Einzahl/Mehrzahl, auch die Vergangenheits-, Tätigkeits- sowie Befehlsform usw. sind erlaubt, auch Städte und Eigennamen. Nicht akzeptiert werden Wörter aus einem deutschen Dialekt und aus einer Fremdsprache sowie Wortneubildungen.

Bitte nehmen Sie sich ein Blatt Papier und schreiben Sie alle Wörter auf, die Ihnen zu dem Anfangsbuchstaben A bei gleichzeitigem Endbuchstaben E einfallen (z. B. Auge): Sie haben dazu 45 Sekunden Zeit.

In der gleichen Art bearbeiten Sie jetzt bitte die folgenden Aufgaben, zu denen Sie jeweils 1 Minute Zeit haben.

1 E (Anfangsbuchstabe)
N (Endbuchstabe)
z. B.: erleben

2 B (Anfangsbuchstabe)
N (Endbuchstabe)
z. B.: bitten

3 G (Anfangsbuchstabe)
N (Endbuchstabe)
z. B.: grüßen

4 P (Anfangsbuchstabe)
E (Endbuchstabe)
z. B.: Pilze

5 M (Anfangsbuchstabe)
T (Endbuchstabe)
z. B.: Mut

Wir empfehlen – sollte diese Testaufgabe in der realen Testsituation vorkommen – die Frage zu stellen, ob Fremdwörter, die in der deutschen Sprache gängig sind, verwendet werden dürfen, weil die Aufgabenerläuterung, die vom Testleiter vorgetragen wird, sich wahrscheinlich zu dieser Frage nicht 100 %ig klar äußert.
Sie können damit rechnen, dass in der realen Testsituation 10 solcher Aufgaben auf Sie zukommen, für die jeweils 1 Minute Zeit zur Verfügung steht.
Sicherlich wird man Ihnen nicht als Aufgabe den Anfangsbuchstaben X und den Endbuchstaben Z oder Y präsentieren. Sie können aber sich selbst mittels eines Nachschlagewerkes (Rechtschreibungsduden) eigene Anfangs- und Endbuchstaben suchen und sich somit neue Aufgaben ausdenken.

3. Aufgabe
Buchstaben ordnen

Bei 30 Hauptwörtern sind die Buchstaben durcheinander gewürfelt. Es geht darum, den Buchstaben durchzustreichen, mit dem man – wenn man die Buchstaben richtig sortiert – ein sinnvolles Wort bilden kann. Es handelt sich in jedem Fall um Hauptworte in der Einzahl.

1. Beispiel: Z ~~H~~ O L (Wörter mit vier Buchstaben)

Hier ist das H durchgestrichen worden, weil man mit dem Anfangsbuchstaben H das richtige Wort HOLZ bilden kann.

2. Beispiel: L L A ~~S~~ T (Wörter mit fünf Buchstaben)

Hier ist das S durchgestrichen worden, weil das richtige Wort »STALL« heißt.

3. Beispiel: S I N N ~~U~~ N (Wörter mit sechs Buchstaben)

Der Buchstabe U ist durchgestrichen, da das richtige Wort »UNSINN« heißt.

Für die folgenden 30 Wörter haben Sie 4 Min. Zeit.

1	S A U H	11	E Z T A K	21	E T A S C H
2	L L A B	12	U H S C H	22	R E T T U B
3	T O A U	13	S T U R D	23	L E S C H U
4	H A B N	14	H A S N E	24	R E K I E F
5	H U C B	15	O D I A R	25	T E R M U T
6	Z H E R	16	T E T U D	26	Z K E R C U
7	R A U F	17	L I C H M	27	A U T E F L
8	S T U L	18	S T A U F	28	L E R U W Z
9	S A U T	19	S U R M T	29	R E K U T T
10	L I E Z	20	M U T D A	30	S E L K E S

Für Leute, die auch beim Essen üben wollen: Nudel-Buchstabensuppe, zum Nachtisch Russischbrot und für die Spieler Scrabble …

4. Aufgabe
Wortbedeutungen

Bei der nächsten Aufgabe ist es Ziel, zu einem vorgegebenen Wort aus einer Reihe von vier Wörtern das herauszufinden, das dem vorgegebenen Wort in seiner Bedeutung am nächsten kommt.

1. Beispiel: Niederschlag

a) Schlägerei   b) Stimmung   c) Regen   d) Trauer

Lösung: c) Regen passt am besten zu Niederschlag.

2. Beispiel: Wagen

a) Mut   b) Risiko   c) Fahrrad   d) Fahrzeug

Lösung: d) Fahrzeug passt am besten zu Wagen.

Typischerweise ist es auch bei dieser Aufgabe so, dass die Beispiele wesentlich leichter sind als die eigentlichen Testaufgaben. Rechnen Sie bei dieser Aufgabe damit, dass Ihnen *nicht* gesagt wird, wie viel Bearbeitungszeit Sie haben. Für zehn Aufgaben stehen Ihnen hier 3 Minuten zur Verfügung, Sie müssen also recht schnell arbeiten.

1 Perfektion

a) Perversion b) Vollkommenheit c) Regelmäßigkeit d) Präzision

2 diskret

a) schweigsam b) ruhig c) verschwiegen d) still

3 Charme

a) Scharnier b) Schirm c) Anmut d) Scham

4 Leitspruch

a) Motte b) Motto c) Diktat d) Anordnung

5 Frisör

a) Autoreparatur b) Frisur c) Barbier d) Föhn

6 Emotion

a) Emulsion b) Gefühl c) Ausdruck d) Hoffnung

7 subversiv

a) Widerstand b) intensiv c) umstürzlerisch d) exzessiv

8 logisch

a) prima b) folgerichtig c) einverstanden d) selbstverständlich

9 Loge

a) Käfig b) Logik c) Abteil d) Lohn

10 Honorar

a) Horror b) Angst c) Gehalt d) Ehre

Achtung: Bei diesen Aufgaben besteht die Gefahr, dass man unter Stress und eventuell reduzierter Konzentrationsfähigkeit vorschnell auf eine falsche Lösung kommt, da ein ungenaues Lesen und Begreifen des vorgegebenen Wortes es um eine Nuance anders erscheinen lässt und damit eine falsche Lösung provoziert:

Beispiele:

»Delikt
a) Gerichtsverhandlung b) Gartengerät c) Überbleibsel d) Vergehen e) Beschlagnahmung«[33]
Statt »Delikt« lesen Sie »Relikt« und ordnen c) »Überbleibsel« zu;

»Traktat
a) landwirtschaftliche Maschine b) Vorschrift c) Abhandlung
d) Kochkunst e) Quälerei«[34]

Statt »Traktat« lesen Sie »Traktor« und ordnen entsprechend a) »landwirtschaftliche Maschine« zu, oder Sie denken an »traktieren« (z. B. aufgrund der gerade herrschenden Testsituation) und ordnen e) »Quälerei« zu, oder Sie denken an »tranchieren« und ordnen d) »Kochkunst« zu.

Vorsicht Falle: Neben der reinen Wissensüberprüfung (Fremdwörterwissen, was in den Beispielaufgaben verheimlicht wird!) wird Ihre Bereitschaft getestet, unter Stress Fehler (Verleser) zu produzieren. Für Leute mit Lese- und Rechtschreibschwäche eine böse Falle!

5. Aufgabe
Begriffsähnlichkeit oder Gegensatz

Eine ähnliche Aufgabe eines anderen Tests, der sehr häufig eingesetzt wird, besteht darin, aus vier vorgegebenen Wörtern jeweils die zwei herauszufinden, die entweder gleiche (oder sehr ähnliche) oder eine gegensätzliche Bedeutung haben.

1. Beispiel:

a) schön b) fleißig c) klug d) hübsch e) gut

Lösung: a) schön d) hübsch, beide bezeichnen ungefähr das Gleiche.

2. Beispiel:

a) fein b) froh c) alt d) böse e) gut

Lösung: d) böse e) gut, diese beiden Begriffe sind von gegensätzlicher Bedeutung. In dieser Reihe gibt es keine zwei Wörter mit gleicher Bedeutung.

In der realen Testsituation kann es passieren, dass Sie 60 (!) Aufgaben vorgelegt bekommen und dafür 6 Minuten Zeit haben, das heißt 6 Sekunden pro Aufgabe, eine nicht zu bewältigende Angst-und-Schrecken-Forderung. Halten Sie sich also nicht für einen Versager, wenn Sie nach 6 Minuten seitenweise ungelöste Aufgaben überblättern müssen, um zur nächsten Aufgabe vorzudringen, zu der Sie der Testleiter auffordert. Leisten Sie der (inneren und äußeren) Versuchung Widerstand, sich verunsichern zu lassen! Versuchen Sie, die folgenden Aufgaben so schnell wie möglich zu lösen!

1 a) gelb b) weiß c) hellgrün d) rosa e) schwarz
2 a) Zuneigung b) Freude c) Genuss d) Hass e) Schmerz
3 a) gescheit b) interessiert c) klug d) neugierig e) vorlaut
4 a) klein b) weit c) winzig d) breit e) endlos
5 a) trinken b) kosten c) fühlen d) probieren e) essen
6 a) Entwicklung b) Alter c) Rente d) Jugend e) Ruhestand
7 a) streicheln b) loben c) weinen d) klatschen e) lachen
8 a) stinkend b) ätzend c) gefährlich d) vernichtend e) beißend
9 a) Telegramm b) Zeitung c) Fernsehen d) Telefon e) Radio
10 a) Liebe b) Abneigung c) Vertrauen d) Antipathie e) Gefühl
11 a) Ironie b) Sympathie c) Mitleid d) Phantasie e) Antipathie
12 a) selbstsicher b) frech c) arrogant d) zögernd e) eingebildet
13 a) Vater b) Strafe c) Erziehung d) Lob e) Liebe
14 a) Mädchen b) Kind c) Frau d) Mann e) Geschlecht
15 a) Niederlage b) Gewinn c) Sieg d) Leistung e) Lob
16 a) Stress b) Angst c) Schock d) Horror e) Ohnmacht
17 a) Euphorie b) Stimmung c) Genuss d) Depression e) Schmerz

18 a) Symbol b) Semikolon c) Strich d) Zeichen e) Fahne
19 a) nie b) absolut c) manchmal d) desolat e) immer
20 a) sarkastisch b) idealistisch c) humanistisch d) zynisch e) phantastisch

6. Aufgabe
Satzergänzungen

Ihnen werden Sätze vorgelegt, bei denen jeweils ein Wort fehlt. Sechs Lösungsmöglichkeiten werden für jeden Satz vorgeschlagen. Welches Wort vervollständigt den Satz inhaltlich richtig?

1. Beispiel:

Ein Pferd hat am meisten Ähnlichkeit mit einem …
a) Hund b) Esel c) Ziege d) Ochsen e) Elefant f) Nashorn

Lösung: b) Esel

2. Beispiel:

Das Gegenteil von Verzweiflung ist …?
a) Hass b) Liebe c) Elend d) Hoffnung e) Trauer f) Schmerz

Lösung: d) Hoffnung

Es warten 10 Aufgaben von dieser Sorte auf Sie, für die Sie 3 Minuten Zeit haben.

1 Aus Mangel an … sind in New York immer höhere Hochhäuser entstanden.
a) Bauarbeitern b) Städteplanung c) Baugrund d) Sauerstoff e) Baumaterial f) Formempfinden

2 Beim Führen eines Kraftfahrzeuges benötigt man besonders …
a) Kraft b) Ausdauer c) Mut d) Rücksicht e) Geschicklichkeit f) Aufmerksamkeit

3 Das schnellste Verkehrsmittel ist immer noch der/die/das …
a) Auto b) Bus c) Eisenbahn d) Flugzeug e) Kutsche f) Motorrad

4 Propaganda ist eine besondere Art von …
a) Kunst b) Überzeugung c) Werbung d) Meinungsforschung e) Wissenschaft f) Rede

5 Der menschliche Körper benötigt zur Existenz am dringendsten die Zufuhr von …
a) Schlaf b) Bewegung c) Flüssigkeit d) Nahrung e) Kommunikation f) Zuwendung

6 Die Länge eines 5-Euro (€)-Scheines beträgt ca. … cm.
a) 10 b) 15 c) 12 d) 9,5 e) 16 f) 15,5 cm

7 Fett ist … als Wasser.
a) leichter b) wärmer c) schwerer d) sauberer e) kälter f) stärker

8 Für das Fernsehgerät ist von entscheidender Bedeutung …
a) der Abstellknopf b) die Transistoren c) die Bildröhre d) die Antenne e) der Lautstärkeregler f) das Fernbedienungsteil

9 In der Beziehung zu anderen Menschen sollte man vor allem … sein.
a) misstrauisch b) ängstlich c) zurückhaltend d) vergnügt e) gewandt f) aufgeschlossen

10 Es erfordert viel …, wenn man tiefe Töne erzeugen will.
a) Konzentration b) Einbildungsvermögen c) Geschick d) Schwung e) Kraft f) Musikalität

7. Aufgabe
Wortähnlichkeiten

In einer Gruppe von fünf vorgegebenen Wörtern sind vier in einer gewissen Weise ähnlich. Aufgabe ist es, das fünfte Wort zu finden, das sich von den anderen deutlich unterscheidet.

1. Beispiel:

a) laufen b) hocken c) sitzen d) knien e) liegen

Lösung: a) laufen, bei allen anderen Wörtern handelt es sich um ruhende Positionen.

2. Beispiel:

a) Hocker b) Tisch c) Schrank d) Sessel e) Waschmaschine

Lösung: e) Waschmaschine unterscheidet sich als technisches Gerät deutlich von den anderen Begriffen.

Ein möglicher Problemlösungsweg besteht bei dieser Aufgabe darin, ähnlich wie bei der Aufgabe »Gemeinsamkeiten finden« (s. S. 150) zu versuchen, einen gemeinsamen Oberbegriff für vier von den fünf gegebenen Wörtern zu finden, also ein Merkmal, eine Eigenschaft, die sie verbindet. Das fünfte Wort, das nicht dazu passt, ist dann durchzustreichen.

Sie bekommen zehn Aufgaben von dieser Sorte, für die Sie 3 Minuten Zeit haben.

1 a) Handwerker b) Arbeitsloser c) Angestellter d) Manager e) Lehrling

2 a) morgen b) sofort c) demnächst d) bald e) zukünftig

3 a) traurig b) freudig c) ärgerlich d) sicher e) verstimmt

4 a) Sauerstoff b) Stickstoff c) Gas d) Molekül e) Luft

5 a) Trompete b) Klarinette c) Klavier d) Saxophon e) Posaune

6 a) Leinen b) Hanf c) Nylon d) Baumwolle e) Seide

7 a) Riegel b) Türschloss c) Schraubendreher d) Reißverschluss e) Korkenzieher

8 a) Hinweisschild b) Uhr c) Kompass d) Kurs e) Polarstern

9 a) entdecken b) erfinden c) aufspüren d) reproduzieren e) antreffen

10 a) Flugzeug b) Wendeltreppe c) Fahrstuhl d) Fallschirm e) Leiter

8. Aufgabe
Wortschatz

In einem anderen Test geht es um die Bedeutung verschiedener Begriffe. Angefangen wird mit der Frage nach der Bedeutung von ganz einfachen Dingen wie »Birne«, aber was ist ein »Geschäftsführer«, ein »Rubin« – teilweise ein Fremdwörterkenntnistest, bei dem die Antworten nach einem bestimmten Punktsystem bewertet werden.

Lösungen und Punkte:

Birne:	2 Punkte: Obst, Frucht, Kernfrucht, Frucht zum Essen 1 Punkt: Nahrung, essbar, was zum Essen 0 Punkte: rund, gelb
Geschäftsführer:	2 Punkte: Firmenvorsteher, Leiter einer Firma, leitender Angestellter, Chef 1 Punkt: Angestellter 0 Punkte: Beruf
Rubin:	2 Punkte: Edelstein, Halbedelstein 1 Punkt: Schmuckstück 0 Punkte: Diamant, Perle

Bitte schreiben Sie zu den folgenden Wörtern kurz die Bedeutung auf (Zeit: 5 Min.):

Klient, Mandant, Patient, Formalismus, Parlament, Mikroskop, Lexikon, Synonym. (Lösungen bitte in einem Lexikon nachschlagen.)

Zusammenfassende Bemerkungen

Die Überprüfung des Wort- und Sprachverständnisses kommt in fast allen Intelligenz- und Eignungstests (= Einstellungstests) vor. Selbst wenn es sich um einen ausgesprochen technischen Beruf (z. B. Fernmeldetechniker) handelt, kann das Wort- und Sprachverständnis geprüft werden. Viele der hier vorgestellten Aufgabentypen kann man dadurch üben, dass man sich selbst neue Aufgaben ausdenkt, um sich so leichter in die Art der geforderten Problemlösungen einarbeiten zu können.

b) Rechtschreibung

Neben der Überprüfung der Rechenkenntnisse kommt den Rechtschreibungskenntnissen in Einstellungstests besondere Bedeutung zu. Folgende Testformen können unterschieden werden:

1. Überprüfung der Rechtschreibleistung als Untertest in einem sog. wissenschaftlichen Test (Beispiele dafür: die Aufgaben 9, 10 und 12 in dicscm Abschnitt);
2. Überprüfung durch einen in sich abgeschlossenen Rechtschreibtest (Beispiel für die Art der Aufgabenstellung: 11. Aufgabe);
3. »wissenschaftliches« oder selbst gestricktes Lückendiktat;
4. meist selbst gestricktes Diktat (wie Sie es ganz ähnlich aus der Schule kennen).

Beim Lückendiktat legt Ihnen der Testleiter einen Text vor und diktiert Ihnen Wörter, die in diesem Text fehlen und die Sie einzusetzen haben. Diese Aufgabe ist mit der Erstellung einer Liste von schwierigen Wörtern zu vergleichen.
Bei selbst gestrickten Diktaten wird häufig ein Abschnitt aus einer »anspruchsvolleren« Zeitung oder Zeitschrift diktiert (z. B. FOCUS oder DER SPIEGEL). Eine gute Möglichkeit, sich auf ein derartiges Diktat vorzubereiten, besteht darin, jemand zu bitten, Ihnen einmal ein Stück aus einer der beiden genannten Zeitschriften zu diktieren.
Eine repräsentative Befragung von Ausbildern aus allen Wirtschaftszweigen ergab, dass die Anforderungen der Ausbilder an die Rechtschreibleistungen noch höher sind als an die Rechenfähigkeit. Von einzelnen Wirtschaftszweigen kommen die höchsten Anforderungen von Ausbildern aus dem kaufmännischen Bereich. Innerhalb dieses Ausbildungsbereiches sind es vor allem Banken, Versicherungen und Handel, die besonders gute Rechtschreibleistungen verlangen. Dagegen sind die Rechtschreibanforderungen im Bereich des Handwerks etwas geringer.
Wer Schwierigkeiten bei der Rechtschreibung hat, kann das sicherlich nicht in zwei Tagen beheben. Natürlich gilt auch hier: Übung macht den Meister, aber Versäumtes oder deutliche Schwächen auf diesem Gebiet bis hin zur Legasthenie (ausgeprägte Lese- und Rechtschreibschwäche) sind nicht so einfach auszubügeln. Trotzdem: Wir haben in diesem Abschnitt und im Anhang die wichtigsten Anforderungen zum Thema Rechtschreibung zusammengestellt.

9. Aufgabe
Schreibfehler

Hier sollen Ihre Rechtschreibkenntnisse überprüft werden. Zunächst einmal müssen Sie aber erkennen, um welches Wort es sich handelt. Aufgabe ist es, aus zehn Wörtern, die in der Einzahl gedruckt sind, den jeweiligen Druckfehler herauszustreichen. Nur ein Buchstabe ist falsch und entsprechend anzustreichen. Kommt man an ein Wort, das einem unbekannt ist, so empfiehlt die Original-Testanweisung, gleich zum nächsten Wort überzugehen und nicht zu versuchen, die Lösung durch Raten zu finden. In der Regel handelt es sich bei diesem Test um sehr schwere und ausgefallene Fremdwörter. Wir haben im Anhang ein Rechtschreib- und Fremdwörterkompendium zu Ihrer Unterstützung zusammengestellt.

Beispiele:

Lacks
Pälle

Im Wort »Lacks« ist das k durchgestrichen, denn das Wort lautet richtig: »Lachs«. Beim Wort »Pälle« ist das ä durchgestrichen, denn das Wort lautet richtig: »Pelle«.

Für die folgenden zehn Aufgaben haben Sie ½ Min. Zeit zur Verfügung.

1 Pulwer
2 Konflict
3 Taifon
4 Puplikum
5 Mobs
6 Sprid
7 Duedt
8 Skitze
9 Incest
10 Sekreter

10. Aufgabe
Rechtschreibung korrigieren

In Listen von vorgegebenen Wörtern soll herausgefunden werden, welche Wörter richtig und welche falsch geschrieben wurden. Richtig geschriebene Wörter sind mit einem r zu versehen, falsch geschriebene Wörter sind auf der freien Zeile neben dem Wort noch einmal richtig zu schreiben. Ist Ihnen ein Wort unbekannt, so empfiehlt es sich hier, nicht zu raten, sondern neben das Wort ein ? zu setzen. Für zehn Aufgaben haben Sie ½ Min. Zeit.

Beispiele:

Girlander ___r___________________
Glantz ___________Glanz___________

1 Joghurt ____________________
2 Dezimalwaage ____________________
3 Gallerie ____________________
4 Schwärfälligkeit ____________________
5 Tolleranz ____________________
6 unwiederstehlich ____________________
7 Systhem ____________________
8 schick und schön ____________________
9 Schahrm und Anmuth ____________________
10 tot und teufel ____________________

11. Aufgabe
Rechtschreibverwirrung

Die folgenden Testaufgaben gehören zu den unschönsten und unfairsten Aufgabenformen, die der Testmarkt zu bieten hat. Wenn Sie bei einem normalen Text die Rechtschreibung vielleicht instinktiv richtig machen, so kann Sie hier schon die Verzweiflung packen: Unter vier verschiedenen Schreibweisen müssen Sie die einzig richtige herausfinden. Diese Häufung der falschen Schreibweisen sorgt für eine Totalverwirrung.

Beispiel: Welche der folgenden Schreibweisen ist richtig?

a) das rumstehen vor der Haustür ist Verboten
b) das Rumstehen vor der Haustür ist verboten

c) das rumstehen vor der Haustür ist verboten
d) das Rumstehen vor der Haustür ist Verboten

Lösung: b

Bei den folgenden Übungsaufgaben haben wir uns auf die Groß- und Kleinschreibung konzentriert, das Gebiet der Rechtschreibung, bei dem in der Regel die meisten Fehler gemacht werden. Wir empfehlen, sich die Rechtschreibregeln – insbesondere Groß- und Kleinschreibung – noch einmal anzusehen (z. B. im DUDEN, Bd. 1, Die deutsche Rechtschreibung. Die neuen Regeln). Im Anhang (siehe S. 332) haben wir als weiteres empfehlenswertes Rechtschreibtraining Wörter und Fremdwörter zusammengestellt, die in Rechtschreibtests geprüft werden können.

Für die folgenden 23 Übungsaufgaben haben Sie 15 Min. Zeit.

1 a) das geschieht ihr alles recht, sprach der Knecht
b) das geschieht ihr Alles Recht, sprach der Knecht
c) das geschieht ihr alles Recht, sprach der Knecht
d) das geschieht ihr Alles recht, sprach der Knecht

2 a) sie schwitzten drei Tagelang vor Hitze
b) sie schwitzten drei Tage lang vor Hitze
c) sie schwitzten drei tagelang vor Hitze
d) sie schwitzten drei tage lang vor Hitze

3 a) Rotkäppchen lief im dunkel des Waldes
b) Rotkäppchen lief im Dunkel des waldes
c) Rotkäppchen lief im Dunkel des Waldes
d) Rotkäppchen lief imdunkel des Waldes

4 a) vier bis fünf mal
b) vier- bis fünf mal
c) vier- bis fünfmal
d) vier bis fünf Mal

5 a) er hat mich nur ein paar male gesehen
b) er hat mich nur ein Paar Male gesehen
c) er hat mich nur ein paar Male gesehen
d) er hat mich nur ein Paar male gesehen

6 a) er tut es von herzen Gern
b) er tut es von Herzen gern
c) er tut es von Herzen Gern
d) er tut es von herzen gern

7 a) man kann vom Kleineren auf das größere schließen
b) man kann vom kleineren auf das größere schließen
c) man kann vom kleineren auf das Größere schließen
d) man kann vom Kleineren auf das Größere schließen

8 a) sie servierte Frankfurter Würstchen und Westfälischen Schinken
b) sie servierte frankfurter Würstchen und westfälischen Schinken
c) sie servierte Frankfurter Würstchen und westfälischen Schinken
d) sie servierte frankfurter Würstchen und Westfälischen Schinken

9 a) schlag zwölf Uhr geht der Zug
b) Schlag zwölf Uhr geht der Zug
c) schlag Zwölf Uhr geht der Zug
d) Schlag Zwölf Uhr geht der Zug

10 a) des morgens kommt der Verkehr zum Erliegen
b) des Morgens kommt der Verkehr zum erliegen
c) des Morgens kommt der Verkehr zum Erliegen
d) des morgens kommt der Verkehr zum erliegen

11 a) meines Wissens gibt es nichts Neues
b) meines wissens gibt es nichts Neues
c) meines Wissens gibt es nichts neues
d) meines wissens gibt es nichts neues

12 a) das Abkommen wurde für Null und Nichtig erklärt
b) das Abkommen wurde für null und nichtig erklärt
c) das Abkommen wurde für Null und nichtig erklärt
d) das Abkommen wurde für null und Nichtig erklärt

13 a) durch dick und dünn
b) durch Dick und Dünn
c) durch dick und Dünn
d) durch Dick und dünn

14 a) er kann gut Rad fahren
b) er kann gut rad fahren
c) er kann gut radfahren
d) er kann gut Radfahren

15 a) dortzulande ist heutzutage alles anders
b) Dortzulande ist Heutzutage alles anders
c) dortzulande ist Heutzutage alles anders
d) dort zu Lande ist heutzutage alles anders

16 a) das drum und dran
b) das Drum und Dran
c) das Drum und dran
d) das drum und Dran

17 a) es war Nichts von Nöten
b) es war nichts von nöten
c) es war nichts vonnöten
d) es war nichts Vonnöten

18 a) mir ist Angst und bange und er hat auch Angst
b) mir ist angst und bange und er hat auch Angst
c) mir ist angst und bange und er hat auch angst
d) mir ist Angst und Bange und er hat auch Angst

19 a) sie kam heute morgen
b) sie kam Heute morgen
c) sie kam heute Morgen
d) sie kam Heute Morgen

20 a) ein Einzelnes Paar Würstchen ist übrig geblieben
b) ein einzelnes Paar Würstchen ist übrig geblieben
c) ein einzelnes paar Würstchen ist übrig geblieben
d) ein Einzelnes paar Würstchen ist übrig geblieben

21 a) die Wirtschaft bleibt am Montag und Dienstags geschlossen
b) die Wirtschaft bleibt am montag und dienstags geschlossen
c) die Wirtschaft bleibt am Montag und dienstags geschlossen
d) die Wirtschaft bleibt am montag und Dienstags geschlossen

22 a) es freuten sich Arm und Reich, Groß und Klein, Junge und Alte
b) es freuten sich arm und reich, groß und klein, Junge und Alte
c) es freuten sich Arm und Reich, groß und klein, junge und alte
d) es freuten sich arm und reich, groß und klein, junge und alte

23 a) alles Gute und viel glück
b) alles Gute und viel Glück
c) alles gute und viel glück
d) alles gute und viel Glück

12. Aufgabe
Zeichensetzung

Bei dieser Aufgabe werden Ihnen Sätze vorgelegt, und Sie sollen entscheiden, an welchen Stellen des Textes ein Komma zu setzen ist. Die möglichen Stellen für Kommata sind durch Klammern angegeben. Wenn Ihrer Meinung nach kein Komma angebracht ist, setzen Sie bitte deutlich eine Null in die Klammer.

1. Beispiel:

Ich denke (□) dass das Wochenende (□) mit dir sehr schön sein wird.

Lösung: Ich denke (,) dass das Wochenende (0) mit dir sehr schön sein wird.

Für die folgenden zehn Beispielaufgaben haben Sie 2 Min. Zeit.

Für eine schnelle Antwort (□) wäre ich Ihnen sehr dankbar.

Aus diesem Grund sind Pinguine gute Testobjekte für das Studium von Ausmaß (□) Dauer und Bedingungen der Kältegewöhnung.

Das Unternehmen kann (□) was es an Gewinn erwirtschaftet (□) nicht alleine behalten.

Vonseiten der Regierung (□) hielt sich niemand (□) nicht einmal der (□) Pressesprecher (□) dafür zuständig (□) uns eine konkrete Prognose (□) mitzuteilen.

So ist es bei Vertragsabschluss am besten (□) alle Nebenabsprachen schriftlich niederzulegen.

Im Zusammenhang mit der steigenden Arbeitslosenzahl (□) nehmen die Auseinandersetzungen mit ausländischen Mitarbeitern (□) vor allem innerhalb der Großunternehmen (□) beträchtlich zu.

Wir gehen davon aus (□) nun unsererseits (□) alles getan zu haben (□) um Ihre Zustimmung zu erhalten.

Sicherlich ist es nicht leicht (☐) und vielleicht sogar gefährlich (☐) eine Vorhersage auf diesem Gebiet zu wagen (☐) dennoch halten wir eine Prognose für erforderlich.

Eine abschließende Bewertung der hier vorgestellten Verfahren (☐) ist auf den letzten Seiten zu finden.

Es wurde immer heißer (☐) und die Sonne (☐) die nicht anders konnte (☐) wollte nicht aufhören zu scheinen.

Er dachte nach (☐) und dachte nach.

Sie bestiegen die Kutsche (☐) und fuhren nach Hause.

c) Schriftliche Ausdrucksfähigkeit (Aufsatz)

Besonders bei Bewerbungen um einen Ausbildungsplatz im öffentlichen Dienst und im kaufmännischen Bereich wird bei Einstellungstests die zusätzliche Aufgabe gestellt, einen Aufsatz oder einen Kurzaufsatz zu schreiben. Meistens kann zwischen drei und mehr Themen gewählt werden. Die für den Aufsatz zur Verfügung stehende Zeit ist unterschiedlich: Am häufigsten sind Bearbeitungszeiten zwischen zehn Minuten (bei Kurzaufsätzen) und einer Stunde, seltener zwei Stunden und länger. Teilweise wird der Seitenumfang festgelegt (z. B. zwei DIN-A4-Seiten).
Ein Kurzaufsatz kann mitten in einem selbst gestrickten Einstellungstest vorkommen, sodass man dann beispielsweise von Fragen zum Allgemeinwissen ganz schnell auf das Thema »Meine Pläne für die Zukunft« umschalten muss. Besonders von größeren Firmen kann die Aufgabe gestellt werden, noch vor dem Einstellungstest einen Hausaufsatz anzufertigen.

Themen

Die Aufsatzthemen kommen aus zwei großen Bereichen:

A. Themen zu Politik/Umwelt/Wirtschaft/Zeitgeschehen

B. Themen zum persönlichen Bereich

Nachfolgend als Beispiele Aufsatzthemen aus beiden Themengruppen, die von verschiedenen Betrieben und Behörden eingesetzt wurden (geringfügige Wortlautabweichungen sind möglich):

A. Themen zu Politik/Umwelt/Wirtschaft/Zeitgeschehen

Außen- und Innenpolitik

- Wie kann man den Frieden sichern?
- Die Auseinandersetzungen auf dem Balkan
- Israel und die Palästinenser
- Warum und wozu Entwicklungshilfe?
- Kann der Tourismus zur Völkerverständigung beitragen?
- Deutschland – ein Einwanderungsland?
- Das Grundrecht auf Asyl
- Warum ist der moderne Staat auch ohne Parteien denkbar?
- Bürgerinitiativen – pro und kontra
- Was täte ich, wenn ich Bundeskanzler wäre?

Umwelt/Umweltschutz/Technik

- Du und die Umwelt
- Umweltschutz
- Nutzen die der Industrie gemachten Auflagen dem Umweltschutz?
- Technischer Fortschritt um jeden Preis?
- Technik und ihre Auswirkung auf Mensch und Gesellschaft
- Computer und ihre Auswirkungen auf den Arbeitsplatz
- Atomenergie – pro und kontra
- Moderne Energieversorgung
- Waldsterben – Ursache und Wirkung
- Tierversuche – pro und kontra
- Das Fahrrad – Sportgerät oder Verkehrsmittel?
- Weltraumforschung – sinnvolle oder unnütze Geldausgabe?
- Tempolimit oder »freie Fahrt für freie Bürger«?

Medien

- Die neuen Medien
- Die Bedeutung des Internets
- Video – eine Kommunikationsmöglichkeit oder Unterhaltung?

Wirtschaft/Verkehr
- Die wirtschaftliche Bedeutung Deutschlands
- Die wirtschaftliche Lage in Deutschland
- Die wirtschaftliche Bedeutung Ihrer Heimatstadt
- Luftverschmutzung: Ursachen und Folgen
- Wie kann man die Arbeitslosigkeit bekämpfen?
- Arbeitszeitflexibilisierung – pro und kontra
- Chancen und Risiken des E-commerce
- Nulltarif bei öffentlichen Verkehrsmitteln?
- Weitere Privatisierung von staatlichen Betrieben?

Problemfragen an junge Leute
- Jugendarbeitslosigkeit – Ergebnis unseres Ausbildungssystems?
- Was würde ich am Schulsystem verändern?
- Sollte man die Benotung in der Schule abschaffen?
- Disziplin in der Schule – ja oder nein?
- Jung und Alt
- Probleme der Jugend
- Drogen- bzw. Alkoholmissbrauch

Sport
- Sport macht Spaß
- Das Dopingproblem im Sport

Justiz
- Todesstrafe – pro und kontra

Verschiedenes
- Meine Heimatstadt
- Die Straße
- Der zoologische Garten
- Der Apfel
- Blick aus dem Fenster

B. Themen zum persönlichen Bereich

Berufswahl und Beruf
- Warum ich … (z. B. Porzellanmalerin) werden will

- Welche Überlegungen waren für meine Berufswahl ausschlaggebend?
- Der Beruf der/des ... (z. B. Programmierers)
- Was erwarte ich von meinem zukünftigen Beruf?

Zukunft
- Wie stelle ich mir meine Zukunft vor?
- Meine Pläne für die Zukunft

Familie
- Wie stelle ich mir eine ideale Familie vor?
- Ein Wochenende mit der Familie
- Wie stelle ich mir eine Familienfeier vor?

Freizeit/Urlaub
- Mein Hobby
- Mein schönstes Ferienerlebnis

Finanzen
- Sechs Richtige im Lotto – was dann?
- Ein Haushaltsplan für die Familie (für ein Jahr)

Verschiedenes
- Ein besonderes Erlebnis
- Ein bedeutender Mensch

Hinweis: Vielleicht gibt es ein neues Thema, das Ihnen gestellt wurde. Wir würden uns freuen, wenn Sie uns dies mitteilen. Schreiben Sie uns (Anschrift auf S. 4).

Zur Problematik von Aufsätzen – und: Wie wird beurteilt?

Die schweren Einwände, die gegen die Verwendung von politischen und persönlichen Aufsatzthemen wegen der Gefahr des unzulässigen Eingriffs in Grund- und Persönlichkeitsrechte und des häufig fehlenden Bezugs zum Ausbildungsplatz geltend gemacht werden müssen, ändern nichts an der Tatsache, dass Sie als Bewerber zur Zeit noch häufig mit Aufsätzen fertig werden müssen. Die Situation beim Aufsatz im Einstellungstest ist auch deshalb besonders schwierig, da Ihnen über die Beurteilungsgrundsätze in der Regel keiner-

lei Informationen vorliegen, im Gegensatz zum Aufsatz in der Schule, wo der Stoff häufig vorher durchgenommen wurde und Sie meist von Ihrem Deutschlehrer wussten, was er von Ihnen erwartet. Die Verteiler und Auswerter von Aufsätzen in Einstellungstests sind in der Regel keine Aufsatzexperten, ebenso wenig wie sie Testexperten sind. So muss man sich bei Aufsätzen auf eine Vielzahl von möglichen Beurteilungsbereichen einstellen. Dazu zählt – wie unter Hinweis auf die juristischen Einwände noch einmal ausdrücklich betont sei – unzulässigerweise eine Bewertung Ihrer durch Themenwahl, Aufsatzform und -inhalt angeblich sichtbar werdenden »persönlichen Eigenart«, Ihrer »Umwelteinstellungen, Lebenseinstellungen«[35] und möglicherweise Ihrer politischen Meinung. Daran sollten Sie beim Abfassen eines Aufsatzes denken und versuchen, die Situation mit Hilfe unserer ausführlichen Tipps zum Aufsatz vorzubereiten und so gut wie möglich zu überstehen.
Neben den genannten unzulässigen politischen und persönlichen Bewertungen kann der Auswerter folgende Gesichtspunkte bei der Beurteilung Ihres Aufsatzes berücksichtigen:

inhaltlich-gedanklich:
- Erfüllung und Erfassung des Themas
- Umfang des Sachwissens, der angeführten Gesichtspunkte
- falls beim Thema erforderlich: Erkennen und Erörtern des Für und Wider
- logischer Aufbau der Gliederung
- angemessene Abrundung des Aufsatzes durch Einleitung und Schluss
- begründete und logische Argumentation

sprachlich-stilistisch:
- Klarheit
- Anschaulichkeit
- Ausdrucksvermögen

formal:
- äußere Form
  - Rechtschreibung
  - Zeichensetzung
  - Schrift
  - »Sauberkeit und Ordnung« (nicht zu schmaler Rand, keine Flecken, Eselsohren usw.)

Arbeitstechnik in der Testsituation »Aufsatz«

Der Aufsatz als Abfolge von Arbeitsschritten

Beim Aufsatz ist zu empfehlen, planmäßig nach folgenden Arbeitsschritten vorzugehen:

1. Hinweise vom Testleiter beachten
2. Zeitplan erstellen
3. Themawahl
4. Erschließung des Themas/Materialsammlung
5. Ordnung/Gliederung des Materials
6. (Nur wenn ausreichend Zeit:) Entwurf
7. Reinschrift
8. Durchsicht

1. Hinweise vom Testleiter beachten

Achten Sie auf Bearbeitungshinweise des Testleiters oder der schriftlichen Aufsatzanweisung zu:

- Bearbeitungszeit
- vorgeschriebenem/erwartetem/freiem Umfang
- eventuellen Richtlinien zu Inhalt/Gliederung/Entwurf/Reinschrift

Fragen Sie, wenn Ihnen etwas unklar ist!

2. Zeitplan erstellen

Stellen Sie einen Zeitplan für die einzelnen Arbeitsschritte auf. Greifen Sie dabei wenn möglich auf persönliche Erfahrungswerte von Probe- oder Schulaufsätzen zurück (in der Regel im Vergleich zur Schule kürzere Arbeitszeiten bei Einstellungsaufsätzen beachten!)

Vorschlag für die Zeiteinteilung bei einem *einstündigen Aufsatz* (bei dem die Zeit für einen Entwurf wahrscheinlich nicht reicht):

Zeitplan	1 Min.
Themenwahl	3 Min.
Erschließung des Themas/ Materialsammlung	9 Min.
Ordnung/Gliederung	10 Min.
Reinschrift	34 Min.
Durchsicht	3 Min.

Achten Sie beim Arbeiten auf Ihre Zeiteinteilung (am besten Uhr auf den Tisch legen).

3.
Themawahl

- *Wählen* Sie das Thema, zu dem Sie das beste Sachwissen, die meisten Informationen und Gedanken haben.
- Falls angeboten und Sie gut darauf vorbereitet sind: Wählen Sie das Thema zum Bereich »Berufswahl und Beruf«.
- *Vermeiden* Sie Themen,
  - die Sie zwar interessieren, zu denen Sie aber nicht genug Informationen haben,
  - die Ihnen irgendwie unsachlich oder »faul« vorkommen (z. B. »Warum ist der moderne Staat auch ohne Parteien denkbar?«)
- Wenn Sie sich gar nicht entscheiden können: Wählen Sie das Thema, das übrig bleibt, nachdem Sie zunächst alle anderen, »noch schlimmeren« Themen aussortiert haben.
- Halten Sie sich trotz gründlicher Überlegung nicht zu lange bei der Themenwahl auf. Zu langes Nachdenken über Gefahren der Gesinnungsschnüffelei und »Durchleuchtungsmöglichkeiten« bei einzelnen Themen bringen nichts, man muss da irgendwie durch (zu inhaltlichen Tipps siehe unten).

4.
Erschließung des Themas/ Materialsammlung

- *Orientierender Blick auf das Thema: Was verlangt es von mir?*
- EINE MEHR BERICHTENDE FORM:
- einen *Bericht* aus meinem persönlichen Bereich oder aus meiner Umwelt, z. B.: »Ein besonderes Erlebnis«, »Die Straße«
- eine *erläuternde Darlegung* aus meinem persönlichen Bereich, z. B.: »Was erwarte ich von meinem zukünftigen Beruf?«

- EINEN PROBLEMAUFSATZ
  (Erörterung, »Besinnungsaufsatz«, gedankliche Auseinandersetzung mit einem Problem):
  - die *Erörterung eines Problems*
    z. B. »Drogen- und Alkoholmissbrauch«
    »Israel und die Palästinenser«
  - die *Erörterung und Beantwortung einer direkten Problemfrage*
    z. B. »Wie kann man den Frieden sichern?«
  - die *Erörterung und Beantwortung/Entscheidung einer Problemfrage mit gegensätzlichen Möglichkeiten*
    (deutlich oder versteckt:
    Für und Wider/Vorteil–Nachteil/Nutzen–Schaden)
    z. B.: »Tierversuche – pro und kontra«
    »Das Dopingproblem im Sport«

- *Stichworte zum Thema aufschreiben*
  Notieren Sie zunächst ungeordnet (und untereinander) alles, was Ihnen zu dem Thema einfällt (Ideen, Argumente, Beispiele usw.). Zu dieser *Materialsammlung* können Fragen beitragen:
  - welchen *Kernbegriff* enthält das Thema? (Unterstreichen!
    z. B. »Berufswahl«/»Technik«/»Umweltschutz«)
  - kommen *weitere Begriffe* im Thema vor?
  - welche *weiteren Begriffe* und Stichwörter fallen mir zum Thema ein?
    das können sein:
    - vergleichbare, ähnliche Begriffe
    - gegensätzliche Begriffe
    - Ober- und Unterbegriffe zum Kernbegriff

- *W-Fragen zum Kernbegriff des Themas*
  Was heißt …? (z. B. »Berufswahl«/»Umweltschutz«)
  Was ist …?
  Was bedeutet …?
  Wer ist mit … befasst?
  Welche Arten von … gibt es?
  Wann geschieht …?
  Wo geschieht …?
  Warum …?
  Welche Ursache(n) hat …?
  Welchen Zweck hat …?
  Welche Folgen hat …?
  Welche Wirkungen hat …?
  Welche Vorteile/Nachteile/Gefahren hat …?
  Wem nützt/schadet …?
  Wozu wird … benützt?
  Was bedeutet … – für den Einzelnen?
  – für mich?
  – für die Gesellschaft
  Wie lässt sich … beurteilen?
  Wie beurteile ich …?
  Was spricht für/gegen …?
  (Nicht alle Fragen sind zu jedem Thema ergiebig oder notwendig.)
- *Gesprächssituation vorstellen*
  Stellen Sie sich bei der Materialsammlung für Problemaufsätze eine *Gesprächssituation* vor, in der das Thema diskutiert wird: Was würden Ihr Vater/Ihre Mutter/Großeltern/ein Lehrer/Geschwister/Freunde/Freundinnen zu dem Thema sagen?

5. Ordnung/Gliederung des Materials

Als Nächstes sollten Sie Ihre *Stichworte ordnen* (durch Unterstreichungen, Ziffern usw.)
- nach Zusammengehörigkeit
- nach Zuordnungsmöglichkeit zu Oberbegriffen/Hauptpunkten
- nach Einordnungsmöglichkeit in die *Gliederungsabschnitte*

- Einleitung
- Hauptteil
- Schluss

Bei Problemaufsätzen, bei denen ein *Für und Wider* zu erörtern ist, kann der Hauptteil so untergliedert werden:

1. Argumente für eine Behauptung (These)
2. Argumente gegen eine Behauptung – Widerlegung der These (Antithese)
3. wenn möglich: Lösung, Entscheidung (Synthese): überwiegen die in 1. oder in 2. genannten Gesichtspunkte, oder gilt ein »so wohl als auch«?

6. Entwurf — Ob Sie einen Entwurf schreiben, hängt von den Testbedingungen (Zeit, Richtlinien) und Ihren Aufsatzerfahrungen ab.

7. Reinschrift — Orientieren Sie sich bei der Reinschrift an Ihrer Materialsammlung und Gliederung. Achten Sie auch auf die äußere Form (Absätze, leserliche Handschrift usw.).

8. Durchsicht — Verbessern Sie Rechtschreibfehler, Wortwiederholungen usw.

Tipps für Aufsätze

Bereiten Sie sich auf Aufsatzthemen vor.

Information über Testpraxis — Versuchen Sie von Mitschülern oder Bekannten, die sich vielleicht schon bei der gleichen Firma/Institution beworben haben, zu erfahren, ob überhaupt Aufsätze geschrieben werden und was für *Themen* bisher drangekommen sind.

Nutzen der Vorbereitung für andere Testsituationen — Auch wenn Sie das nicht herausfinden, schlagen Sie mit der Vorbereitung zu Themen aus den Bereichen *Politik/Zeitgeschehen* und *Berufswahl* zwei Fliegen mit einer Klappe, da diese Inhalte für das Vorstellungsgespräch, eine Gruppendiskussion oder einen Kurzvortrag wichtig sein können.

Information Politik/ Zeitgeschehen

Beginnen Sie mindestens ein halbes Jahr vor der Bewerbungssituation, sich gut über das *aktuelle Zeitgeschehen* zu informieren. Sie sollten unterschiedliche Argumente zu den verschiedenen Themen kennen, damit Sie in der Aufsatzsituation beweisen können, dass Sie informiert sind und problembewusst denken können (aber auch nicht zu sehr, denn zu selbständige und kritische Bewerber werden auch nicht unbedingt gerne genommen). Regelmäßige Zeitungslektüre (auch mal FOCUS und den SPIEGEL) und/oder entsprechende Fernsehprogramme sind dringend zu empfehlen. Wer nicht regelmäßig dazu kommt, Nachrichtensendungen in der ARD und/oder im ZDF zu sehen, sollte auf die jeweils sonntags gesendeten Wochenzusammenfassungen zurückgreifen.

Ergänzung durch aktuelle Themen

Ergänzen Sie die von uns aufgeführten Themen aus dem Bereich Politik/Umwelt/Wirtschaft/Zeitgeschehen durch *aktuelle Themen*, die sich nach der Drucklegung dieses Buches ergeben haben.

Information Beruf Berufswahl begründen

Informieren Sie sich gut über *Aufgaben und Anforderungen des Berufes*, für den Sie sich bewerben, werden Sie sich klar über die Frage, *warum Sie sich für diesen Beruf bewerben* (siehe auch Vorstellungsgespräch, S. 310).

Probeaufsatz schreiben Deutschlehrer um Rat bitten

Schreiben Sie unter Testbedingungen (ca. eine Stunde Zeit, keine weiteren Hilfsmittel) einen Probeaufsatz zu einem der von uns aufgeführten Themen. Bitten Sie einen Deutschlehrer, den Aufsatz durchzusehen.

Themen diskutieren	*Diskutieren* Sie die von uns aufgeführten oder neue Themen mit Freunden/Freundinnen und/oder Ihrer Familie, das übt.
Materialsammlung anlegen	Vielleicht sollten Sie sich zu den verschiedenen Themen eine Materialsammlung (Zeitungsausschnitte, eigene Notizen usw.) anlegen, die Sie dann kurz vor dem Prüfungstermin noch einmal durchlesen können.

Noch ein paar Anmerkungen zu Gefahren bei einzelnen Themen:

Wer beim Thema »Computer und ihre Auswirkungen auf den Arbeitsplatz« überdeutlich schreibt, dass Computer evtl. Arbeitsplätze gefährden und Bildschirme die Augen schädigen, könnte sich leicht in den Verdacht bringen, ein zu kritischer Arbeitnehmer zu werden. Die »Anpassung« wird in jedem Fall mitbewertet. Es wird auch hier günstig sein, verschiedene Standpunkte darzulegen, gewünscht ist Ausgewogenheit, »wer A sagt, muss auch B sagen«, »die Wahrheit liegt in der Mitte«, »alles hat seine Vor- und Nachteile«, diese alten Sprüche sind in der Aufsatzsituation durchaus nicht von Nachteil. Andererseits gilt: Wer zu lau oder zu eindeutig sozial erwünscht schreibt (nach dem Munde geredet, überangepasst), kann als Lügner erscheinen und wird unglaubwürdig (Beispiel: überstarke Argumentation in Richtung »Mehr Computer – Rationalisierung – Einsparung von Arbeitskräften«).
Achtung: Nicht jedes Thema ist gleich als politisches Thema zu erkennen, so z. B. das Thema »Das Fahrrad – Sportgerät oder Verkehrsmittel?«. Hier werden erst auf den zweiten Blick die möglichen politischen Akzente deutlich: Thematisierung in Richtung Umweltschutz (»Grüne Radler«/»Alle aufs Fahrrad – Autos weg«/Waldsterben/Klimaveränderung) – gegenüber der arbeitgeberfreundlichen Argumentation für die Funktionstüchtigkeit einer hoch industrialisierten Volkswirtschaft, bei der Millionen von Arbeitsplätzen von der Automobilproduktion abhängig sind, bis hin zum extremen Schlagertext »Ich geb Gas, ich will Spaß, ich will Spaß!« – die individuelle Lust am Autofahren.
Bei Themen aus dem persönlichen Bereich besteht die Gefahr, unerwünschte Einblicke zu geben, sich und seine Familie bloßzustellen, den sozialen Anforderungen und Wertvorstellungen des zukünftigen Arbeitgebers nicht zu entsprechen.

Wer bei dem Aufsatzthema »Sechs Richtige im Lotto – was dann?« seinen Schwerpunkt auf die Schilderung einer ausschweifenden Feier legt und/oder die Abrechnung mit dem ehemaligen Chef in den Mittelpunkt stellt (nach dem Motto: »Jetzt haben wir Geld, jetzt kann uns keiner!«), hält ebenso wenig das erwünschte ausgewogene Mittelmaß ein wie jemand, der nur über die angemessene Geldanlage schreibt. In Berlin schrieb mal ein Bewerber zu dem Lottogewinn-Thema den richtigen, seine Bewerbungschancen aber wohl kaum fördernden Satz: »Dann säße ich nicht hier!«
Bei Themen, die das persönliche Familienleben betreffen, sei es im Urlaub, am Wochenende oder bei Festen, dürfte es inhaltlich erwünscht sein, Aspekte des gemeinsamen Handelns herauszustellen, z. B. Spazierengehen, Essen, das gemeinsame Gespräch. Das Planen und Ausführen von gemeinsamen Unternehmungen mit der Familie sollte strikt demokratisch geregelt werden, wobei die Kinder besonders zu berücksichtigen sind. Die wohl geordnete und heile Familienwelt ist spannungsfrei und weitgehend konfliktfrei zu schildern. Die Familie ist ein Hort der Lebensfreude, der Geborgenheit, des Füreinander-Daseins und der Wärme. Hier können Sie dann neue Lebenskraft und Frische für den harten Arbeitsalltag schöpfen. So etwa wird es gerne von Beurteilern Ihres Aufsatzes gelesen. Sollte Ihre Erfahrung und Ihre Realität dem eben aufgezeichneten Bild nicht voll entsprechen, ist Ihnen zu raten, falls möglich, doch besser ein anderes Thema zu wählen oder sich hier den »Spielregeln« anzupassen.
Zum uralten Ferienthema: Auch wenn Sie kein »schönstes Ferienerlebnis« zu berichten haben, sollte für Ihren Urlaub die sorgfältige und harmonische Abstimmung zwischen Erholung (am Strand entspannen) und kultureller Bildung (Museumsbesuche usw.) gelten, denn das ist hier die gewünschte Ausgewogenheit, die es zu treffen gilt. Ihr persönlich schönstes Ferienerlebnis, die Kontaktaufnahme am Strand mit einer kleinen Französin/einem Franzosen, mag zwar Ihre persönlichen Kenntnisse über andere Menschen, andere Länder und Sitten bereichert haben, die Schilderung muss aber nicht unbedingt Ihrer Berufskarriere förderlich sein. Auch die Beinahe-Schlägerei, eine Auseinandersetzung über Preise im Gastland oder andere Abenteuer (z. B. Aufbruch des Wagens) haben hier keinen Platz.

d) Mündliche Ausdrucksfähigkeit

Die mündliche Ausdrucksfähigkeit wird meistens im Vorstellungsgespräch getestet. Es kann Ihnen aber auch passieren, dass Sie ein Vortragsthema präsentiert bekommen oder an einer Gruppendiskussion teilnehmen müssen, wenn Sie erst einmal die Hürden Bewerbung/Zeugnisse und Tests erfolgreich überstanden haben. Das klassische Vorstellungsgespräch behandeln wir ausführlich am Ende des Buches. Nachfolgend einige Bemerkungen zur Gruppendiskussion und zum mündlichen Vortrag.

Gruppendiskussion

Dabei bekommt eine Gruppe von ca. 5–8 Personen ein Thema, das meist ohne Diskussionsleiter (sog. führerlose Gruppendiskussion) erörtert werden soll. Die Diskussionsdauer liegt in der Regel zwischen 30 Minuten und zwei Stunden. Zwei bis drei Beobachter (Mitarbeiter der Ausbildungs- und/oder Personalabteilung) hören zu und beurteilen das Diskussionsverhalten der Teilnehmer. Die möglichen Themen sind mit den genannten Aufsatzthemen identisch.

Die Beobachtungs- und Beurteilungskriterien sind u. a.:

Allgemeines Auftreten

- äußeres Erscheinungsbild
- Umgangsformen

Verhalten in der Gruppe

- sprachliches Ausdrucksvermögen
- Vertreten und Begründen der eigenen Meinung
- Sachbezogenheit
- Analysefähigkeit
- Auffassungsgabe
- Aufnahmebereitschaft
- Engagement
- Aufgeschlossenheit
- aktives und passives Zuhören
- Dominanz- oder Unterordnungsbereitschaft
- Teamgeist/Kooperationsbereitschaft

Vortrag

In Kombination mit einem Vorstellungsgespräch und/oder einer Gruppendiskussion kann es auch dazu kommen, dass man Sie auffordert, einen Vortrag über ein bestimmtes Thema zu halten. Die Themen sind wiederum mit den Aufsatzthemen vergleichbar. Die Dauer des Vortrages kann zwischen fünf und zwanzig Minuten schwanken. Entsprechend ist Ihre Vorbereitungszeit (keine Vorbereitungszeit bis ca. zehn Min.). Ähnlich wie für den Aufsatz gilt auch für den Vortrag folgende Empfehlung zur Vorgehensweise:
Auswahl des »richtigen« Themas – Erstellen von Stichwortliste und Gliederung – Aufbau wie beim Aufsatz: Einleitung/Hauptteil (pro und kontra). Folgende Merkmale werden bewertet: sprachlicher Ausdruck, flüssiges Sprechen, Verständlichkeit, auch Blickkontakt und Körperhaltung (wie sitzen bzw. stehen Sie da, wie ist Ihre Stimme). Beurteilt wird der Gesamteindruck. Es gehen sicherlich inhaltliche, aber vor allem auch formale Beurteilungskriterien ein.

Lösungen

3. Aufgabe

1 Haus	11 Katze	21 Tasche
2 Ball	12 Schuh	22 Butter
3 Auto	13 Durst	23 Schule
4 Bahn	14 Sahne	24 Kiefer
5 Buch	15 Radio	25 Mutter
6 Herz	16 Duett	26 Zucker
7 Frau	17 Milch	27 Flaute
8 Lust	18 Faust	28 Wurzel
9 Stau	19 Sturm	29 Kutter
10 Ziel	20 Datum	30 Kessel

4. Aufgabe
1b / 2c / 3c / 4b / 5c / 6b / 7c / 8b / 9c / 10c

5. Aufgabe
1b, e / 2a, d / 3a, c / 4a, c / 5b, d / 6b, d / 7c, e / 8b, e / 9c, e / 10b, d / 11b, e / 12c, e / 13b, d / 14c, d / 15a, c / 16b, d / 17a, d / 18a, d / 19a, e / 20a, d

6. Aufgabe
1c / 2f / 3d / 4c / 5c / 6c / 7a / 8c / 9f / 10e

7. Aufgabe
1b / 2b / 3d / 4d / 5c / 6c / 7e / 8b / 9d / 10d

9. Aufgabe
1: Pulver / 2: Konflikt / 3: Taifun / 4: Publikum / 5: Mops / 6: Sprit / 7: Duett / 8: Skizze / 9: Inzest / 10: Sekretär

10. Aufgabe
1 Joghurt r
2 Dezimalwaage r
3 Gallerie Galerie
4 Schwärfälligkeit Schwerfälligkeit
5 Tolleranz Toleranz
6 unwiederstehlich unwiderstehlich
7 Systhem System
8 schick und schön r
9 Schahrm und Anmuth Charme/Scharm und Anmut
10 tot und teufel Tod und Teufel

11. Aufgabe
1a / 2b / 3c / 4c / 5c / 6b / 7d / 8c / 9b / 10c / 11a / 12b / 13a / 14a / 15a und d / 16b / 17c / 18b / 19c / 20b / 21c / 22a / 23b

12. Aufgabe
Für eine schnelle Antwort (0) wäre ich Ihnen sehr dankbar.

Aus diesem Grund sind Pinguine gute Testobjekte für das Studium von Ausmaß (,) Dauer und Bedingungen der Kältegewöhnung.

Das Unternehmen kann (,) was es an Gewinn erwirtschaftet (,) nicht alleine behalten.

Vonseiten der Regierung (0) hielt sich niemand (,) nicht einmal (0) der Pressesprecher (,) dafür zuständig (,) uns eine konkrete Prognose (0) mitzuteilen.

So ist es bei Vertragsabschluss am besten (,) alle Nebenabsprachen schriftlich niederzulegen.

Im Zusammenhang mit der steigenden Arbeitslosenzahl (0) nehmen die Auseinandersetzungen mit ausländischen Mitarbeitern (,) vor allem innerhalb der Großunternehmen (,) beträchtlich zu.

Wir gehen davon aus (,) nun unsererseits (0) alles getan zu haben (,) um Ihre Zustimmung zu erhalten.

Sicherlich ist es nicht leicht (0) und vielleicht sogar gefährlich (,) eine Vorhersage auf diesem Gebiet zu wagen (,) dennoch halten wir eine Prognose für erforderlich.

Eine abschließende Bewertung der hier vorgestellten Verfahren (0) ist auf den letzten Seiten zu finden.

Es wurde immer heißer (,) und die Sonne (,) die nicht anders konnte (,) wollte nicht aufhören zu scheinen.

Er dachte nach (0) und dachte nach.

Sie bestiegen die Kutsche (0) und fuhren nach Hause.

2. Praktisch-technische Intelligenz

Der Abschnitt »Praktisch-technische Intelligenz« umfasst die Kapitel Rechenfähigkeit/Mathematisches Denken und Technisches Verständnis. Neben der Rechtschreibung zählt das Thema Rechnen zu den wichtigsten Anforderungen beim Einstellungstest. Auch wenn das Stichwort »Mathematik« bei Ihnen Horrorvorstellungen auslöst – wir teilen diese negativen Gefühle aus eigenen schulischen Misserfolgserlebnissen –, sollten Sie wissen, dass das Gebiet Rechnen und Mathematik im Einstellungstest gut eingrenzbar ist, sodass Sie sich auf die verschiedenen Aufgabentypen auch hier in relativ kurzer Zeit vorbereiten können.
Naturgemäß kommen Aufgaben zum technischen Verständnis überwiegend bei Bewerbungen im gewerblich-technischen Bereich zum Einsatz. Auch wenn Sie sich für einen Ausbildungsplatz als Koch/Köchin bewerben sollten, werden Sie damit »rechnen« können, doch die eine oder andere Rechenaufgabe präsentiert zu bekommen, dagegen wird man Ihnen kaum Fragen zum technischen Verständnis stellen. Ganz anders sieht es natürlich aus, wenn Sie sich für den Beruf des Kraftfahrzeugschlossers interessieren. Hier sind Mathematik- und Technikaufgaben stark vertreten.

a) Rechenfähigkeit/Mathematisches Denken

Wie schon mehrfach hervorgehoben, gehört das Rechnen neben der Rechtschreibung zu den so genannten »Kulturtechniken«, auf die bei den Einstellungstests ganz besonders viel Wert gelegt wird. Unser gesamtes Leben wird von Zahlen beherrscht. Vom Geburtsdatum über Ihr Alter, Ihre Größe bis hin zur Personalausweisnummer: Sie kommen an den »kleinen Biestern« nicht vorbei. Die so genannten wissenschaftlichen Tests, insbesondere aber auch die selbst gestrickten Tests, verlangen Rechenkenntnisse. Das kann bei dem einen Test mit den vier Grundrechenarten noch harmlos anfangen, in einem anderen kann es sofort mit schwierigen Textaufgaben losgehen. Wir haben die am häufigsten eingesetzten Testverfahren untersucht und alle auftretenden Rechenaufgabentypen hier zusammengestellt. Viele werden Sie ganz sicher beherrschen; bei einigen können Sie noch etwas dazulernen, manches kann auch ganz neu für Sie sein. Es versteht sich von selbst, dass ein angehender Bankkaufmann in der Regel etwas mehr Mathematikkenntnisse vorweisen muss als ein Drucker. Dennoch: Fast in jedem Beruf gibt es fachspezifisches Rechnen, und so muss auch ein Bewerber für einen Ausbildungsplatz in der Druckindustrie mit Rechenaufgaben »rechnen«.

Nachstehend eine Übersicht über die Aufgabentypen:

1. Addition
2. Subtraktion
3. Multiplikation
4. Division
5. Bruchrechnen
6. Dezimalrechnen
7. Prozent- und Zinsrechnung
8. Potenzieren/Wurzelziehen
9. Algebra
10. Dreisatz
11. Geometrie (Flächen- und Volumenberechnung)
12. Umrechnungen von Maßeinheiten (Maße und Gewichte)
13. Textaufgaben
14. Schätzaufgaben

Zum Thema Rechnen gehört im gewissen Sinne auch der Aufgabentyp »Zahlenreihen«, den wir bereits vorgestellt haben (siehe Seite 138). Auch im Abschnitt »Konzentrationsvermögen/Ausdauer/Belastbarkeit« (siehe Seite 280) kommen teilweise Rechenaufgaben vor.
Das Kapitel Rechnen ist sehr umfangreich, bitte erschrecken Sie nicht. Diese Ausführlichkeit erscheint uns notwendig, weil Rechnen zu den wichtigsten Anforderungen gehört, die Ausbilder an Bewerber stellen. Beim Rechnen treten erfahrungsgemäß auch die meisten Probleme auf. Nach unserem bei Testtrainings gewonnenen Eindruck haben auch Abiturienten bei Grundrechenarten und Dreisatzaufgaben teilweise erhebliche Schwierigkeiten.

Die nachstehende Übersicht zeigt Ihnen, wie viel Zeit Sie in einer realen Testsituation für die einzelnen Aufgaben ungefähr zur Verfügung hätten:

Aufgabengruppe 1–6	15 Min.
Aufgabengruppe 7–12	30 Min.
Aufgabengruppe 13	63 Min.
davon	
Aufgabe 1–10	15 Min.
Aufgabe 11–22	25 Min.
Aufgabe 23–32	15 Min.
Aufgabe 33–34	8 Min.

Die folgende Aufstellung zeigt Ihnen zu Ihrer Orientierung, wie die Zeitverteilung bei einzelnen Aufgabentypen in verschiedenen »wissenschaftlichen« Originaltests aussieht:

Grundrechnen	20 Aufgaben	8 Min.
	50 Aufgaben	12 Min.
Textaufgaben	25 Aufgaben	7 Min.
	20 Aufgaben	10 Min.
	18 Aufgaben	14 Min.
Schätzaufgaben	20 Aufgaben	8 Min.

Sie sollten wissen, dass Sie diese Zeiten in der realen Testsituation kaum einhalten können und dass die meisten Testteilnehmer in der vorgegebenen Zeit nur ungefähr die Hälfte der Aufgaben schaffen bzw. richtig lösen. Wir empfehlen Ihnen, alle Aufgaben in diesem Kapitel in der Zeit, die Sie persönlich dazu brauchen, durchzuarbeiten. Nehmen Sie sich für das Kapitel Rechnen und Mathematik ru hig ein paar Tage Zeit.

Rechenaufgaben

1. Addition

a) $\begin{array}{r} 164 \\ +\,225 \\ \underline{+\;\;13} \end{array}$ b) $\begin{array}{r} 15\,250{,}70 \\ \underline{+\;\;1\,231{,}08} \end{array}$ c) $17{,}2 + 13 + 0{,}02 =$

2. Subtraktion

a) $\begin{array}{r} 213 \\ \underline{-124} \end{array}$ b) $\begin{array}{r} 113{,}25 \\ -\;\;5{,}71 \\ \underline{-\;\;0{,}02} \end{array}$ c) $15{,}25 - 7{,}1 - 0{,}0253 =$

3. Multiplikation

a) $53 \cdot 12 =$ b) $124{,}0 \cdot 15{,}1 =$
c) $16 \cdot 7425{,}003 =$

4. Division

a) $120 : 15 =$ b) $202{,}10 : 86 =$
c) $184{,}68 : 1{,}5 =$

*5. Bruchrechnen**

a) $\frac{99}{6} - \frac{31}{15} =$ b) $\frac{1}{2} - \frac{1}{4} =$

* Beachten Sie z. B. bei Aufgabe g und anderen: Veraltete Schreibweise des Bruchs mit ganzer Zahl! $2\frac{4}{12}$ heißt 2 Ganze und $\frac{4}{12} = \frac{28}{12}$ (nicht etwa $2 \cdot \frac{4}{12} = \frac{8}{12}$!)

c) $\frac{10}{12} + \frac{2}{6} + \frac{1}{3} =$

d) $4 \cdot \frac{2}{8} + 2 \cdot \frac{3}{5} =$

e) $\frac{14}{7} \cdot \frac{2}{3} =$

f) $\frac{2}{4} : \frac{1}{32} =$

g) $\dfrac{7 \cdot \frac{5}{6} + 2\frac{4}{12}}{5\frac{2}{3} - 1\frac{1}{4}} =$

h) $1\frac{2}{16} + 2\frac{1}{8} =$

i) $10\frac{5}{8} \cdot 1\frac{1}{4} =$

j) $\frac{7}{5} : 2\frac{1}{5} =$

Verwandeln Sie in Prozentsätze:

k) $\frac{2}{6}$ l) $\frac{1}{2}$ m) $\frac{1}{20}$ n) $\frac{1}{3}$

6. Dezimalrechnen

a) 0,12 + 1,576 =
b) 12,7 – 0,02 =
c) 15,2 · 1,43 =
d) 25,5 : 0,5 =
e) 0,75 + 1,2 – 0,012 =
f) 4,75 : 0,5 + 9,5 – 2,1 =

7. Prozent- und Zinsrechnung

a) Wie viel sind 15 % von 150 €?
b) Wie viel Prozent Gehaltssteigerung sind es, wenn Sie ursprünglich 1476 € verdienten, jetzt aber 1549,80 € bekommen sollen?
c) 1000 € bringen im Jahr auf Ihrem Bankkonto 4,5 % Zinsen. Wie viel Geld besitzen Sie nach drei Jahren, wenn Kapital und Zinsen unberührt auf Ihrem Konto geblieben sind?

Verwandeln Sie folgende Prozentzahlen in Brüche:
d) 25 % e) 33,3 % f) 0,5 % g) 125 %

8. Potenzieren/Wurzelziehen

a) $5^2 =$ b) $2^4 =$ c) $\sqrt{16} =$ d) $\sqrt{144}$ e) $\sqrt{81})^2 =$

9. Algebra

a) Vergleichen Sie die beiden Ausdrücke:

A) $\sqrt{\frac{x \cdot x}{y \cdot y}}$ B) $\sqrt{(\frac{x}{y})^2}$

Lösungsvorschläge: Was gilt?
ⓐ A = B ⓑ A > B ⓒ A < B
ⓓ ohne reale Zahlen unlösbar

b) $\frac{4x}{20} = 1$ Lösungsvorschläge:
ⓐ x = 0 ⓑ y = 1 ⓒ x = 3 ⓓ x = 5

c) $3x + y = 17$
$x - 2y = 1$ Lösungsvorschläge:
ⓐ y = 0 ⓑ y = 1 ⓒ y = 2 ⓓ y = 3 ⓔ y = 4

d) Eine Fabrik stellt x Maschinen pro Woche her. Wie viele Maschinen werden pro Woche hergestellt, wenn die Produktion um y Prozent gesteigert wird? Bitte kreuzen Sie den richtigen Ausdruck an.

ⓐ $100x + xy$ ⓑ $100y + x$ ⓒ $\frac{x + xy}{100}$ ⓓ $x + \frac{xy}{100}$

10. Dreisatz

a) Ein Auto verbraucht 8 l Benzin auf 100 km. Wie viel Benzin verbraucht es auf 150 km?

b) Ein Ballen Stoff kostet 93,75 €. Wie viel Meter enthält er, wenn ein Meter 12,50 € kostet?

c) Das durchschnittliche Gewicht eines Apfels beträgt 55 g. Dieses Ergebnis bekam man jedenfalls beim Wiegen von 4 Äpfeln heraus. Der erste Apfel wog 45 g, der zweite 50 g und der dritte 65 g. Welches Gewicht hatte der vierte Apfel?

d) Wie ist der Unterschied (in Prozent) zum durchschnittlichen Gewicht? (Siehe Aufgabe c S. 227)

e) Von einer Geldsumme erhält A ein Viertel, B 35 % und C den Rest, dieser beträgt 120 €. Wie viel bekommt A, wie viel B?

f) Ziehen Sie von 300 € 12,5 % ab.

(Weitere Beispiele für Dreisatzaufgaben finden Sie im Abschnitt 13. Textaufgaben!)

11. Geometrie

a) Zeichnen Sie *a.* einen rechten Winkel
b. einen stumpfen Winkel
c. einen spitzen Winkel

Wie berechnet man die *Fläche* eines

b) Quadrats
c) Rechtecks
d) Dreiecks
e) Parallelogramms
f) Kreises

Bitte notieren Sie die Formeln.

Wie berechnet man das *Volumen* eines

g) Würfels
h) Quaders

Bitte notieren Sie die Formeln.

i) Wie viele kleine Würfel passen in den großen Würfel?

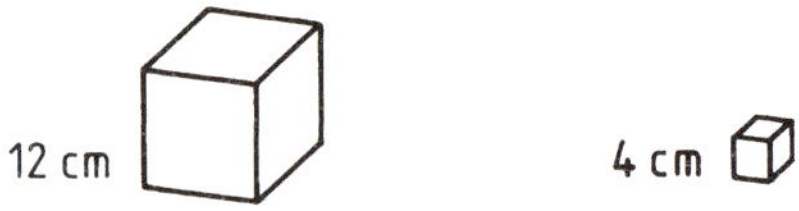

j) Zum Verputzen von 1 m^2 Wandfläche werden 50 Min. benötigt. Wie viele Stunden braucht man zum Verputzen der gesamten Seitenfläche des Hauses?

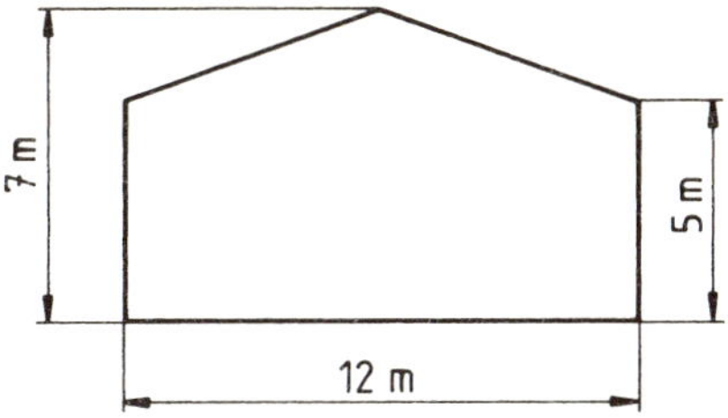

12. Umrechnungen von Maßeinheiten (Maße und Gewichte)

a) Wie viel Millimeter hat ein Dezimeter?
b) Wie viel Quadratmeter hat ein Hektar?
c) Wie viel Hektoliter hat ein Kubikmeter?
d) Wie viel Milligramm hat ein Kilogramm?

Zu Ihrer Information stellen wir Ihnen zum Thema Maße und Gewichte die folgenden Tabellen zur Verfügung, damit Sie sich die Einheiten und ihre Umrechnungen für die reale Testsituation einprägen können.

Maße und Gewichte

Längenmaße

		mm	cm	dm	m	km
Millimeter	m =	1	0,1	0,01	0,001	0,000001
Zentimeter	cm =	10	1	0,1	0,01	0,00001
Dezimeter	dm =	100	10	1	0,1	0,0001
Meter	m =	1000	100	10	1	0,001
Kilometer	km =	1 000 000	100 000	10 000	1000	1

Flächenmaße

metrisch:			
1 qm	= 1 m^2	= 1 Quadratmeter	= 10 000 qcm*
1 qdm	= 1 dm^2	= 1 Quadratdezimeter	= 100 qcm

* qcm, qm, qkm = veraltete Schreibweise

1 qcm	= 1 cm^2	= 1 Quadratzentimeter	
1 qkm	= 1 km^2	= 1 Quadratkilometer	= 1 000 000 qm
1a	= 1 Ar	= 100 qm	
1 ha	= 1 Hektar	= 10 000 qm	
nicht metrisch:			
1 Morgen		= 2553 qm (Quadrat mit 50,53 m Seitenlänge)	

Gewichte und Stückmaße

		mg	cg	g	kg
Milligramm	mg =	1	0,1	0,001	0,000001
Zentigramm*	cg =	10	1	0,01	0,00001
Gramm	g =	1000	100	1	0,001
Kilogramm	kg =	1 000 000	100 000	1000	1

100 kg = 1 Doppelzentner (dz)
1000 kg = 1 Tonne (t)

Körper- und Hohlmaße

1 Kubikzentimeter	(ccm oder cm^3)	= 1000 Kubikmillimeter
1 Kubikdezimeter	(cdm oder dm^3)	= 1000 Kubikzentimeter
1 Kubikmeter	(cbm oder m^3)	= 1000 Kubikdezimeter

		dl	l	hl	m^3
Deziliter	dl =	1	0,1	0,001	0,0001
Liter	l =	10	1	0,01	0,001
Hektoliter	hl =	1000	100	1	0,1
Kubikmeter	m^3 =	10 000	1000	10	1

* ungebräuchliche Maßeinheit

Raummaße

metrisch:

1 cbm	= 1 m3	= 1 Kubikmeter	= 1000 Liter
1 l	= 1 Liter	= 1 Kubikdezimeter	= 1000 ccm
1 ccm	= 1 cm^3	= 1 Kubikzentimeter	= 1000 cmm
1 cmm	= 1 mm^3	= 1 Kubikmillimeter	
	1 hl	= 1 Hektoliter	= 100 Liter

13. Textaufgaben

1 Zwei Arbeiter benötigen 4 Stunden Zeit, um eine Grube auszuheben. Wie viel Stunden Zeit würde ein Arbeiter alleine für die gleiche Arbeit benötigen?

2 Normalerweise schreibt eine Sekretärin im Durchschnitt 40 Minuten an einem komplizierten Brief. Da sie heute aber Kopfschmerzen hat, braucht sie 1 Stunde und 20 Minuten. Rechnen Sie den Zeitmehraufwand in Prozent aus.

3 Ein Auto verbraucht auf 100 km 6 Liter Diesel.
a) Wie viel verbraucht dieses Auto auf 150 km?
b) Wie viel km kann dieses Auto mit 18 Liter Diesel fahren?

4 Ein Maulwurf ist 2 Jahre alt. Nur $^1/_{24}$stel von dieser Zeit hat er das Tageslicht gesehen. Wie viel Zeit (in Monaten) ist das?

5 Bei einem Vortrag, der 2½ Stunden dauert, bekommt jeder Redner 30 Minuten Redezeit. Wie viele Redner können insgesamt sprechen?

6 a) Ein Zimmer ist 3¾ m breit. Eine Teppichfliese ist aber nur 30 cm breit. Wie viel Teppichfliesen müssen nebeneinander liegen, um die volle Breite auszufüllen?

b) Dieses Zimmer ist $5^1/_{10}$ m lang. Wie viele Teppichfliesen werden jetzt benötigt, um die Länge des Zimmers richtig auszufüllen?

c) Wie viele Teppichfliesen braucht man insgesamt, wenn man dieses Zimmer mit Teppich auslegen will?

7 Bei einer Rundreise durch Europa werden insgesamt 10 750 km zurückgelegt. 10 % davon mit dem Schiff, 30 % davon mit dem Autobus, 50 % davon mit dem Flugzeug. Wie viel km sind das im Einzelnen?
a) Schiff b) Autobus c) Flugzeug?

8 Sie haben von 30 Rechenaufgaben 18 richtig. Wie viel Prozent sind das?

9 $^1/_3$ dieser Rechenaufgaben ist leicht, $^1/_6$ aber sehr schwer. Wie viele Aufgaben liegen also zwischen leicht und schwer (in %)?

10 Auf eine Versicherungssumme wird bei Abschluss eine Steuer fällig. Pro € 100,– beträgt diese Steuer € 8,75. Die gesamte Versicherungssumme beträgt 50 000 €. Wie hoch ist die zu zahlende Steuer (Ergebnis in €)? Wie viel % sind das von der Versicherungssumme?

11 Ein großes Zahnrad dreht sich 18-mal und bewegt dabei ein kleines Zahnrad 54-mal. Wenn sich das kleine Zahnrad nun 216-mal dreht, wie oft muss sich das große dann gedreht haben?

12 Bei einer Ölbohrung sind die Schwierigkeiten am Anfang noch gering. Je länger die Bohrung dauert, umso teurer wird es. In der ersten Woche (7 volle Tage) kostet jeder Bohrtag 100 000 €. Die 2. Woche (wieder 7 volle Tage) kostet bereits 1 400 000 €. In der 3. Woche kann nur an 5 Tagen gearbeitet werden. Hier kostet jeder Tag noch mehr Geld, und insgesamt muss man mit 1 500 000 € Bohrkosten für diese Tage rechnen. Die restlichen Wochentage kosten auch Geld, selbst wenn nicht gebohrt wird, und zwar pro Tag 200 000 €. Wenn in dem Etat für die erste Bohrung 100 Mio. € vorgesehen sind, wie viel bleibt nach vollen 3 Wochen noch übrig?

13 a) Von Ihrem Taschengeld (€ 75,– im Monat) geben Sie $^1/_3$ für CDs aus, wie viel % und € sind das?
b) 10 % geben Sie für Süßigkeiten aus, wie viel € sind das?
c) Was bleibt insgesamt dann noch übrig? (€ und %)

14 Ein Auto verbraucht auf 100 km im Stadtverkehr im Januar 12 l Benzin, im März 11 l, im April 10,5 l, im Juni 9,5 l, im August 9 l, im Oktober 10 l, im November 11,5 l. Wie hoch ist der durchschnittliche Verbrauch pro 100 km?

15 In einer größeren Stadt werden im Monat 100 Kinder geboren. Von diesen 100 Kindern sind 63 Jungen. Geben Sie in Prozent an, wie viele Mädchen geboren werden.

16 Ein Auto kostet 15000 €. Jedes Jahr verliert es 20 % vom ursprünglichen Wert. Das gilt aber nur für die beiden ersten Jahre. Dann verliert es für 4 Jahre nur noch 10 % des ursprünglichen Anschaffungswertes pro Jahr. Nach dieser Zeit verliert es im Jahr nur noch 5 % vom Neupreis. Was ist das Auto nach 7 Jahren wert?

17 Ein Vater verdient im Monat 10 % mehr als sein Sohn. Die Mutter verdient die Hälfte von dem, was der Sohn verdient, da sie nur halbtags arbeitet. Die Tochter verdient ein Drittel dessen, was die Mutter verdient, da sie erst in der Ausbildung ist. Wie hoch ist das Einkommen der Familie, wenn die Tochter 333,33 € im Monat verdient?

18 Wie groß ist die jährliche Zinslast für einen Kredit über die Summe von € 15000, bei dem Sie 9½ % Zinsen zahlen müssen?

19 Ein Zug verlässt den Bahnhof um 9.43 Uhr. Der Zielbahnhof ist um 15.23 Uhr erreicht. Wie lange dauert die tatsächliche Fahrzeit, wenn man zugrunde legt, dass die Zwischenaufenthalte auf anderen Bahnhöfen insgesamt nur eine ¾ Stunde ausgemacht haben?

20 Eine Baustelle wird von 6 Warnlampen gesichert, die in 7 Nächten 4,20 l Petroleum verbrauchen. Wie lange reicht die gleiche Menge Petroleum für 8 Warnlampen?

21 Von 15 t Kartoffeln sind folgende Mengen verkauft worden: 1,5 Dz / 400 kg / 0,75 t / 550 kg / 100 Pfd. Wie viel Tonnen sind jetzt noch übrig?

22 Die Entfernung zwischen zwei Städten beträgt 120 km Luftlinie. Auf der Landkarte erscheint diese Strecke 40 cm lang. In welchem Maßstab ist die Karte gezeichnet?

23 In einer Abendschule schaffen beim 1. Versuch 10 % der männlichen und 15 % der weiblichen Teilnehmer das Abitur. Wie viel % erreichen insgesamt das Abitur, wenn in der Abendklasse 60 % Teilnehmerinnen sind?

24 $^3/_4$ einer Produktion wird verkauft. Vom verbleibenden Rest werden $^4/_5$ verkauft. Wie viel % der Produktion bleiben jetzt noch übrig?

25 Ein Heizöltank ist zu $^8/_9$ gefüllt. Der Wert dieser Menge entspricht 960 €. Welchen Wert hat das Heizöl, wenn der Tank nur halb voll ist?

26 In einer Familie hat jeder Sohn dieselbe Anzahl von Schwestern wie Brüder. Jede Tochter aber hat zweimal so viel Brüder wie Schwestern. Wie viele Töchter hat die Familie?

27 Eine Düngemittelfabrik produziert 639 t Dünger. $^4/_9$ davon werden exportiert. Wie viel t Düngemittel können im Inland jetzt verkauft werden?

28 Nach einer Erbschaft sollen 55 420 € im Verhältnis 2 : 3 auf 2 Personen aufgeteilt werden. Mit welchem €-Betrag kann jeder rechnen?

29 Von einem Kredit ist bereits ¼ zurückgezahlt. Wenn jetzt noch 200 € zurückgezahlt werden, sind nur noch 250 € als Restschuld offen. Wie hoch war der Kredit insgesamt?

30 Ein Auto fährt mit einer Geschwindigkeit von 60 km/h von A nach B. In 5 Stunden ist zu erwarten, dass es in B eingetroffen ist. Nach 3 Std. und 10 Minuten bleibt das Auto wegen Motorschadens stehen. Wie viel km ist es noch vom Ziel B entfernt?

31 Wie viel muss man zu der Zahl 19 hinzuzählen, damit die Summe im gleichen Verhältnis zu 32 steht wie 51 zu 68?

32 Ein Seil von 90 m Länge ist so zu zerschneiden, dass das eine Stück $^2/_3$ der Länge des anderen Stückes beträgt. Wie lang ist das kürzere Stück?

33 In einem kleinen Handwerksbetrieb bekommen die Mitarbeiter am Freitagnachmittag ihre Gehaltsabschlagzahlung bar ausgezahlt. Ihre Aufgabe ist es, die Lohntüte vorzubereiten. Dabei sollten Sie die notwendig werdenden Geldsorten, Scheine, Geldstücke und Münzen vorher besorgen und in die Lohntüte entsprechend der folgenden Gehaltsabschlagzahlungsliste eintüten. Überlegen Sie, welche Geldsorten Sie benötigen, und berücksichtigen Sie, dass Sie mit möglichst wenigen Geldscheinen und -münzen auskommen.

Gehälter:	Scheine	Münzen
450,– €		
375,50 €		
345,50 €		
325,– €		
192,– €		
110,– €		

34 Für eine Woche (Montag–Freitag) enthält die Portokasse Briefmarken im Werte von € 100,–. Bitte berücksichtigen Sie: Es müssen neue Briefmarken im Werte von € 40, gekauft werden, sobald der Briefmarkenbestand unter € 60,– gesunken ist. An welchen Arbeitstagen (Montag–Freitag) müssen nun immer abends neue Briefmarken gekauft werden, wenn für die Postsendungen die in der Aufstellung genannten Briefmarken verbraucht worden sind?
Wie sieht die Portokasse am Freitagabend aus?

Verbrauchte Marken

Markenwerte	Mo Stück	Di	Mi	Do	Fr
0,10	50	10	20	10	5
0,50	80	10	50	20	10
0,80	5	10	5	10	–
1,–	1	5	–	–	1
2,–	–	–	–	1	2
5,–	2	–	2	–	–

Briefmarken

Tipps für Textaufgaben

Textaufgaben beinhalten mathematische Probleme, die in Worte eingekleidet sind. Diese Worteinkleidung kann – wenn sie eher eine Verkleidung darstellt – das einfache mathematische Problem nicht auf den ersten Blick erkennen lassen. Ihre Aufgabe ist es, das mathematische Problem (häufig Dreisatz) zu entschlüsseln und so den richtigen rechnerischen Ansatz zu finden.
Gute Hinweise zum Knacken von Textrechenaufgaben haben wir im DUDEN »Rechnen und Mathematik« gefunden und empfehlen Ihnen daraus zum Beispiel das Kapitel Dreisatz. Dieses Buch ist in der Regel in öffentlichen Büchereien für jedermann zugänglich. Kurz zusammengefasst kann man zu Textaufgaben drei allgemeine Tipps geben:

1. Versuchen Sie zu verstehen, um welches mathematische Problem es sich handelt.
2. Fragen Sie sich: Wie können Sie die Information nutzen, die Ihnen zur Verfügung gestellt wird, um das, wonach gefragt wird (die Lösung), herauszubekommen.
3. Ausprobieren und kontrollieren.

Natürlich können wir in diesem Buch keinen Nachhilfeunterricht in Rechnen und Mathematik geben. Deshalb empfehlen wir Ihnen bei Fragen (wie auch schon beim Thema Aufsatz), einen Lehrer oder einen sachkundigen Bekannten zu Rate zu ziehen. Auf jeden Fall gilt: Die Fertigkeit für das Lösen von Aufgaben aus dem Bereich Rechnen und Mathematik bei Einstellungstests können Sie sich antrainieren!

14. Schätzaufgaben

Die folgenden Rechenaufgaben sollen Sie nicht ausrechnen, sondern das richtige Ergebnis ist zu schätzen. Obwohl diese Aufgaben schwierig aussehen, kann man aus den verschiedenen vorgegebenen Lösungsmöglichkeiten relativ leicht auf die richtige Lösung kommen, indem man überschlägig bzw. durch das Kontrollieren der Einerstelle das einzig richtige Lösungsangebot unter den falschen Angeboten herausfindet.
Welche einfache rechnerische Überlegung ist anzustellen?

1. Beispiel:

1175 + 1425 + 1350 = ?
a) 4250 b) 3950 c) 3825 d) 3943

Dreimal sind vierstellige Zahlen zu addieren, die im Tausenderbereich liegen. Die Lösung kann nicht bei 4000 liegen, das wäre zu viel, sie wird knapp bei 4000 liegen, und da die Einerstellen zweimal eine 5 und einmal eine 0 sind, muss die letzte Einerstelle eine 0 sein.

Lösung: b

2. Beispiel:

4525 × 5 = ?
a) 20 150 b) 24 125 c) 22 625 d) 22 540

Hier ist eine vierstellige Zahl mit 5 zu multiplizieren, und wir können davon ausgehen, dass die Einerstelle hinten wieder eine 5 sein muss. Überschlägig kann man sagen, dass das Ergebnis ungefähr bei 22 000 liegen müsste, und das deutet darauf hin, dass von den vier angebotenen Lösungsmöglichkeiten unter der Bedingung, dass hinten bei der Einerstelle eine 5 ist und dass es ungefähr bei 22 000 liegen könnte, nur c als richtige Lösung in Frage kommt.

Bitte beachten Sie: Von den vorgegebenen Lösungen ist immer eine richtig, Ihre Aufgabe ist hier nicht das Ausrechnen, sondern durch rechnerische Überlegungen und/oder Schätzen sollen Sie auf die richtige Lösung kommen. Für die folgenden zehn Aufgaben haben Sie 5 Minuten Zeit.

1 7432 + 9568 + 2474 = ?
a) 20 603 b) 19 474 c) 18 245 d) 19 500

2 1205 × 2105 = ?
a) 2 536 524 b) 2 536 526 c) 2 536 525 d) 2 536 530

3 10 505 + 20 155 + 175 + 25 = ?
a) 29 784 b) 31 531 c) 30 860 d) 30 865

4 $1035\frac{1}{12} + 6123\frac{5}{12} + 2205\frac{6}{12} = ?$

a) $10\,478\frac{3}{12}$ b) 9364 c) $8395\frac{11}{12}$ d) 9363

5 $37 \times 37 = ?$
a) 1579 b) 1369 c) 1348 d) 1474

6 $54\,268 : 2 = ?$
a) 28 451 b) 27 134 c) 27 254 d) 25 123

7 $4213\frac{1}{8} \times 8 = ?$
a) 31 704 b) 33 705 c) 34 605 d) 29 121

8 $66 : \frac{1}{6} = ?$
a) 11 b) $10\frac{1}{6}$ c) 396 d) 66

9 11,5 % von 10 125 = ?
a) 1012,5 b) 1259,6 c) 978,453 d) 1164,375

10 $\sqrt{15\,625}$
a) 125 b) 112 c) 99 d) 195

b) Technisches Verständnis

Bei diesem Kapitel erscheint uns der Hinweis wichtig, dass nicht bei jedem Ausbildungsplatzbewerber ein Test zum technischen Verständnis eingesetzt wird. Bei Ausbildungsberufen, in denen der Umgang mit Werkzeugen, Geräten, Apparaten und Maschinen im Vordergrund steht, ist eher damit zurechnen, dass das sog. technische Verständnis überprüft wird. Dabei kommen hauptsächlich zwei extra für die Untersuchung des technischen Verständnisses entwickelte Tests zum Einsatz. In Büro- und kaufmännischen Berufen ist mit der Überprüfung der technischen Verständigkeit so gut wie kaum zu rechnen. Bewerberinnen für einen technischen Ausbildungsberuf haben es nicht leicht. Neben den gängigen Vorurteilen in Bezug auf die sog. Männerberufe besteht bei den technischen Leistungstests möglicherweise die Gefahr, dass eine Bewerberin aufgrund ihrer Erziehungs- und Lerngeschichte bei technischen Fragen männlichen Bewerbern unterlegen ist. Ein mögliches Defizit sollte durch eine besonders intensive Information über den betreffenden technischen Beruf ausgeglichen werden.

Zahnrädern auf den Zahn gefühlt

Sie bekommen auf den nächsten Seiten 20 Bilder mit Fragen, die Ihr Verständnis bzw. Wissen zu mechanischen, technischen oder physikalischen Vorgängen überprüfen sollen. Kreuzen Sie von mehreren vorgeschlagenen Lösungen jeweils die an, die Sie für richtig halten.

Für die 20 Aufgaben haben Sie 10 Min. Zeit.

Bitte achten Sie in der realen Testsituation bei Testfragen zum technischen Verständnis darauf, wie die Instruktion lautet. Es kann sein, dass Raten hier von Nachteil ist, da bisweilen die falschen Antworten zu einem Drittel von den richtigen Antworten abgezogen werden.

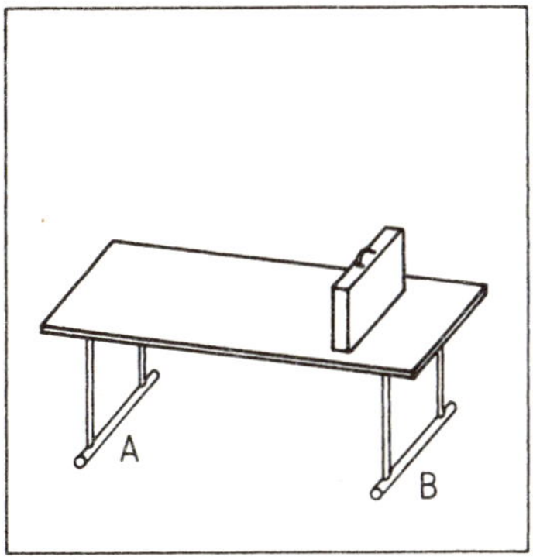

1 Eine Tischplatte liegt auf den Gestellen A und B. Auf der Tischplatte steht ein Aktenkoffer. Welches Gestell wird mehr belastet?

a) das Gestell A
b) das Gestell B
c) beide werden gleich stark belastet

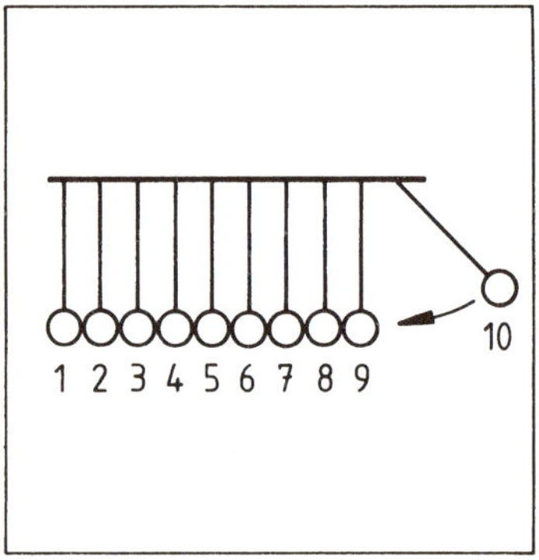

2 Neun Kugeln sind so nebeneinander aufgehängt, dass sie sich berühren. Was wird geschehen, wenn die zehnte auf die neunte Kugel aufprallt?

a) neun Kugeln bewegen sich nicht, die zehnte prallt zurück
b) nur die erste Kugel bewegt sich nach links
c) alle Kugeln bewegen sich nach links
d) neun Kugeln bewegen sich nach links, die zehnte Kugel prallt zurück
e) nur die ersten drei Kugeln bewegen sich nach links

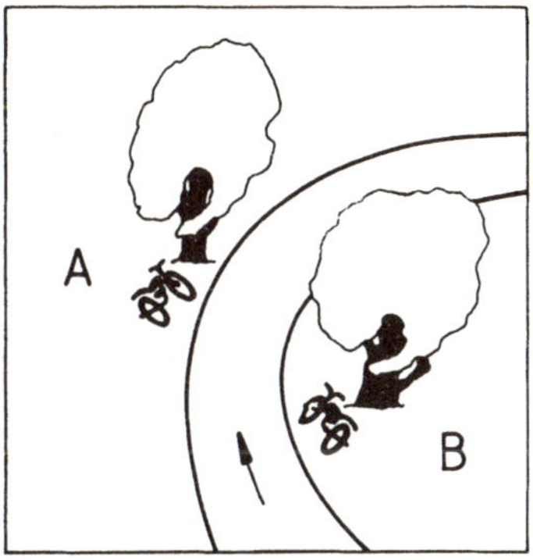

3 Ein Motorradfahrer kommt in einer Rechtskurve wegen überhöhter Geschwindigkeit von der Fahrbahn ab und verunglückt. Was vermuten Sie, auf welche Seite der Straße wird der Motorradfahrer eher geschleudert?

a) Position A
b) Position B

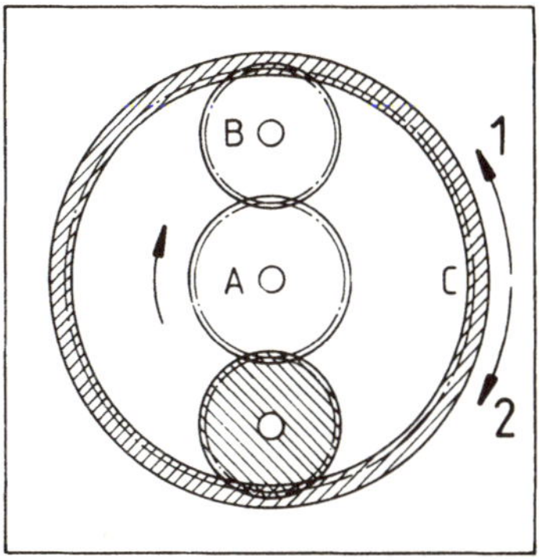

4 Die Räder A, B und C greifen ineinander (schematische Darstellung). Das Rad A wird in Pfeilrichtung angetrieben. In welche Richtung bewegt sich das große Rad C?

a) die Räder können sich überhaupt nicht drehen
b) das Rad dreht sich in Richtung 1
c) das Rad dreht sich in Richtung 2

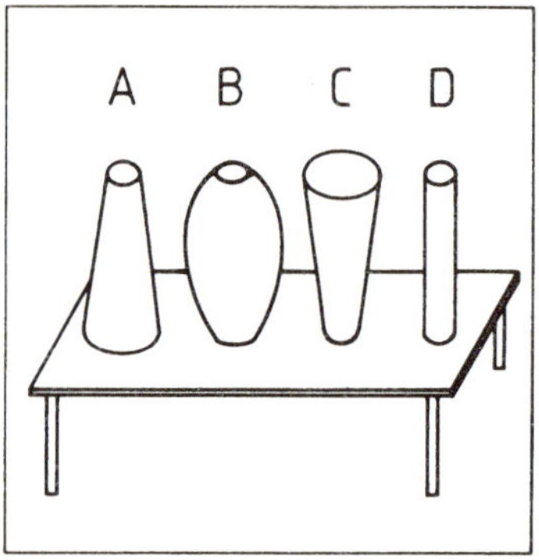

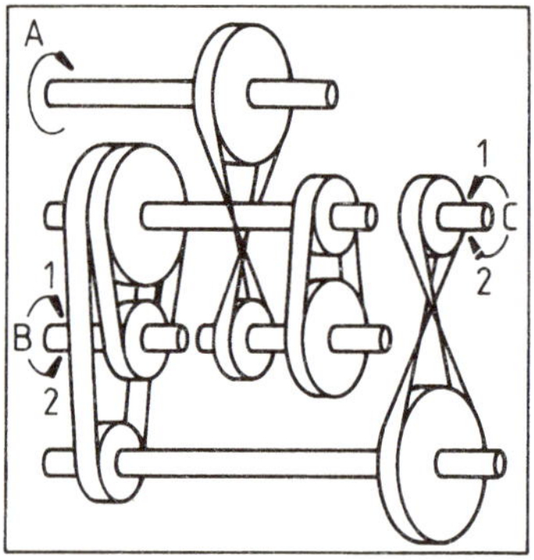

5 Auf einem Tisch stehen 4 Vasen. Welche Vase steht am festesten auf der Tischplatte?

a) Vase A
b) Vase B
c) Vase C
d) Vase D
e) alle stehen gleich fest

6 Von einer Welle angetrieben dreht sich das oberste Rad in Pfeilrichtung A. In welche Pfeilrichtung drehen sich die Wellen B und C?

a) B dreht sich in Richtung 1
C dreht sich in Richtung 1
b) B dreht sich in Richtung 2
C dreht sich in Richtung 2
c) B dreht sich in Richtung 1
C dreht sich in Richtung 2
d) B dreht sich in Richtung 2
C dreht sich in Richtung 1
e) B dreht sich in Richtung 1
C dreht sich nicht
f) B dreht sich nicht
C dreht sich in Richtung 2
g) B dreht sich nicht
C dreht sich nicht

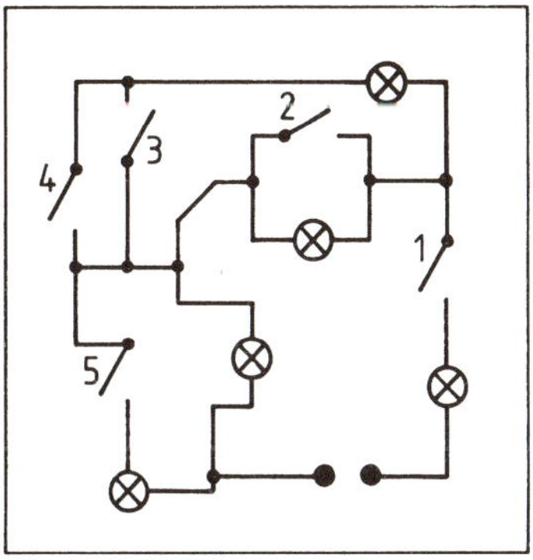

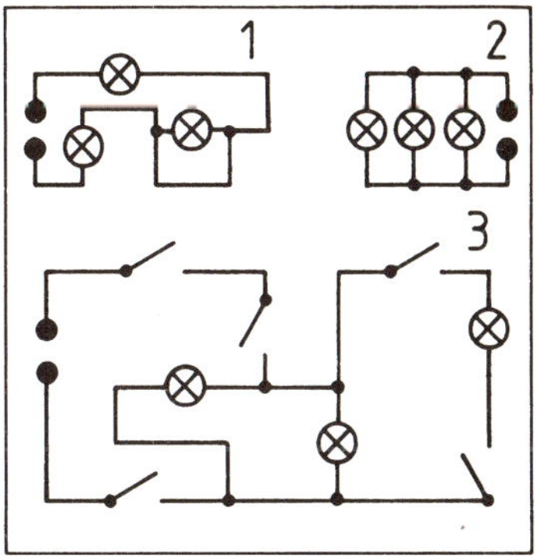

7 Welcher Schalter muss geschlossen werden, da mit der Strom fließen kann?

a) Schalter 1
b) Schalter 2
c) Schalter 3
d) Schalter 4
e) Schalter 5

8 Sie sehen drei Stromkreise. Welcher Stromkreis ist geschlossen?

a) nur der 1. Stromkreis
b) nur der 2. Stromkreis
c) 1 und 2
d) nur 3
e) alle 3 Stromkreise sind geschlossen

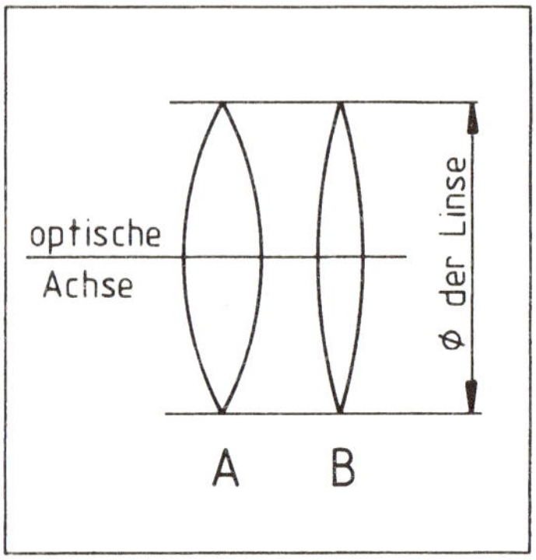

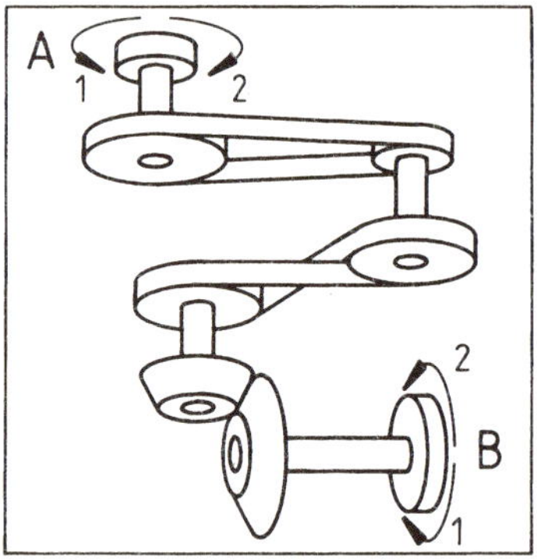

9 Sie sehen zwei optische Linsen, die aus gleichem Material sind. Welche dieser beiden Linsen hat die kürzere Brennweite?

a) Linse A
b) Linse B
c) die Brennweite beider Linsen

10 Was passiert, wenn sich das Rad A in Richtung 1 dreht?

a) Rad B dreht sich in Pfeilrichtung 1
b) Rad B dreht sich in Pfeilrichtung 2
c) Rad B dreht sich überhaupt nicht

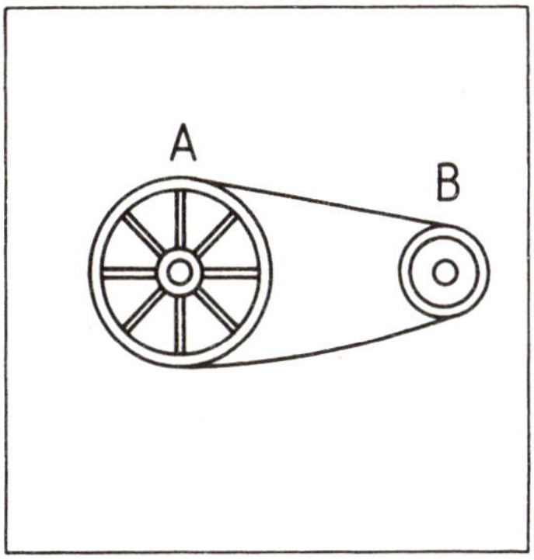

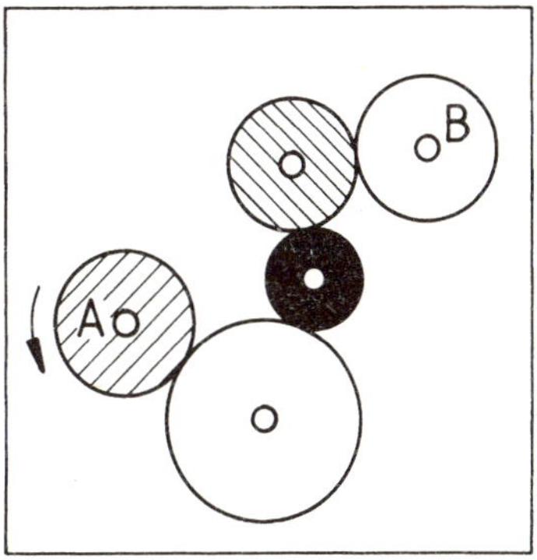

11 Sie sehen 2 Räder, die durch eine Kette miteinander verbunden sind. Welches Rad dreht sich schneller?

a) Rad A
b) Rad B
c) beide Räder drehen sich gleich schnell

12 Die Räder A und B haben den gleichen Durchmesser. Wie schnell dreht sich Rad B, wenn das Rad A mit einer bestimmten Geschwindigkeit angetrieben wird?

a) genauso schnell wie A
b) viel schneller als A
c) viel langsamer als A
d) Rad B dreht sich überhaupt nicht

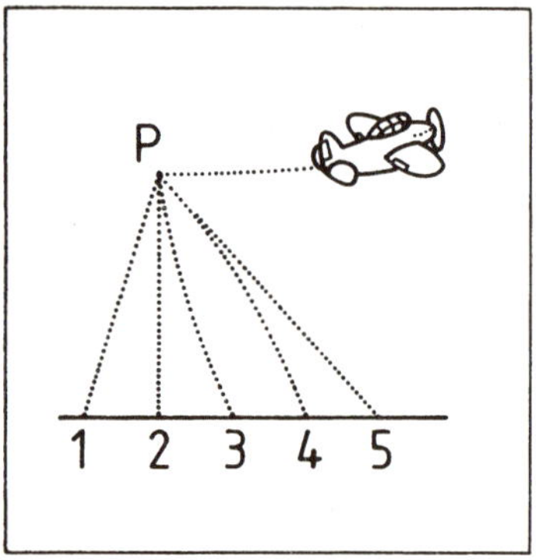

13 Am Punkt P wird aus einem Flugzeug ein Sack mit Lebensmittelvorräten herausgeworfen. Auf welchem Weg fällt er vom Punkt P zur Erde?

a) 1
b) 2
c) 3
d) 4
e) 5

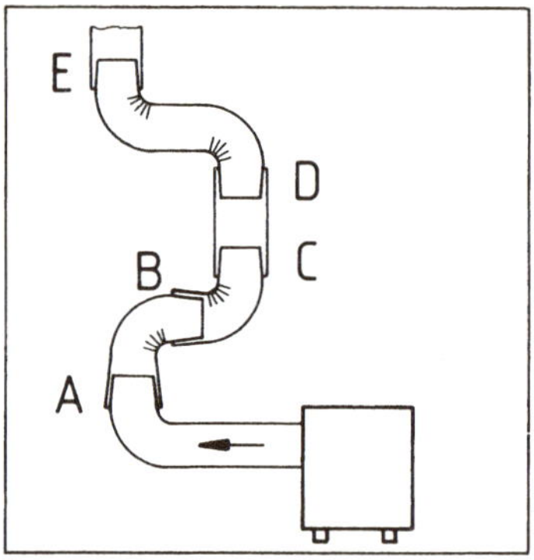

14 Bei der Montage eines Ofenrohres ist dem Monteur an einer Stelle ein Fehler unterlaufen. An welcher?

a) A
b) B
c) C
d) D
e) E

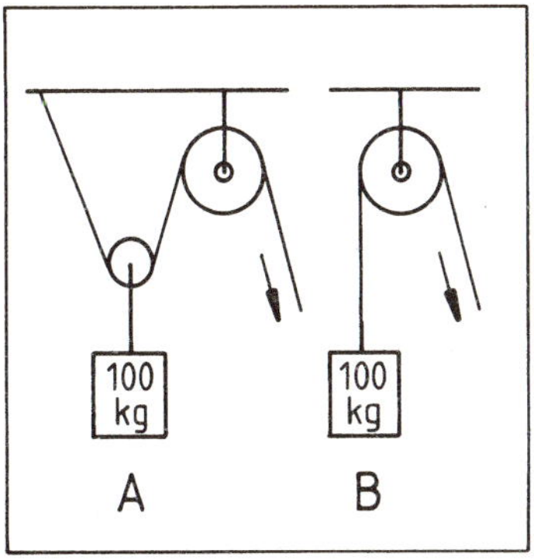

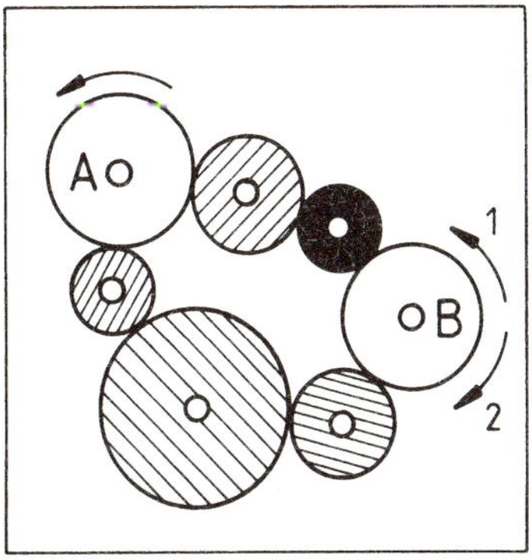

15 Welche Mechanik hilft beim Heben von 100 kg mehr?

a) Vorrichtung A
b) Vorrichtung B
c) beide gleich

16 Die Räder greifen ineinander. In welche Richtung dreht sich Rad B, wenn Rad A in Pfeilrichtung angetrieben wird?

a) in Richtung 1
b) in Richtung 2
c) die Räder drehen sich nicht

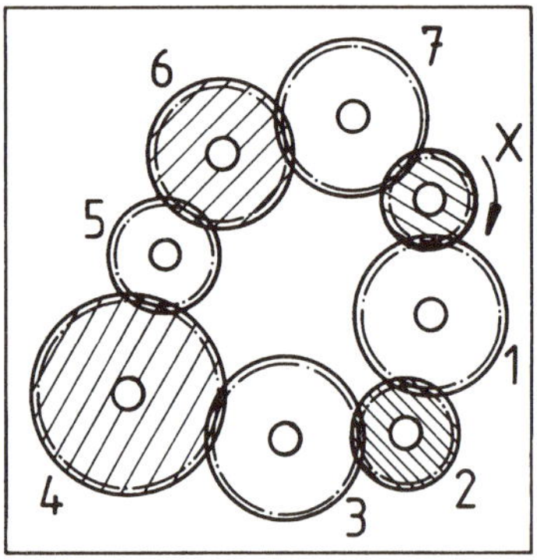

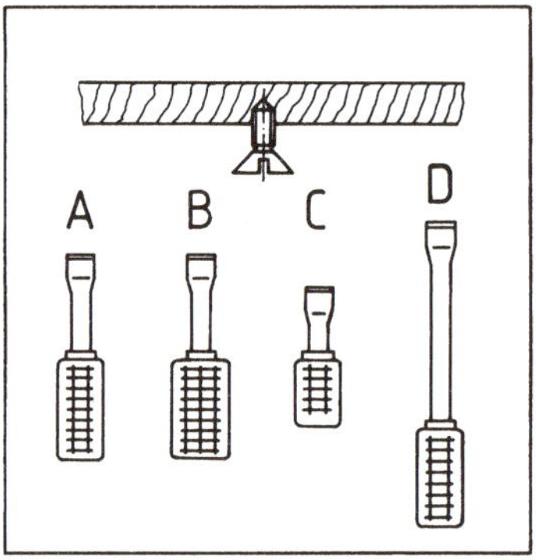

17 Die abgebildeten Räder greifen ineinander. Welche Räder drehen sich in der gleichen Richtung wie das Rad X?

a) 1, 2 und 3
b) 1, 3 und 6
c) 2, 4 und 6
d) 3, 4 und 5
e) die Räder können sich nicht drehen

18 Welcher der abgebildeten Schraubendreher ist zum festen Anziehen der Schraube besser geeignet?

a) Schraubendreher A
b) Schraubendreher B
c) Schraubendreher C
d) Schraubendreher D
e) alle Schraubendreher sind gleich gut geeignet

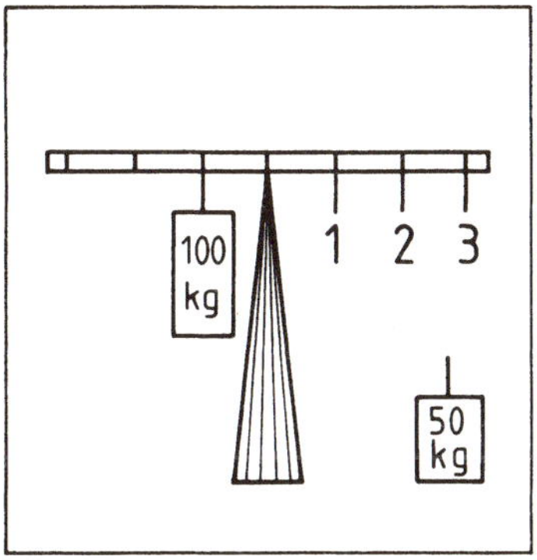

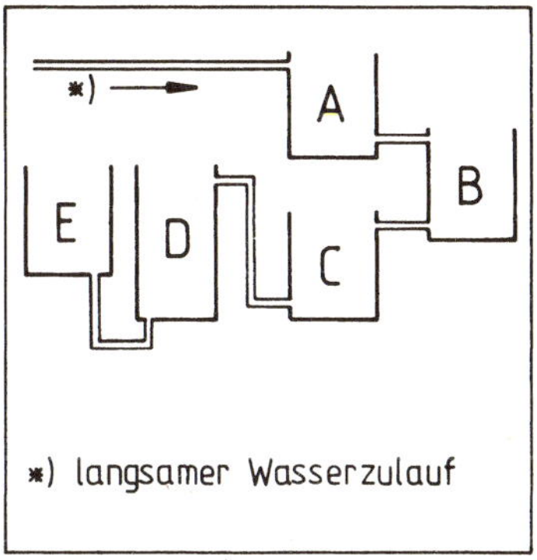

19 Wo ist das 50-kg-Gewicht aufzuhängen, um die Waage wieder in das Gleichgewicht zu bringen?

a) bei 1
b) bei 2
c) bei 3
d) geht überhaupt nicht

20 In die Behälter A, B, C, D und E läuft langsam Wasser ein. Welcher Behälter füllt sich zuerst?

a) A
b) B
c) C
d) D
e) E

Lösungen

2. Praktisch-technische Intelligenz
Rechenaufgaben

1. Addition
a) 402 b) 16481,78 c) 30,22

2. Subtraktion
a) 89 b) 107,52 c) 8,1247

3. Multiplikation
a) 636 b) 1872,702 c) 118800,048

4. Division
a) 8 b) 2,35 c) 123,12

5. Bruchrechnen

a) $\frac{433}{30}$ b) $\frac{1}{4}$ c) $\frac{3}{2}$ d) $\frac{11}{5}$ e) $\frac{28}{2}$ f) 16 g) $\frac{98}{53}$ h) $\frac{13}{4}$ i) $\frac{425}{32}$

j) $\frac{7}{11}$ k) 33,3 % l) 50 % m) 5 % n) 133,3 %

6. Dezimalrechnen

a) 1,696 b) 12,68 c) 21,736 d) 51 e) 1,938 f) 29,45

7. Prozent- und Zinsrechnung

a) 22,50 € b) 5 % c) 1141,17 € d) $\frac{1}{4}$ e) $\frac{1}{3}$ f) $\frac{1}{200}$ g) $1\frac{1}{4}$ bzw. $\frac{5}{4}$

8. Potenzieren/Wurzelziehen

a) 25 b) 16 c) 4 d) 12 e) 81

9. Algebra

a) a b) d c) c d) d

10. Dreisatz

a) 121 b) 7,5 m c) 60 g d) 9,09 % e) A = 75 €, B = 105 €
f) 262,50 €

11. Geometrie

a) rechter Winkel  stumpfer Winkel  spitzer Winkel 
b) Quadrat: $a \cdot a$ bzw. a^2
c) Rechteck: $a \cdot b$

d) Dreieck: $\frac{1}{2} \cdot$ Grundlinie $\cdot$ Höhe

e) Parallelogramm: Grundlinie × Höhe
f) Kreis: $\pi \cdot r^2$
g) Würfel: $a \cdot a \cdot a$ bzw. a^3
h) Quader: $a \cdot b \cdot c$
i) 27
j) 60 Stunden

12. Umrechnungen von Maßeinheiten (Maße und Gewichte)

a) 100 mm b) 10 000 m^2 c) 10 hl d) 1 000 000 mg

13. Textaufgaben

1: 8 Std. / *2:* 100 % / *3a:* 91 / *3b:* 300 km / *4:* 1 Mon. / *5:* 5 Redner / *6a:* 12,5 Fliesen / *6b:* 17 Fliesen / *6c:* 212,5 Fliesen / *7a:* 1075 km / *7b:* 3225 km / *7c:* 5375 km / *8:* 60 % / *9:* 50 % / *10a:* 4375 € / *10b:* 8,75 % / *11:* 72 / *12:* 96 Mio. € / *13a:* 33,3 %, 25 € / *13b:* 7,50 € / *13c:* 56,7 %, 42,50 € / *14:* 10,51 / *15:* 37 % / *16:* 2250 € / *17:* 5533,28 € / *18:* 1425 € / *19:* 4 Std., 55 Min. / *20:* 5 ¼ Nächte / *21:* 13,1 t / *22:* 1:300 000 / *23:* 13 % / *24:* 5 / *25:* 540 € / *26:* 3 Töchter (4 Söhne) / *27:* 355 t / *28:* 22 168 €, 33 252 € / *29:* 600 € / *30:* 110 km / *31:* 5 / *32:* 36 m

33:	Scheine				Münzen			
	100	50	20	10	5	2	1	0,50
450,–	4	1						
375,50	3	1	1		1			1
345,50	3		2		1			1
325,–	3		1		1			
192,–	1	1	2			1		
110,–	1			1				
	15×	3×	6×	1×	3×	1×	2×	

34: Verbrauchte Marken

Markenwerte	Mo Stück DM	Di	Mi	Do	Fr
0,10	50 5,–	10 1,–	20 2,–	10 1,–	5 0,50
0,50	80 40,–	10 5,–	50 25,–	20 10,–	10 5,–
0,80	5 4,–	10 8,–	5 4,–	10 8,–	– –
1,–	1 1,–	5 5,–	– –	– –	1 1,–
2,–	– –	– –	– –	1 2,–	2 4,–
5,–	2 10,–	– –	2 10,–	– –	– –
Summe €	60,–	19,–	41,–	21,–	10,50
Vortag €	100,–	80,–	61,–	60,–	79,–
Rest	40,–	61,–	20,–	39,–	68,50
Neuzugang	40,– = 80,–	–	40,– = 60,–	40,– = 79,–	–
Briefmarken	kaufen	nein	kaufen	kaufen	nein

Bestand: 68,50 €

14. Schätzaufgaben
1b / 2c / 3c / 4b / 5b / 6b / 7b / 8c / 9d / 10a

Technisches Verständnis

Zahnrädern auf den Zahn gefühlt
1b / 2b / 3a / 4b / 5a / 6b / 7a / 8c / 9a / 10b / 11b / 12a / 13d / 14d / 15a / 16c / 17c / 18b / 19b / 20c

3. Räumliches Vorstellungsvermögen

Das räumliche Vorstellungsvermögen bezeichnet die Fähigkeit, sich Formen und komplizierte Bewegungsabläufe im Raum aufgrund von schriftlichen Darstellungen oder zweidimensionalen Zeichnungen vorstellen und analysieren zu können. Mit anderen Worten: Es geht um die Fähigkeit, die räumliche Anordnung von Dingen sicher erfassen zu können, und die »Gabe«, das Gesehene im Raum umorientieren oder umordnen zu können. Bei den häufiger eingesetzten Einstellungstests ist das räumliche Vorstellungsvermögen von großer Bedeutung. Die Grenzen zum technischen Verständnis sind hierbei fließend.
Mit unserer Überschrift »Räumliches Vorstellungsvermögen« haben wir uns an den Anforderungsmerkmalen orientiert, die die Testautoren zu ihren entsprechenden Untertests angeben. Man sollte jedoch wissen, dass man bei manchen Aufgaben völlig ohne räumliches Vorstellungsvermögen auskommt, indem man mit leichteren sog. Flächenstrategien vorgeht, d. h. lediglich auf Flächen und/ oder Kanten achtet (mehr dazu bei den entsprechenden Aufgabentypen).

1. Aufgabe
Spiegelbilder

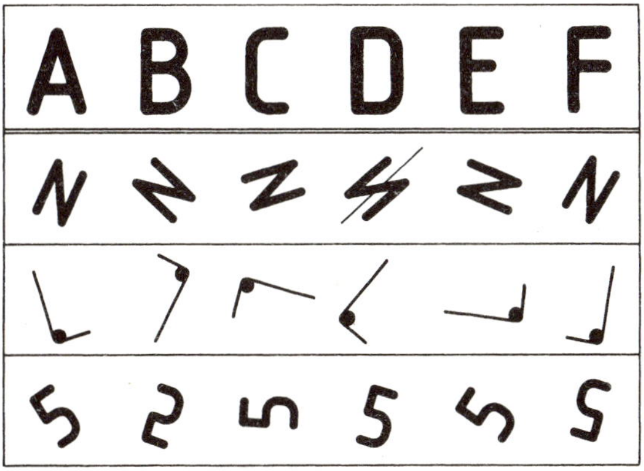

Warum ist bei der ersten Beispielzeile das große N unter dem D durchgestrichen worden?
Stellen Sie sich vor, eine Zahl oder ein Buchstabe wäre aus Pappe. Nimmt man nun in der ersten Zeile jedes große N, ohne es hochzunehmen, und schiebt es in Gedanken gerade, dann ist zu sehen, dass das vierte N falsch herum gedruckt worden ist. Durchzustreichen ist als richtige Lösung also das N unter dem D, das vierte N also.

2. Beispielzeile:
Hier ist es etwas schwieriger: Richtet man in Gedanken jeden Winkel gleich aus, so ist festzustellen, dass fünf Winkel deckungsgleich sind, während der letzte Winkel unter dem F spiegelbildlich gedruckt wurde. Hier ist also der Fehler, den Sie durch Durchstreichen kennzeichnen. Lösung für die dritte Beispielzeile: F.

In jeder Zeile sind also fünf Zeichen flach verschoben worden. Eine Zahl und ein Buchstabe bzw. ein Zeichen in jeder Zeile wurde aber außerdem hochgehoben und herumgedreht, sodass es nun spiegelbildlich zu sehen ist. Dieses spiegelbildlich verdrehte und somit falsche Zeichen (in jeder Zeile ist es nur eins) ist herauszufinden und anzustreichen. Für zehn Aufgaben haben Sie 1 Min. Zeit.

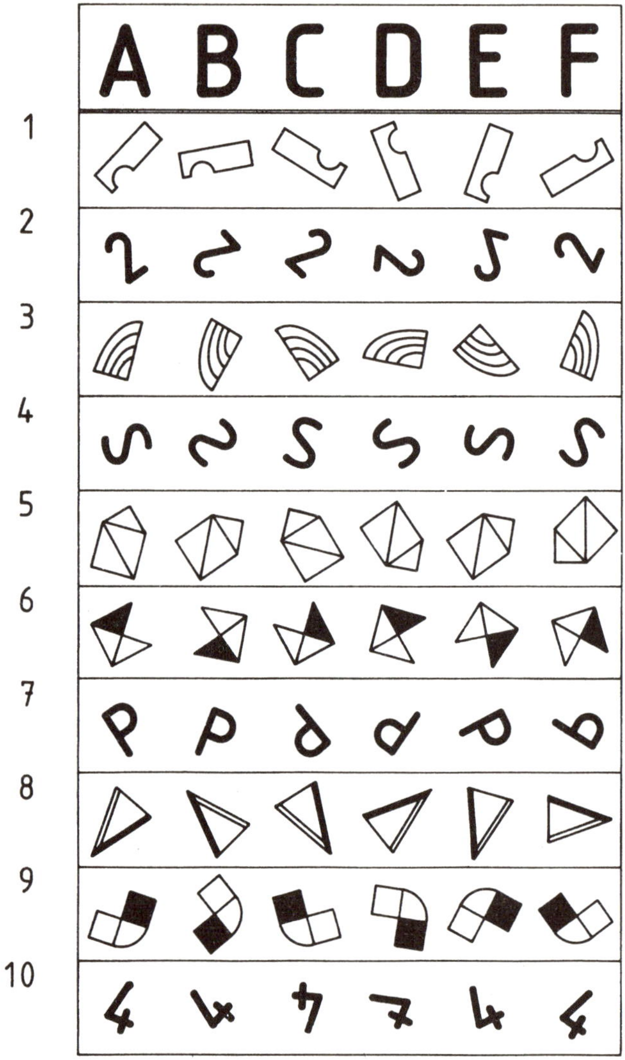
A B C D E F
1
2
3
4
5
6
7
8
9
10

2. Aufgabe
Raumvorstellung

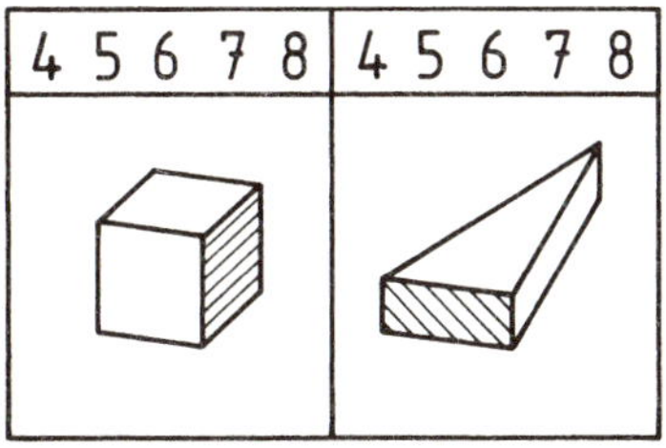

Das Bild unter der Zahlenreihe zeigt einen Würfel. Stellt man sich diesen Körper räumlich vor und zählt seine Flächen zusammen, so kommt man auf die Zahl sechs.

Die richtige Lösung 6 (Flächen) ist deshalb durchzustreichen. Im nächsten Beispiel sieht man einen Körper, der einem Stück Käse bzw. Kuchen ähnlich sieht. Hier ist die 5 durchzustreichen, denn wenn man sich diesen Körper räumlich vorstellt, kommt man zu dem Ergebnis, dass er 5 Flächen hat. Die richtige Lösung: 5.

Die Aufgabe lautet also: Überlegen Sie sich, wie viele Flächen der Körper hat. Hat ein Körper 3 Flächen, so wird von den 5 Zahlen die 3 durchgestrichen, hat ein Körper 4 Flächen, so wird entsprechend die 4 angekreuzt. Gezählt wird jede Fläche, egal ob sie eben oder gewölbt ist. An einem Knick oder an einer Kante beginnt immer eine neue Fläche. Durchbohrungen zählen mit. Vergessen Sie nicht, die Rückseiten des Körpers mitzuzählen. Für 20 Aufgaben haben Sie 2 Min. Zeit.

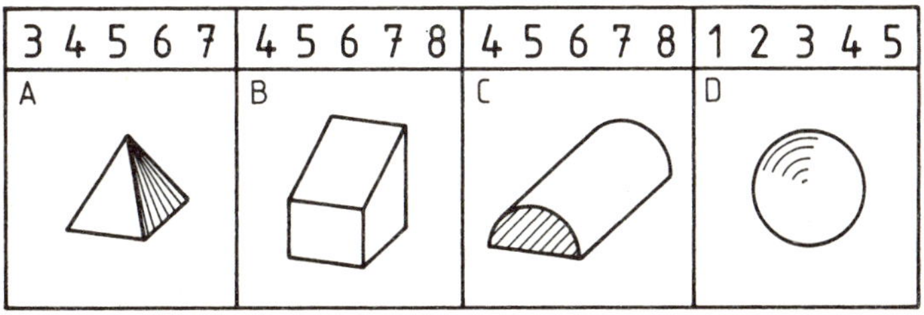

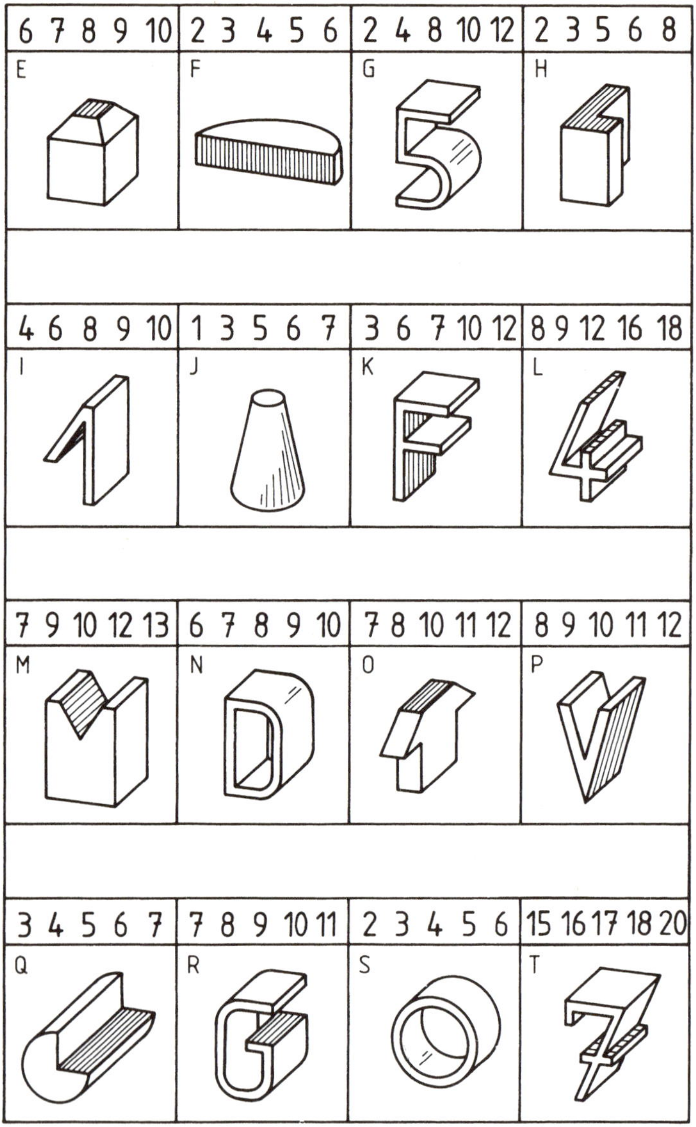
6 7 8 9 10
E
2 3 4 5 6
F
2 4 8 10 12
G
2 3 5 6 8
H
4 6 8 9 10
I
1 3 5 6 7
J
3 6 7 10 12
K
8 9 12 16 18
L
7 9 10 12 13
M
6 7 8 9 10
N
7 8 10 11 12
O
8 9 10 11 12
P
3 4 5 6 7
Q
7 8 9 10 11
R
2 3 4 5 6
S
15 16 17 18 20
T

3. Aufgabe
Körper zusammensetzen

Bei dieser Aufgabe geht es um folgende Fragestellung: Ist einer der drei links abgebildeten Körper aus dem Grundriss rechts entstanden? Und wenn ja, welcher der drei links abgebildeten Körper?

1. Beispiel:

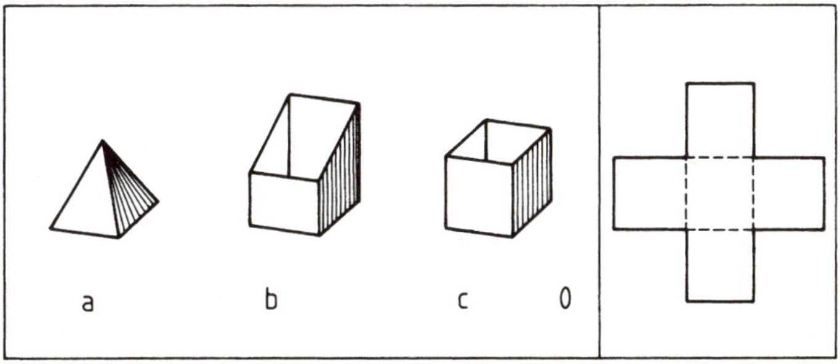

In der Zeichnung auf der rechten Seite sehen Sie ein Stück Pappkarton, die gestrichelten Linien zeigen an, wo der Pappkarton geknickt (gefalzt) werden soll. Im linken Feld sind drei Körper abgebildet, die angeblich aus dieser Vorlage gebildet werden können. Stimmt das, lautet unsere erste Frage. Wenn ja, welcher der drei links abgebildeten Körper hat den rechten Grundrissplan? Hier im 1. Beispiel handelt es sich offensichtlich um den Körper c, einen offenen Würfel. Nur dieser offene Würfel kann aus dem Grundrissplan rechts entstanden sein.

Bitte kreuzen Sie den richtigen Körper an. Wenn keiner der abgebildeten Körper dem Grundriss rechts entspricht, kreuzen Sie bitte die 0 an.

2. Beispiel:

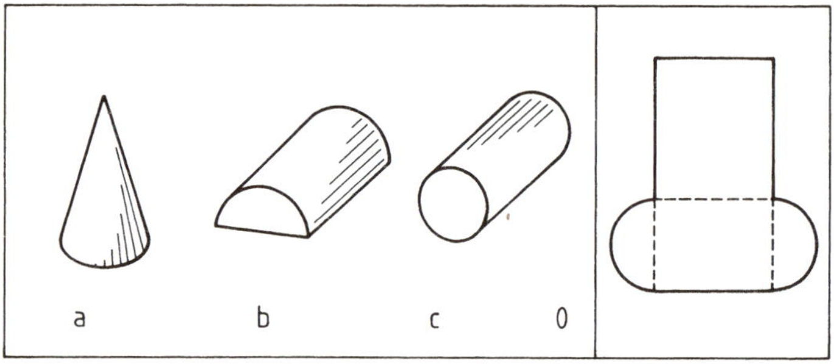

Aus dem rechten Grundriss ist nur die mittlere Figur (b) zusammenzubauen. Hier wäre die Lösung also b. Alle schraffierten Flächen dienen bei den nächsten acht Aufgaben nur zur Unterstützung der plastischen Wirkung des Körpers.

Bei den letzten vier Aufgaben kommt aber dann eine zusätzliche Schwierigkeit hinzu. Hier geht es darum, nicht nur den Grundriss zu einem Körper, der in jedem Fall ein Würfel ist, zuzuordnen (wenn überhaupt möglich), sondern dabei vor allem auch das Muster zu berücksichtigen. In unserem 3. Beispiel sehen Sie die Außenseiten des Körpers als Grundriss. Welcher der drei vorgestellten Körper kann aus dem Grundriss entstanden sein, oder ist vielleicht gar keiner der abgebildeten Körper aus der Vorlage entstanden (0)?

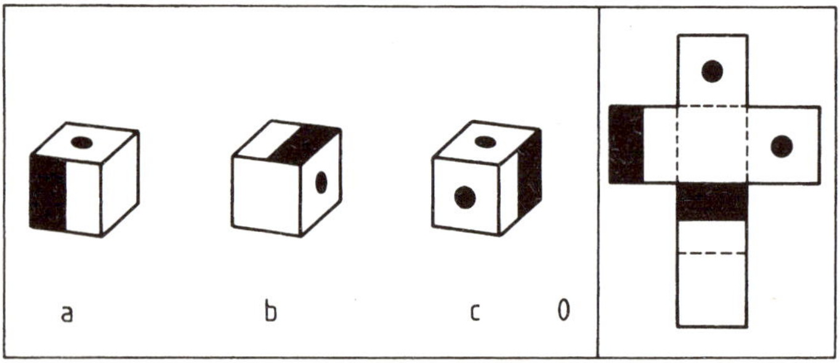

Lösung: a

Für die folgenden 12 Aufgaben haben Sie 2 Min. Zeit.

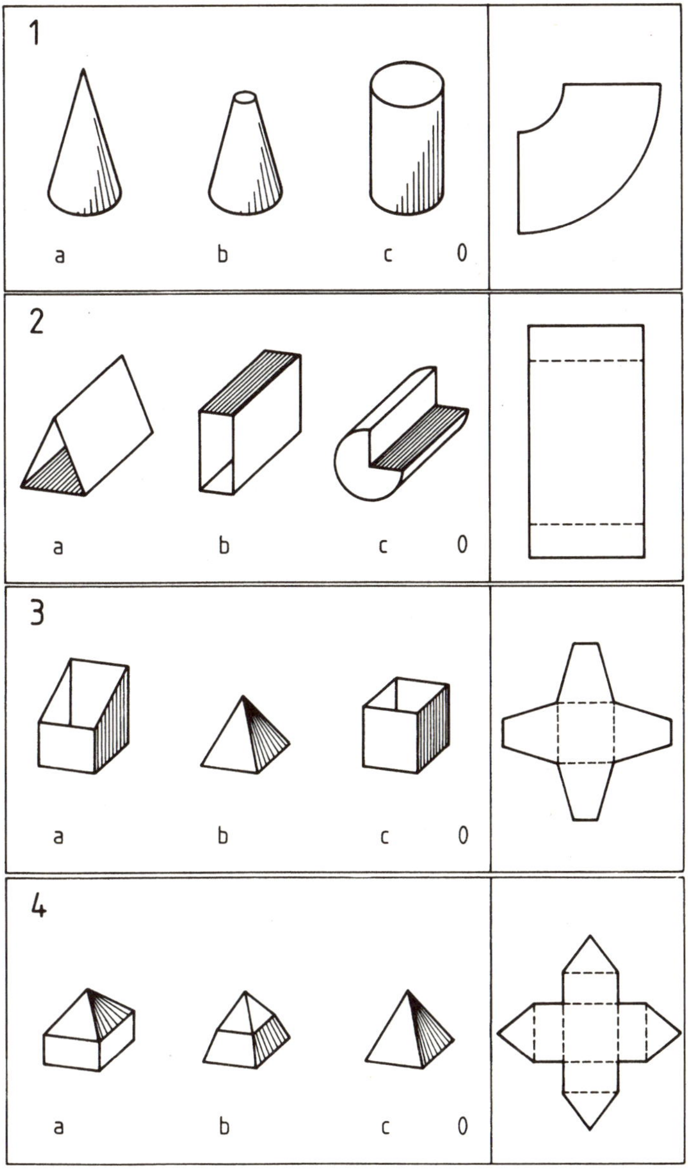
1
a
b
c
0
2
a
b
c
0
3
a
b
c
0
4
a
b
c
0

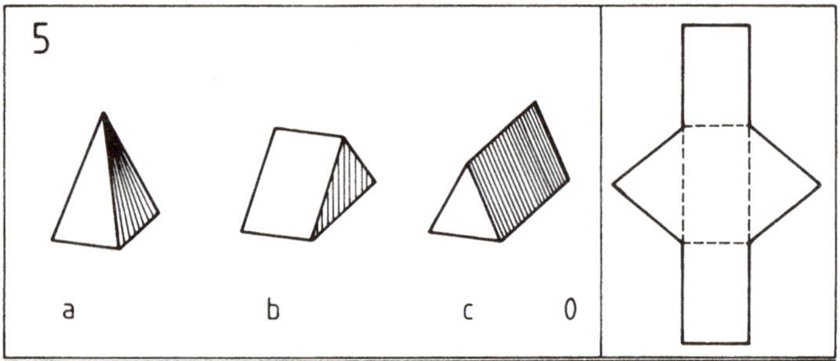
5
a
b
c
0

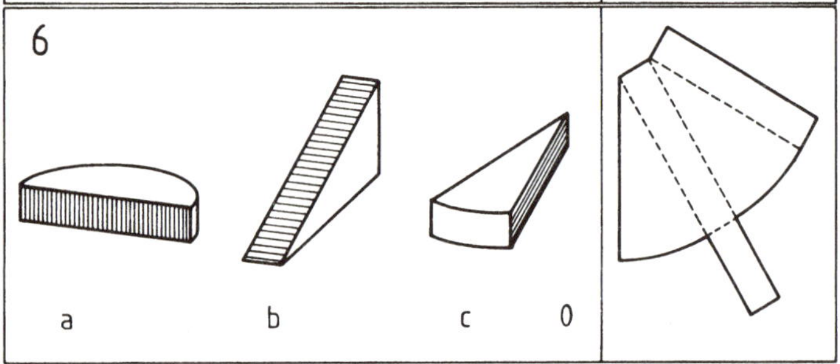
6
a
b
c
0

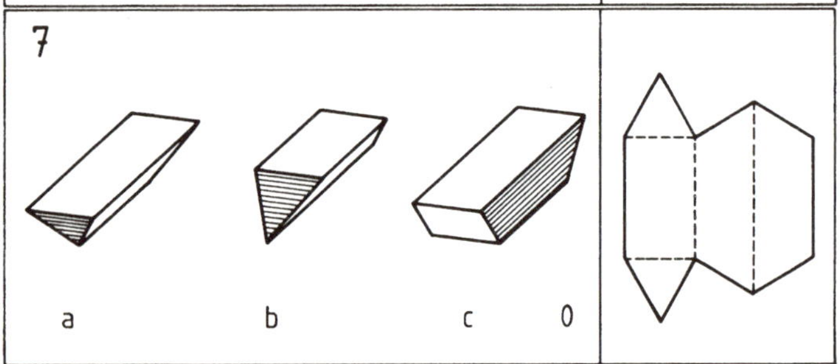
7
a
b
c
0

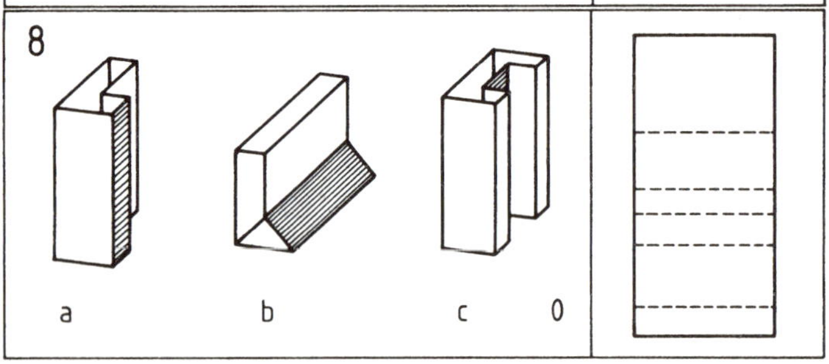
8
a
b
c
0

9

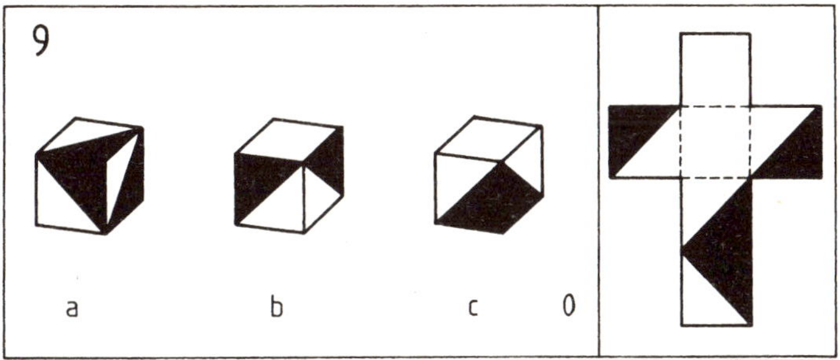

10

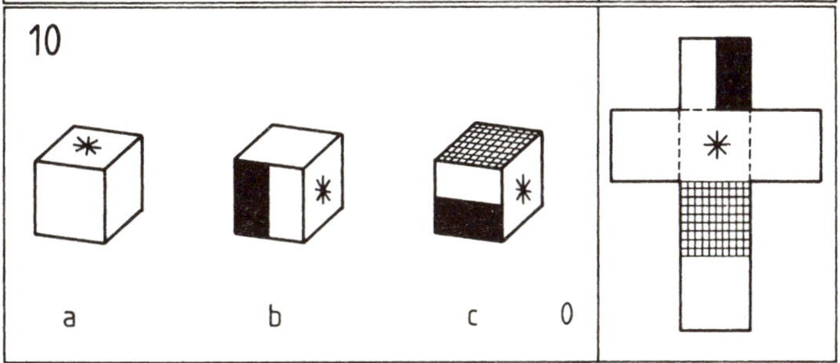

11

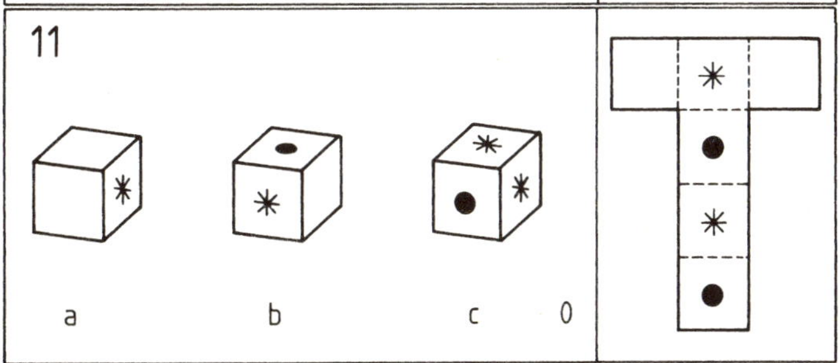

12

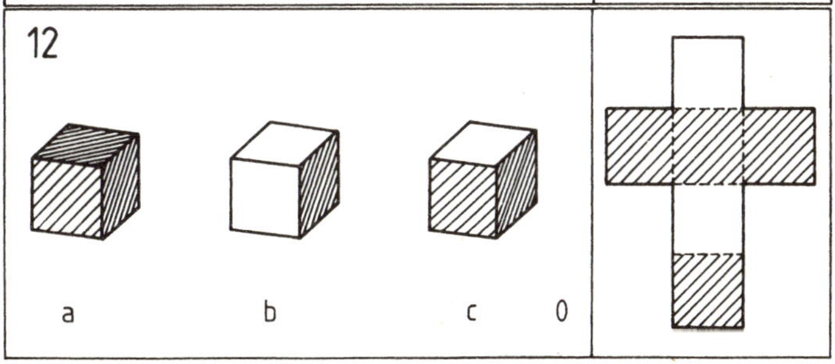

4. Aufgabe
Ausschneidebogen

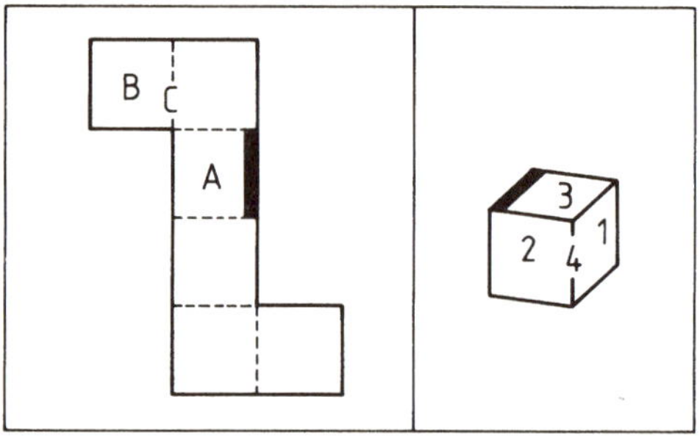

A
B
C

Stellen Sie sich vor, dass die linke Beispielfigur aus Papier wäre, und schneiden Sie sie in Gedanken aus. Nun falten Sie aus dieser Figur einen Körper, der die Form eines Würfels hat. Dieser Würfel wurde so gezeichnet, als wenn Sie von schräg oben auf ihn sehen. Beim Zusammenfalten wurden die Buchstaben aus dem Grundriss gleichzeitig in Zahlen umgewandelt. Es steht an der Stelle des A beim Grundriss nun beim Würfel eine 3. Die Frage lautet also: Wie gehören Buchstaben und Zahlen zusammen?
Beim 1. Beispiel wurde B zu 1 und C zu 4.
(Bitte beachten Sie, dass mehr Zahlen als Buchstaben angegeben sein können.)

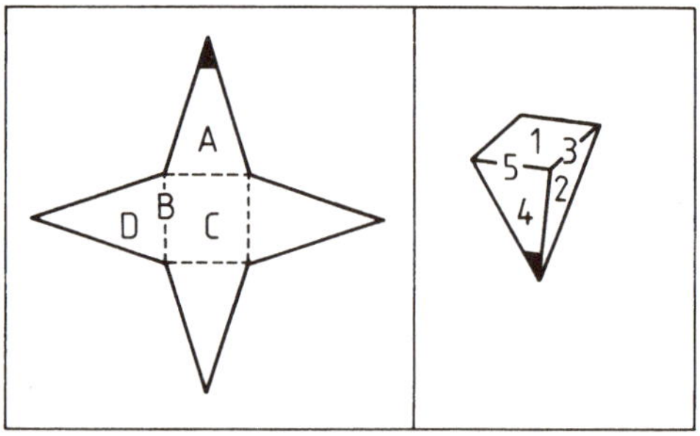

A
B
C
D

2. Beispiel: Hier haben Sie den Grundriss einer auf dem Kopf stehenden Pyramide. In welche Zahlen haben sich die Buchstaben verwandelt, nachdem der Körper zusammengesetzt worden ist? A wurde zu 4. Die weiteren Lösungen:
B 3 C 1 D 2

Verfahren Sie bitte bei den Übungsaufgaben in gleicher Weise: Zuordnung des Buchstabens bei der Ausgangszeichnung zur Zahl beim Körper nach dem Falten.
Für acht Aufgaben haben Sie 6 Min. Zeit.

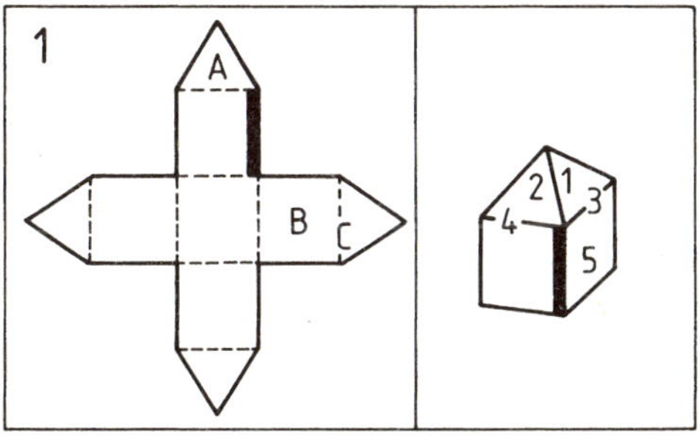

A
B
C

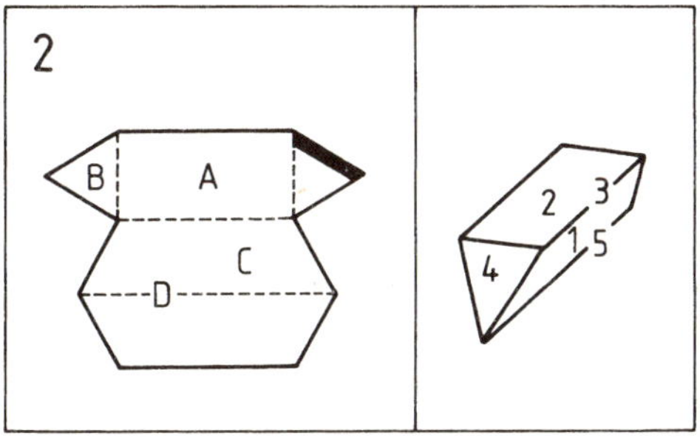

A
B
C
D

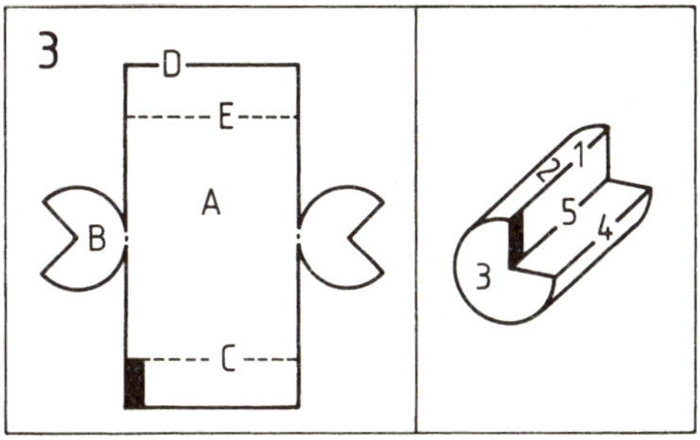

A
B
C
D
E

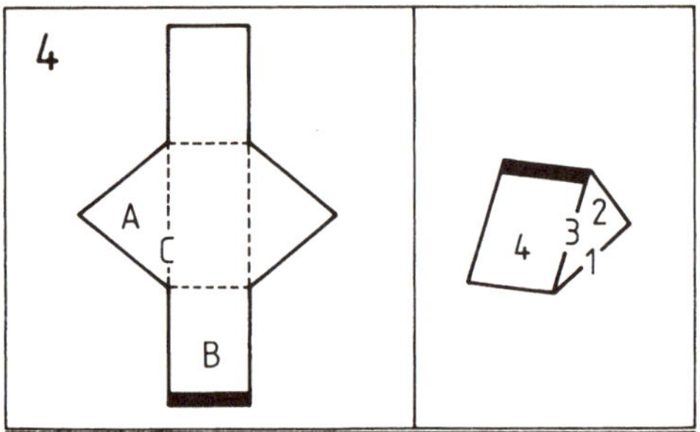

A
B
C

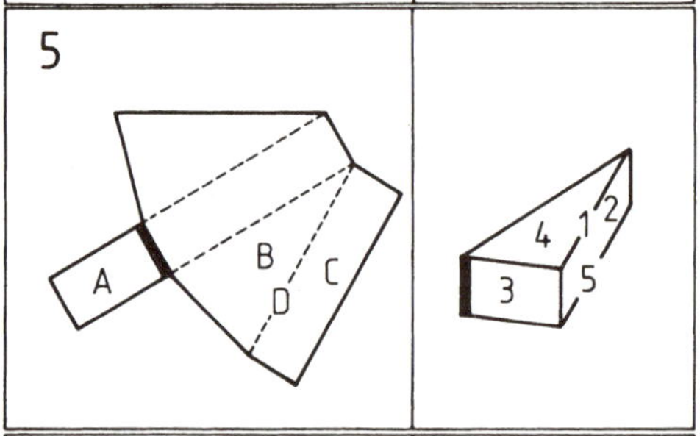

A
B
C
D

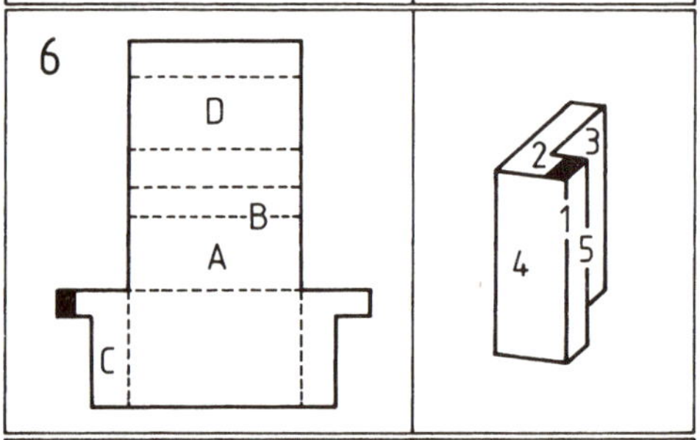

A
B
C
D

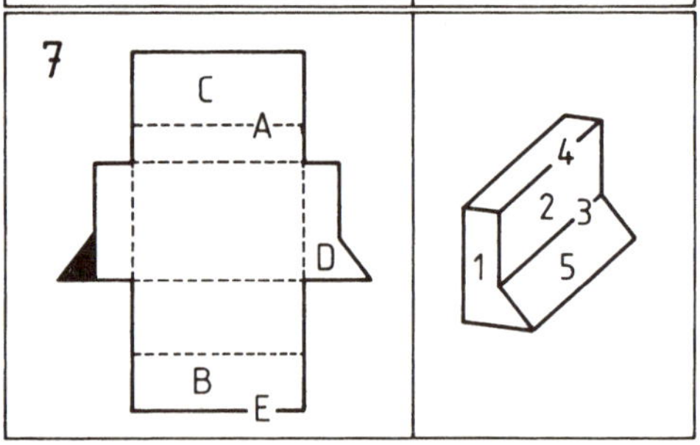

A
B
C
D
E

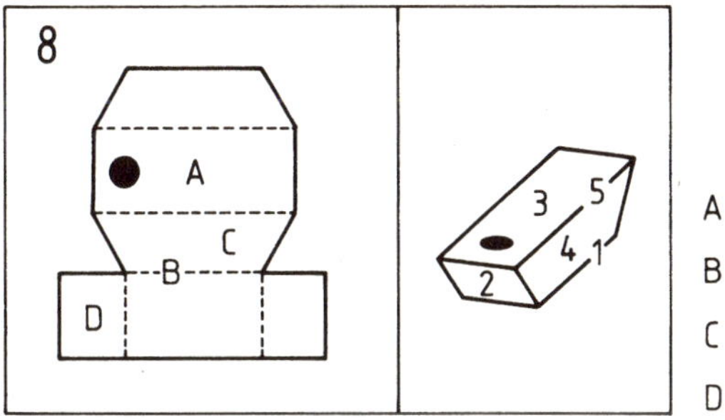

Tipps zu Aufgabe 4 (Ausschneidebogen/Flächenzuordnen)

Sollten Sie bei dieser Aufgabe Schwierigkeiten haben, hilft Ihnen vielleicht als Lösungsstrategie der Hinweis, dass es hier teilweise ohne komplizierte Raumvorstellungen möglich ist, durch Beachten der Zuordnung der Flächen zueinander zur richtigen Lösung zu kommen. Betrachten wir noch einmal das 1. Beispiel:

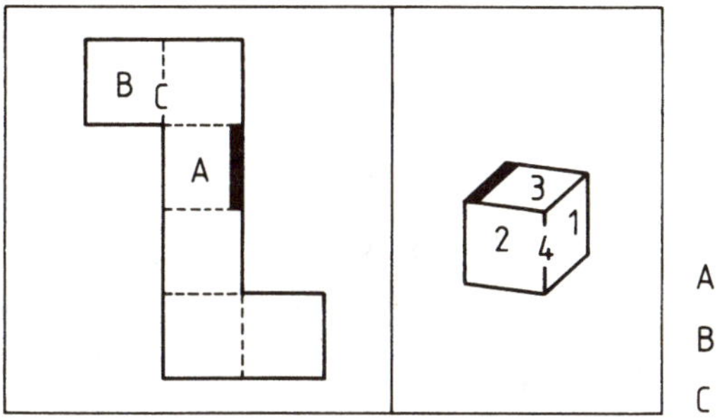

Bei dieser Aufgabe kann A wegen des schwarzen Balkens nur 3 sein, C steht als einziger Buchstabe auf der Kante, kann also nur 4 sein, und die Entscheidung für B (1 oder 2) wird durch die Feststellung erleichtert, dass 2 an die Fläche mit dem schwarzen Balken angrenzt, was B nicht macht. Also kann B nur 1 sein.
Auch bei unserem 2. Beispiel kommt man mit einer einfacheren Lösungsstrategie zum Ziel, die lediglich die Flächen beachtet, obwohl der Testautor zum entsprechenden Originaluntertest schreibt, dass es um räumliches Vorstellungsvermögen geht.

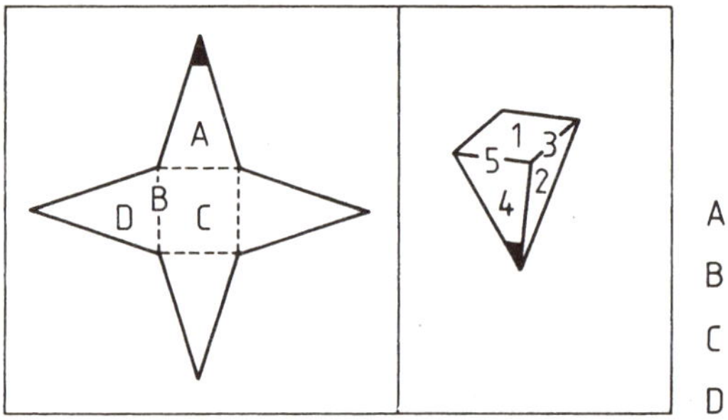

A kann wegen der schwarzen Spitze nur 4 sein, C wegen der quadratischen Form nur 1. B grenzt nicht an die Fläche mit der schwarzen Spitze an, kann also nur 3 sein. Entsprechend kann D nur 2 sein, da D die Kante B (3) hat.

5. Aufgabe
Figurenauswahl – schwarze Magie

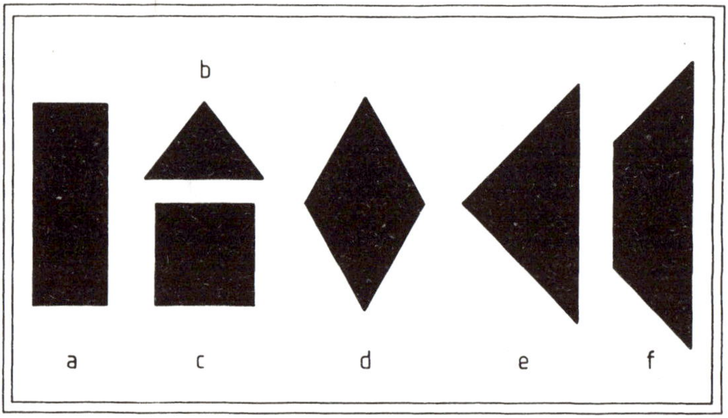

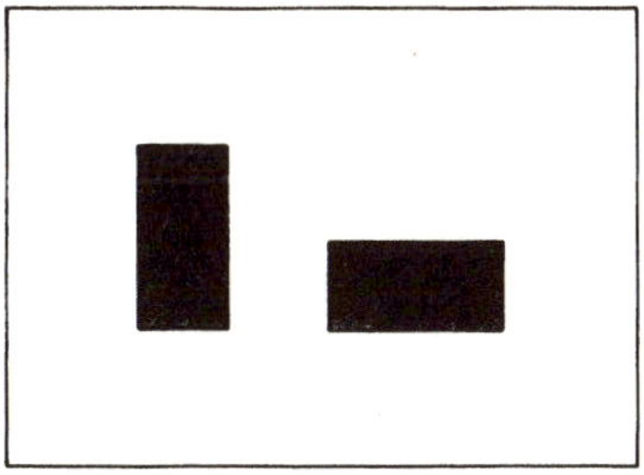

1. Beispiel

2. Beispiel

Unser Beispiel zeigt Ihnen vorgegebene Musterfiguren (a–f), die in mehrere Stücke zerschnitten wurden. Ihre Aufgabe ist es herauszufinden, welche von den vorgegebenen Musterfiguren (a, b, c, d, e oder f) aus den einzelnen Teilstücken zusammengefügt werden kann, ohne dass Ecken überstehen oder Platz zwischen den Stücken bleibt. Setzen Sie unter das Kästchen, das diese zerschnittene Figur darstellt, den Buchstaben der Musterfigur, die sich in Originalgröße wieder ergibt, wenn man die Teilstücke richtig zusammensetzt.

1. Beispiel: Welche Figur lässt sich aus diesen beiden Teilstücken sinnvoll zusammensetzen?

Lösung: c

2. Beispiel: Welche Figur lässt sich aus diesen beiden Teilstücken sinnvoll zusammensetzen?

Lösung: e

Für zehn Aufgaben haben Sie 3 Min. Zeit.

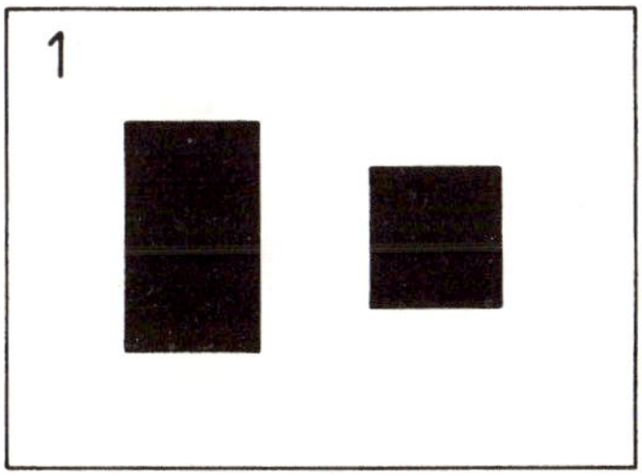

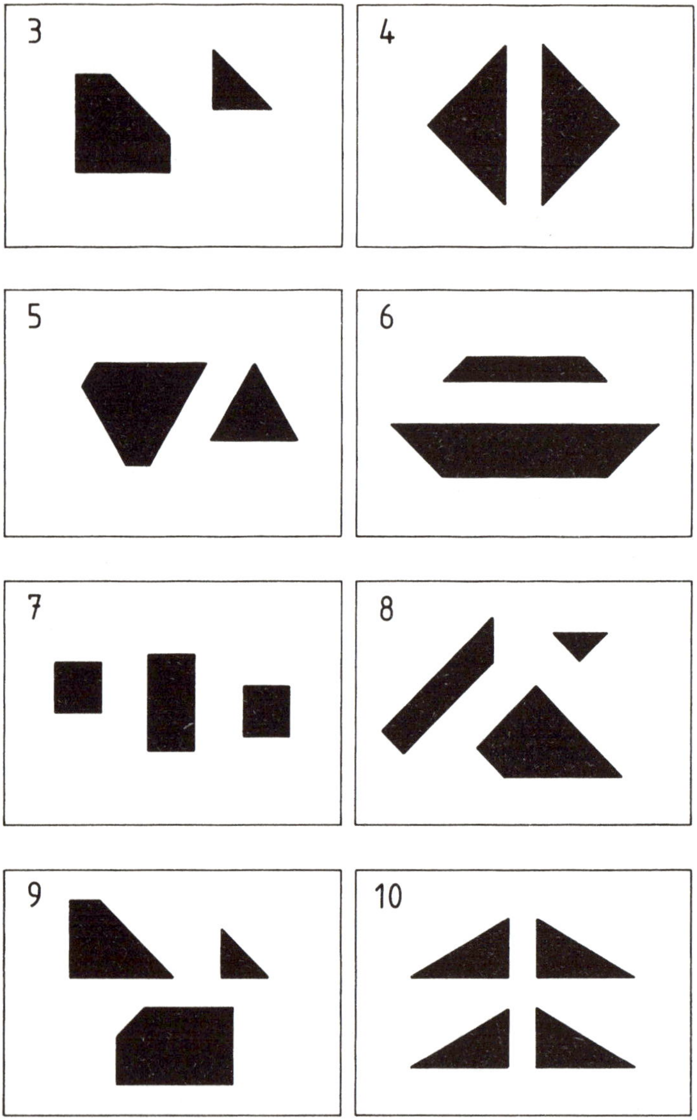
3
4
5
6
7
8
9
10

6. Aufgabe
Quaderaufgaben

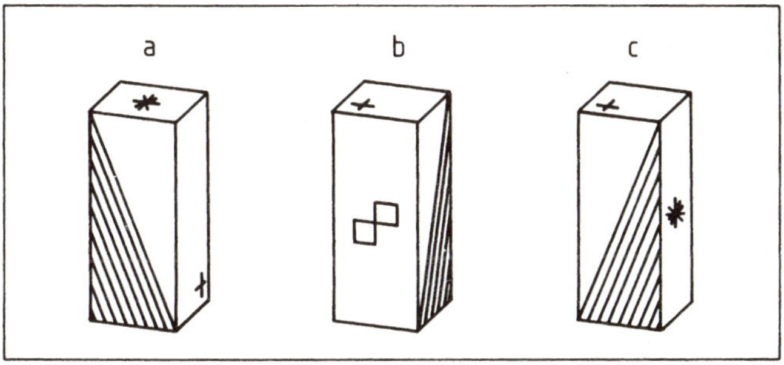

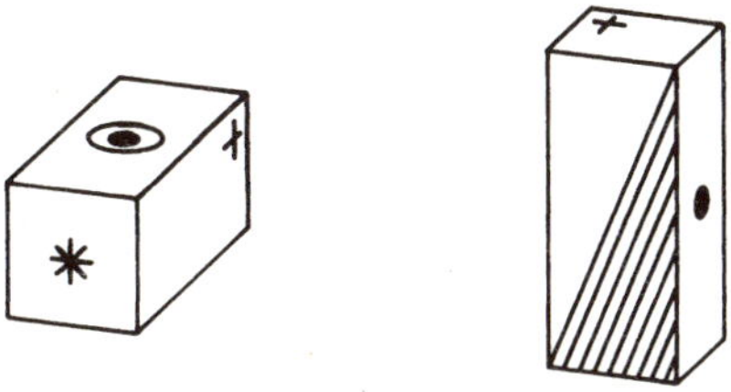

Sie sehen als Muster drei Quader. Jeder Quader hat entsprechend seinen sechs Flächen sechs verschiedene Zeichen/Symbole, von denen Sie aber nur drei sehen können. Jede Aufgabe zeigt Ihnen einen Quader in unterschiedlicher Lage. Sie müssen herausfinden, um welchen der vorgegebenen Musterquader (a, b oder c) es sich handelt. Dabei ist zu beachten, dass der Quader gedreht oder gekippt oder gedreht und gekippt sein kann. Natürlich kann dabei auch ein neues Zeichen des Musterquaders für Sie sichtbar werden. Es ist wichtig zu wissen, dass die oben abgebildeten Musterquader in jedem Fall verschiedene Quader sind. Sie tragen zwar teilweise die gleichen Zeichen, aber auf verschiedenen Flächen.

1. Beispiel: Um welchen Musterquader (a, b oder c) handelt es sich hier?

Lösung: a

Offensichtlich ist der Musterquader a vom langen Stehen der Länge nach hingeschlagen. Er zeigt uns jetzt seine Rückseite mit einem Kreispunkt.

2. Beispiel: Welcher Musterquader steht vor Ihnen?

Lösung: b

Der Quader b hat sich von rechts nach links gedreht. Dabei zeigt er nun seine vorher unbekannte Rückansicht auf der vor uns stehenden rechten Seite.

Für die folgenden 15 Aufgaben haben Sie 5 Min. Zeit.

1

2

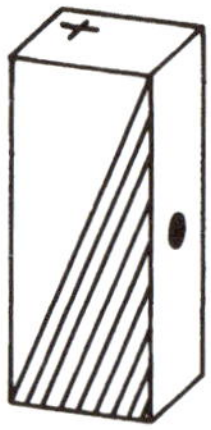

3

4

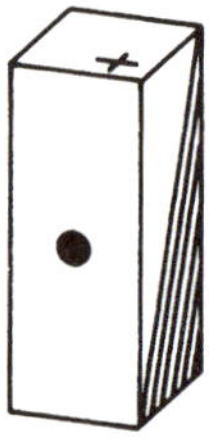

5

6

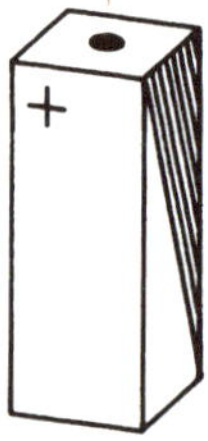

7

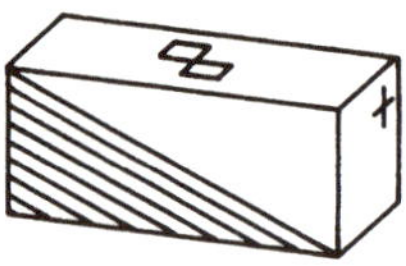

8

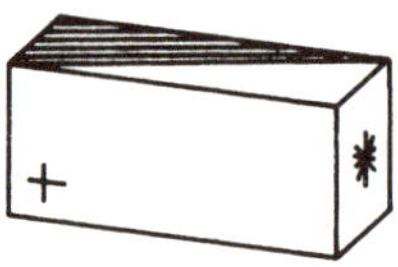

9

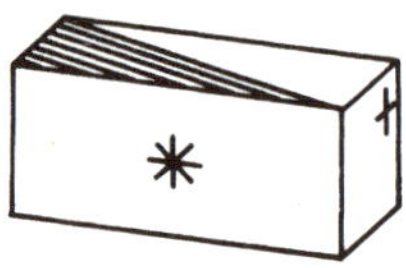

10

11

12

13 14 15

7. Aufgabe
Die Würfel sind gefallen

Im Prinzip entspricht diese Aufgabe der Quaderaufgabe (Aufgabe 6). Jetzt sollen Sie feststellen, um welchen der sechs vorgegebenen Musterwürfel (a–f) es sich bei den einzelnen Aufgabenwürfeln (1–18) handelt. Jeder Würfel hat entsprechend seinen sechs Flächen sechs verschiedene Zeichen/Symbole, von denen Sie aber nur drei sehen. Dabei ist zu beachten, dass der Würfel gedreht oder gekippt, aber auch gedreht und gekippt sein kann. Dabei kann auch *ein* neues Zeichen bei den Musterwürfeln sichtbar werden. Vergessen Sie nicht: Auch wenn die Musterwürfel zum Teil gleiche Zeichen/Symbole tragen – es handelt sich in jedem Fall um sechs verschiedene Würfel.
Eine Lösung als Beispiel: Aufgabenwürfel 1 ist Musterwürfel d.

Für 17 Aufgaben haben Sie 7 Min. Zeit.
Bitte beachten Sie unseren ausführlichen Kommentar im Anschluss an die Aufgaben.

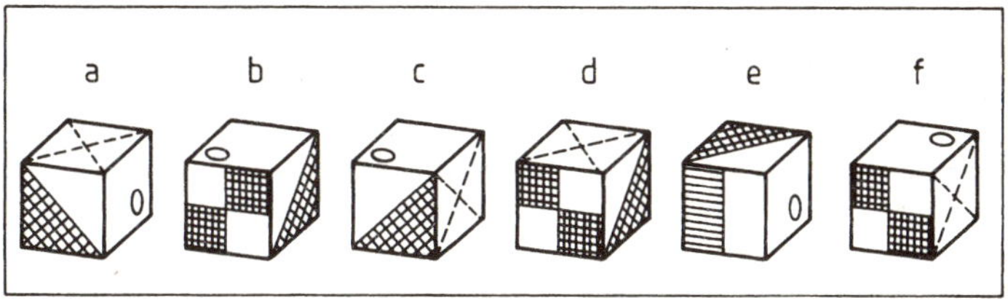

1 2 3 4 5 6

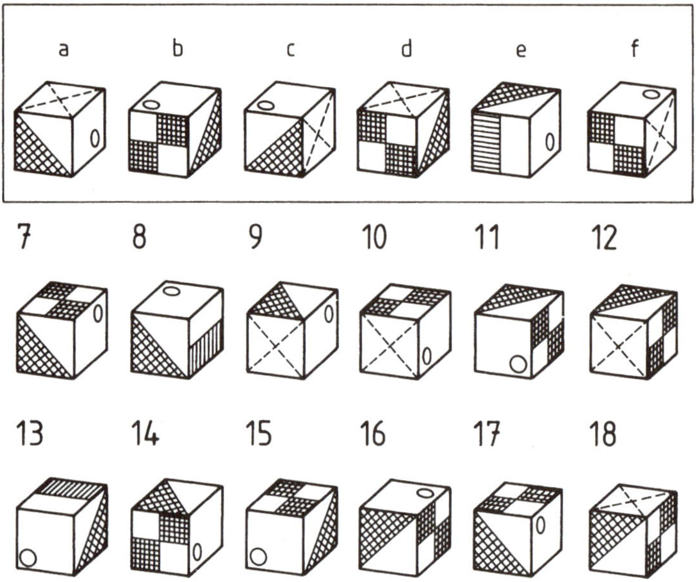

Tipps für Würfelaufgaben

Aufgaben zum räumlichen Vorstellungsvermögen ohne viel räumliches Vorstellungsvermögen

Unserer Erfahrung nach haben viele Testteilnehmer mit Würfelaufgaben erhebliche Schwierigkeiten. Die hier vorgeschlagene Lösungsstrategie ist sicherlich nicht in fünf Minuten zu verstehen, aber wenn Sie sich die Mühe machen, die folgenden Darlegungen in Ruhe zu studieren, verfügen Sie über eine Lösungsstrategie, die Ihnen die Bewältigung solcher und ähnlicher Aufgaben wesentlich erleichtern wird.
Unsere Ausführungen basieren auf einer Untersuchung, die zu diesem Aufgabentyp an der Universität Düsseldorf durchgeführt wurde.[36] Dabei wurde festgestellt, dass man einen großen Teil der Würfelaufgaben auf eine verblüffende Art und Weise lösen kann.
Bei den Modellwürfeln a–f sind jeweils drei Flächen sichtbar, die

mit Symbolen versehen sind. Sie wiederholen sich bei den sechs Modellwürfeln, wenn auch in unterschiedlicher Kombination. Man kommt dem Lösungsweg etwas näher, wenn man für die Symbole Zahlen einsetzt:

gestricheltes *Kreuz*	(1)
kariertes *Dreieck*	(2)
weißer *Kreis*	(3)
karierte *Quadrate*	(4)
gestreiftes *Rechteck*	(5)

Übersicht: Modellwürfel mit Angabe der sichtbaren Symbole 1–5

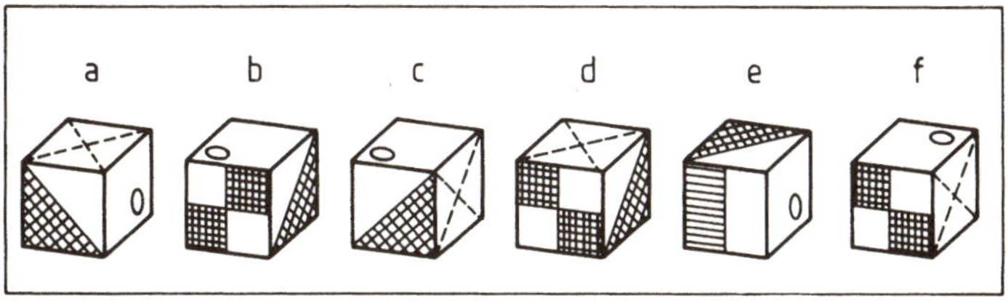

1, 2, 3   2, 3, 4   1, 2, 3   1, 2, 4   2, 3, 5   1, 3, 4

Übersicht: Aufgabenwürfeltypen

Aufgabenwürfel

1

Symbole 1, 2, 4
I Flächenwürfel

Aufgabenwürfel

3

Symbole 1, 2, 3
II Flächenwürfel plus

Aufgabenwürfel

6

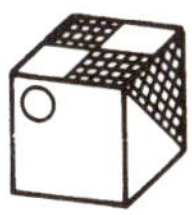

Symbole 2, 3, 4
III Raumwürfel

Der Modellwürfel a hat folgende Symbole: Das Kreuz (1), das Dreieck (2) und den Kreis (3). Beim Würfel b kennen wir schon die Symbole 2 und 3 und bekommen ein neues Symbol präsentiert: karierte Quadrate, die wir mit der Ziffer 4 kennzeichnen. Nur bei Modellwürfel e kommt zu den uns schon bekannten Symbolen ein weiteres hinzu: ein gestreiftes Rechteck (5).

Überprüfen Sie in der Modellreihe a–f, welche Modellwürfel genau die gleichen Symbole tragen: Nur a und c zeigen die gleichen Symbole 1, 2 und 3. (Diese Kenntnis über die Würfel mit drei gleichartigen Symbolen benötigen Sie bei dem sog. »Flächenwürfel plus«, siehe S. 275.)
Wir haben also *Modellwürfel* (a–f), die uns vorgegeben sind, und *Aufgabenwürfel* (1–18 aus der Aufgabe 7), die wir diesen Modellwürfeln zuordnen sollen. Um dieses Zuordnungsverfahren zu erleichtern, kann man die Aufgabenwürfel (1–18) in drei Arten von Typen *(Aufgabenwürfeltypen)* einteilen. Das ist für die Lösung dieser Aufgabe sehr hilfreich.
Eine sorgfältige Untersuchung der Aufgabenwürfel hat ergeben, dass es drei verschiedene Typen von Aufgabenwürfeln gibt, die man folgendermaßen bezeichnen kann:

Aufgabenwürfeltyp I: »Flächenwürfel«
Aufgabenwürfeltyp II: »Flächenwürfel plus«
Aufgabenwürfeltyp III: »Raumwürfel«.

Aufgabenwürfeltyp I: »Flächenwürfel«
Beim ersten Aufgabenwürfeltyp (Nr. 1 aus unserer Aufgabe) handelt es sich um einen sog. »Flächenwürfel«, der sehr leicht einem der Modellwürfel a–f zugeordnet werden kann, da seine sichtbaren Flächen mit den Flächen eines der oben gezeigten Modellwürfel gleich sind. Wie gehen Sie dabei vor? Sie vergleichen die Flächen und Symbole von Aufgabenwürfel 1 zunächst mit den Flächen von Modellwürfel a, dann mit b; c können Sie überspringen, da die Flächen mit a gleich sind, und bei d stellen Sie Übereinstimmung in allen drei Symbolen fest. Zuordnungslösung also: 1 = d.

1

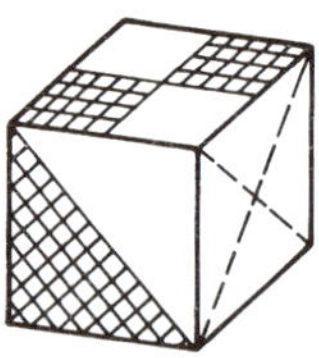

d

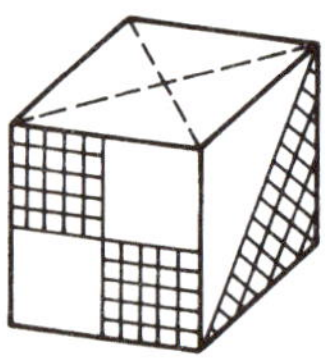

Wegen des einfachen Flächenvergleichs bei der Aufgabenlösung wird dieser Aufgabenwürfeltyp »Flächenwürfel« genannt.

Aufgabenwürfeltyp II: »Flächenwürfel plus«

Beim zweiten Aufgabenwürfeltyp (Nr. 3 aus unserer Aufgabe) finden wir die gleichen Symbole wie bei den Modellwürfeln a und c. Die anderen Modellwürfel scheiden als Zuordnungsmöglichkeit aus, da sie andere Symbole zeigen. Im Gegensatz zum vorherigen Aufgabenwürfeltyp ist allein aufgrund der Symbole keine sofortige und eindeutige Zuordnungsmöglichkeit gegeben. Sie müssen zwischen zwei Modellwürfeln (a und c) entscheiden, was immerhin leichter ist als zwischen sechs.

Dieser Aufgabenwürfeltyp heißt *»Flächenwürfel plus«,* weil ein Prüfschritt hinzukommt, hier die Auswahl zwischen zwei Modellwürfeln. Bei diesem Prüfschritt geht es um die Beachtung der Position der Symbole zueinander. Mit anderen Worten: Es geht um die Beziehung zwischen den Flächen.

Betrachten wir zunächst die Beziehung zwischen den beiden Flächen Kreuz (1) und Dreieck (2) bei Aufgabenwürfel 3:

3

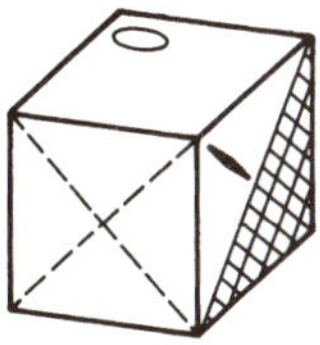

a

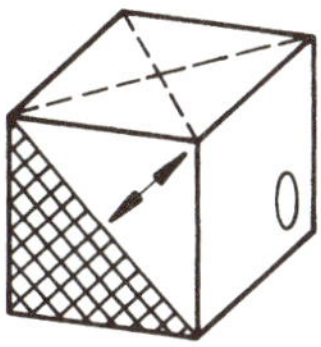

c

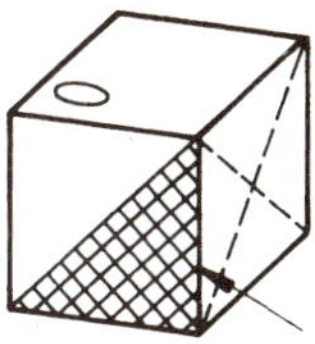

Zwischen beiden Flächen befindet sich ein weißer Zwischenraum (weißes Dreieck), was nur bei Modellwürfel a ebenso ist. Bei Modellwürfel c grenzt das karierte Dreieck (2) direkt an das Kreuz (1) an.

Also kommt nur Modellwürfel a als Lösung infrage.

Betrachten wir jetzt noch die Beziehung zwischen den beiden Flächen kariertes Dreieck (2) und Kreis (3) bei Aufgabenwürfel 3:

3

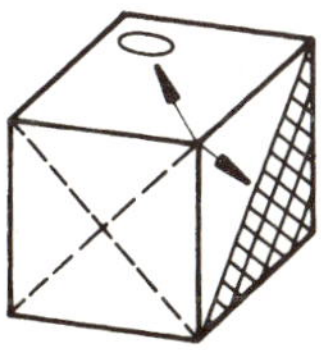

a

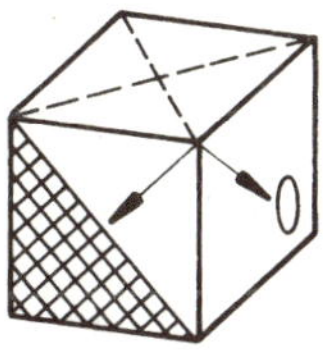

c

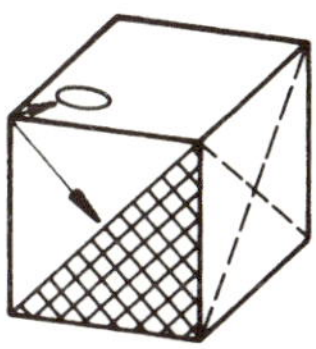

Denkt man sich eine Verbindungslinie von der Grundlinie des karierten Dreiecks (2) über eine Würfelecke hin zu dem weißen Kreis (3), so ist festzustellen, dass nur bei Modellwürfel a die gleiche Entfernung besteht wie beim Aufgabenwürfel 3. Bei Modellwürfel c befindet sich der Kreis (3) dagegen direkt an der ersten Verbindungskante – eine weitere Bestätigung dafür, dass die Lösung a lauten muss.

Aufgabenwürfeltyp III: »Raumwürfel«

Beim dritten Aufgabenwürfeltyp (Nr. 6 aus unserer Aufgabe) könnte man auf die Idee kommen, dass es sich hier um einen einfachen »Flächenwürfel« handelt, um den Modellwürfel b. Um dies genau zu überprüfen, schauen wir uns an, ob sich die Symbole auch im richtigen Verhältnis zueinander befinden. Zuerst scheint die Beziehung richtig zu sein – bei der Überprüfung der Lage weißes Quadrat (4) zu weißer Kreis (3).

6 b

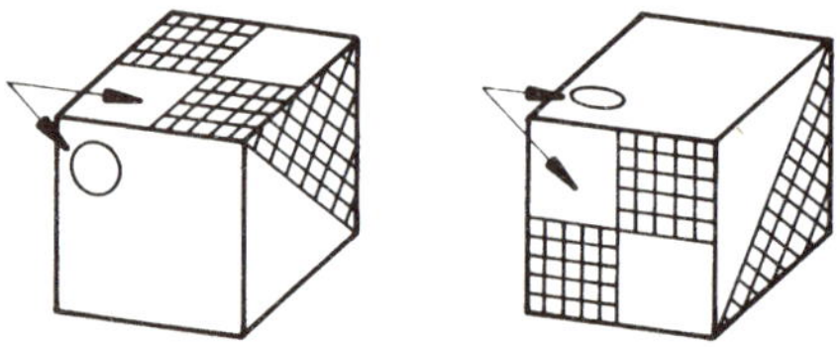

Aber das karierte Quadrat (4) grenzt bei Modellwürfel b nicht wie beim Aufgabenwürfel 6 an das karierte Dreieck (2).

6 b

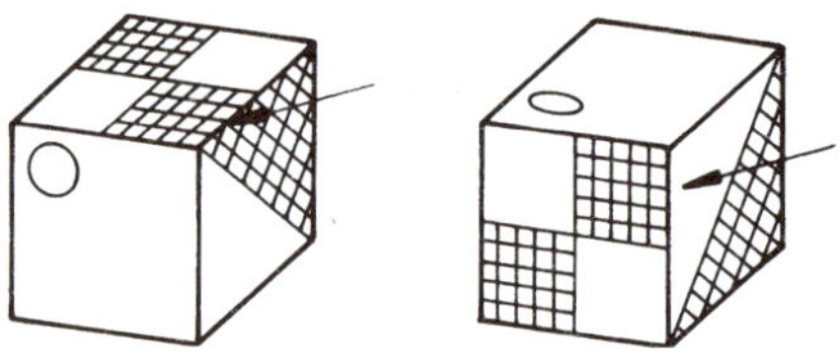

Also kann es sich nicht um den Modellwürfel b handeln. Um den richtigen Modellwürfel herauszufinden, erinnern wir uns an ein wichtiges Testbearbeitungsprinzip: die Ausschlussmethode.

Beginnen wir mit Modellwürfel f: Die Symbole Kreis (3) und Quadrate (4) sind bei Musterwürfel f ebenfalls vorhanden, aber bei einer Überprüfung der Symbollage zueinander müssen wir feststellen, dass beim Aufgabenwürfel 6 der weiße Kreis ganz nahe bei dem weißen Quadrat (4) ist.

6 f

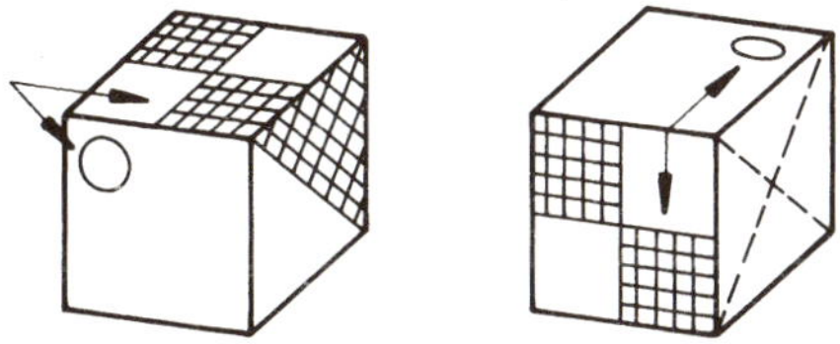

Das ist bei unserem Modellwürfel f nicht der Fall. Deshalb scheidet f als Lösungsmöglichkeit aus.
Modellwürfel e könnte wegen der richtigen Beziehung der Flächen Kreis (3) und Dreieck (2) infrage kommen, scheidet aber aus, wenn man ihn in der räumlichen Vorstellung rechts zur Seite kippt (jetzt liegt der Kreis unten), um die Lage des Dreiecks in Übereinstimmung mit Aufgabenwürfel 6 zu bringen.

6 e

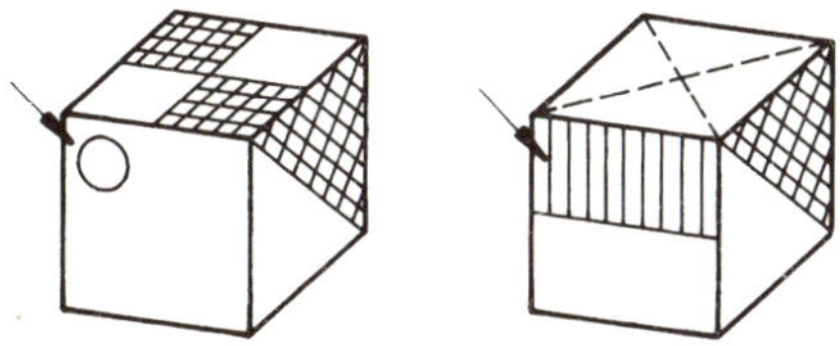

Jetzt zeigt sich, dass das Rechteck (5) immer noch vorn ist, wo eigentlich der Punkt (3) sein müsste.
Modellwürfel d: Hier finden wir zwar zwei Symbole des Aufgabenwürfels 6, aber die Lage zueinander stimmt nicht. Das gilt auch für Modellwürfel c, wo die Entfernung Kreis (3)/Dreieck (2) nicht stimmt.

6 d c

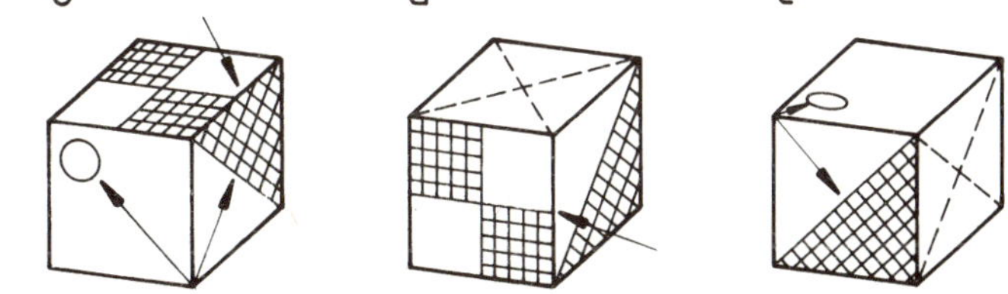

Es bleibt also nur noch a als Lösung übrig, da alle anderen Lösungsmöglichkeiten ausgeschlossen wurden. Hier stimmt auch die Entfernung Kreis (3)/Dreieck (2).

a

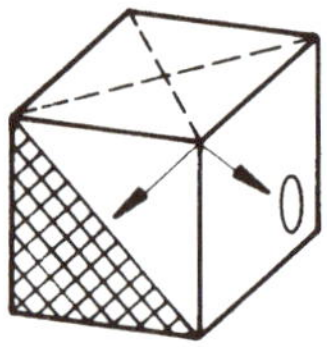

Durch die Ausschlussmethode, bei der man die nicht infrage kommenden Lösungsmöglichkeiten ausschließt, sind wir hier zur richtigen Lösung gelangt. Bei dem dritten Aufgabenwürfeltyp handelt es sich um einen sog. »Raumwürfel«, der eine neue Seite des Modellwürfels a vorstellt. Bei den »Raumwürfeln« ist räumliches Vorstellungsvermögen notwendig, das heißt das Wenden und Drehen des Modellwürfels in der Vorstellung, unter Berücksichtigung der Zuordnung der Flächen zueinander.
Diese schwierigen »Raumwürfel« machen in der realen Testsituation höchstens 50 %, meistens sogar nur 30 % der gesamten Aufgabenwürfel aus. Die anderen Aufgabenwürfel bestehen aus »Flächenwürfeln« und »Flächenwürfeln plus« und lassen sich sehr viel leichter mit Hilfe der Beachtung der Flächen und ihrer Beziehung zueinander (sog. Flächenstrategie) lösen.
In unserer Aufgabe 7 sind die Aufgabenwürfel

1, 2, 7, 8, 10, 11, 12, 13	»Flächenwürfel«,
3, 4, 9	»Flächenwürfel plus«,
5, 6, 14, 15, 16, 17, 18	»Raumwürfel«.

Ein mögliches Vorgehen bestände in der realen Testsituation darin, zunächst die leichteren »Flächen-« und »Flächenwürfel plus« zu bearbeiten und so Punkte zu sammeln – jede richtige Lösung zählt!
Bei diesen Aufgaben kommt es darauf an – wie bei allen anderen auch –, einen kühlen Kopf zu bewahren, sich nicht festzubeißen und zunächst die einfacheren Aufgaben zu lösen. Verbleibt Zeit, kann man mit Knobeln, Ausprobieren und Raten an die schwereren Aufgaben rangehen, um zusätzliche Punkte zu sammeln.

Zusammenfassende Bemerkungen

Wenn Sie das vorhergehende Kapitel zum technischen Verständnis mit einem glücklichen Gefühl einfach überblättert haben und froh waren, weil Sie sich sicher sind, dass Sie mit technischen Aufgaben nicht konfrontiert werden können, muss hier deutlich darauf hingewiesen werden, dass das räumliche Vorstellungsvermögen weitaus häufiger Gegenstand der Überprüfung ist, als zu vermuten wäre.
Das räumliche Vorstellungsvermögen ist für unsere Vorfahren, die Affen, von besonderer Bedeutung, da sie sich Fehleinschätzungen in der räumlichen Wahrnehmung beim Springen und Hangeln von Baum zu Baum nicht leisten können. Warum sollte also räumliches Vorstellungsvermögen nicht auch für Bürokräfte nützlich sein?

Lösungen

3. Räumliches Vorstellungsvermögen

1. Aufgabe
1D / 2E / 3A / 4B / 5D / 6C / 7F / 8E / 9A / 10D

2. Aufgabe
A5 / B6 / C4 / D1 / E10 / F4 / G 10 / H8 / I9 / J3 / K12 / L16 / M9 / N6 / O10 / P8 / Q5 / R8 / S4 / T18

3. Aufgabe
1b / 2c / 30 / 4a / 5b / 6c / 7b / 8a / 9c / 100 / 11b / 12c

4. Aufgabe
1: A2, B5, C3 / 2: A2, B4, C1, D5 / 3: A2, B3, C1, D5, E4 / 4: A2, B4, C1 / 5: A3, B4, C2, D1 / 6: A4, B1, C2, D3 / 7: A4, B5, C2, D1, E3 / 8: A3, B1, C4, D2

5. Aufgabe
1a / 2b / 3c / 4e / 5d / 6f / 7c / 8e / 9f / 10d

6. Aufgabe
1c / 2b / 3a / 4c / 5b / 6a / 7b / 8a / 9c / 10c / 11b / 12a / 13b / 14b / 15a

7. Aufgabe
1d / 2f / 3a / 4c / 5c / 6a / 7b / 8e / 9c / 10f / 11b / 12d / 13e / 14a / 15f / 16d / 17c / 18b

III. Arbeitsverhalten

In den ersten beiden großen Testkapiteln haben wir uns mit intellektuellen Fähigkeiten allgemeiner und spezieller Natur beschäftigt (Denken, Gedächtnis, Wahrnehmung, Sprache, Rechtschreibung, Rechnen, technisches Verständnis, räumliches Vorstellungsvermögen). Neben der angeblichen Überprüfung Ihrer intellektuellen Fähigkeiten kommt es Ihrem zukünftigen Arbeitgeber aber vor allem auf Ihr voraussichtliches Arbeitsverhalten an. Das ist Gegenstand dieses dritten Kapitels. Es enthält Aufgabenanteile, die Ihnen teilweise schon aus den ersten beiden Kapiteln bekannt sind: Konzentrationsvermögen, Ordnung, Sorgfalt und Arbeitsorganisation. Selbstverständlich werden bei allen Testaufgaben auch Anforderungen an Sauberkeit, Unterordnungs- und Anpassungsfähigkeit gestellt. In diesem Kapitel wird versucht, solchen Qualitäten in einzelnen Testaufgaben – möglichst nahe an der Arbeitsrealität orientiert – zu Leibe zu rücken. Der Arbeitgeber erhofft sich eine Aussage über Ihre angebliche Arbeitsqualität – wiederum mit sehr fragwürdigen Methoden.

1. Konzentrationsvermögen/Ausdauer/Belastbarkeit

Keiner wird ernsthaft bestreiten wollen, dass Konzentrationsvermögen eine wichtige Voraussetzung für vielerlei Dinge im Leben ist. Ob unter der Stresssituation eines »Einstellungstests« ein optimales Konzentrationsvermögen geleistet werden kann, ist stark zu bezweifeln. Ihre Konzentrationsfähigkeit ist durch den großen Zeitdruck beeinträchtigt. Ausdauer, Belastbarkeit, Ordnung und Sorgfalt sind weitere Merkmale, um die es geht. Klare Abgrenzungen zwischen den einzelnen Anforderungen sind bei diesen Testaufgaben kaum vorzunehmen. Ihnen wird es sicherlich schwer fallen, diese Aufgaben unter starkem Zeitdruck, in einer Prüfungs- und Stresssituation zu bewältigen. Aber auch hier kann die Vorinformation über die Art der Aufgabenstellung für Sie nur von Vorteil sein. Zu wissen, was auf einen zukommt, zu wissen, in welcher Form und wie man getestet wird, hilft Ihnen, mit Ihrer Verzweiflung in dieser unangenehmen Situation fertig zu werden und nicht zu schnell alle »Felle davonschwimmen« zu sehen.

1. Aufgabe
Nervenprobe

In unserem Zwei-Be-Test geht es darum, den kleinen Buchstaben b, der zwei Striche hat, durchzustreichen. Die beiden Striche können sich über oder unter dem b befinden, auch kann oben und unten je ein Strich vorhanden sein, wichtig also: Es dürfen nur die b durchgestrichen werden, die so aussehen:

```
" '
b b b
  ' "
```

b, die nur einen Strich haben oder gar keinen, dürfen nicht durchgestrichen werden, ebenso wenig q jeder Art. Probieren Sie diese Aufgabe bitte in der folgenden Übungszeile aus; wenn Sie alles richtig gemacht haben, sind am Ende 8 b durchgestrichen.

```
'   '   "   '   " " ' '     "   '   "   '   "   '   "
b q b q b b q b q b q b q b b q b q b q b q b b q b q b q
' "   '   '   "         ' '       " ' ' ' '   '   "   '
```

Für die Übungsseite stehen Ihnen pro Zeile 10 Sek. zur Verfügung. Am besten, Sie suchen sich jemanden, der bereit ist, alle 10 Sek. »Halt« zu sagen, nach jedem »Halt« müssen Sie sofort zur nächsten Zeile übergehen. So haben Sie dann nach dem Stress gleich jemanden, der Ihnen helfen kann, sich nervlich wieder zu erholen.

Tipps für die Bearbeitung:
Das Ziel, die richtigen b und nicht die falschen q anzustreichen, erreichen Sie am besten dadurch, dass Sie Ihre Augen zunächst wirklich in der Zeilenmitte lassen und jeden Buchstaben einfach übergehen, der kein b ist. Erst wenn Sie an einem b angelangt sind, konzentrieren Sie sich auf die Anzahl der Striche über und/oder unter der Zeile.

b q b b q q b q b q q q b b q q b q b q b q q q b b b b b

b q b b q q b q b q b b q q b q b q b b q b q b q b q b b

b q q q b b b b b q q b q b q b q b q b q q b b q b q b q

b q b b q q b q b q b q b q b q b b q q b q b b b b q q b

b q q b q b q b q b b b q b q b q b q b q b q b q b q b q

b q b q b q b q b q b q b b q q b q b q b q b q b b q b q

q q q b q b q b q b q b q b b q b q b q q b b q q b b q q

b b b q q q b b b q q q b q b q b b b q q q b b q q b b q

b q q b q b q b b b q b q b q b q b b q b q b q b q b q b

b q b q b q b b q b q b q b b q b q b q b q b b q b q b q

q q b q b q b b q b q b b b b b b b q q q b q b q b q b q

b q b q b q b q b q b q b q b q b q b q b q b q b q b q b

b b b b q q q q b q b q b b q q b b q q b q b q b q b q b

b q b q b q b q b b q q b q b q b q b q b q b q b q q b b

2. Aufgabe
Schnelles Addieren

Jetzt werden Ihre Rechennerven aufs Äußerste beansprucht. Bei den nachfolgend präsentierten Zahlenblöcken sollen Sie Zeile für Zeile von links nach rechts im Kopf addieren, sich quer und krumm arbeiten.

1. Beispiel: Die Zahlen 3 4 6 1 7 6 5 8 9 sind zu addieren. Am Ende dieser Zeile ist das Ergebnis notiert: 49. Die Endziffer dieses Ergebnisses, die Einerstelle 9, ist in der Zeile zu suchen und durchzustreichen. Hier gilt die Regel: Ist die Zahl mehrfach vorhanden, ist die dem Ergebnis von rechts aus am nächsten stehende Zahl durchzustreichen. Ist die Einerstelle gar nicht vorhanden, dann bitte nur das Ergebnis aufschreiben.

2. Zeile: Hier ist die Summe 26, und da 6 die letzte Ziffer ist, muss die 6 in der Zeile durchgestrichen werden.

Für die Übungsaufgaben auf Seite 284 haben Sie 20 Min. Zeit. In der Testrealität haben Sie für 400 solcher Additionsaufgaben (Additionen von 10 einstelligen Zahlen) ungefähr 40 Minuten Zeit. Da kann es schon passieren, dass Sie früher oder später je nach Nervenstärke nicht mehr in der Lage sind, 1 und 1 zu addieren. Nicht verzweifeln, Sie können nicht alles schaffen!

3. Aufgabe
Rechenkonzentration

Jetzt bekommen Sie Rechenaufgaben, die nach folgendem Muster zu lösen sind:
Die obere Zeile wird zuerst ausgerechnet, und das Ergebnis müssen Sie sich, ohne es aufschreiben zu können, merken. Dann rechnen Sie die untere Zeile aus. Auch hier müssen Sie sich das Ergebnis wieder merken. Beide Ergebnisse behalten Sie im Kopf. Und jetzt gilt folgende Regel: Stets ist die kleinere Zahl von der größeren abzuziehen und das Ergebnis (und nur dieses) ist in das Kästchen einzutragen. Sie dürfen keinerlei Nebenrechnungen aufschreiben oder sich sonst irgendwelche Notizen machen. Die gesamte Rechenoperation ist im Kopf durchzuführen. (Weiter auf S. 285.)

A	B	C	D
346176589 49	336543456	754654367	232346787
321762311 26	564353227	545676328	652153212
563257231	453617891	654367543	767651553
543231678	345321128	767545451	726715255
432657121	435654327	878614265	786765312
876543124	765765453	676545431	675432672
324562311	787865432	656152414	876545621
546214512	456654321	564247112	765438215
654378121	543675431	716271435	356271623
567435212	456432179	765664411	715236123
212156421	456432178	767543536	712654561
765432212	232346787	557573287	876545775
879654674	652153212	534355667	737383123
655212122	767651553	765544468	735367862
343536121	726715255	754355556	654785431
765123131	786765312	861217525	876546523
876543541	675432672	765454452	736512384
768967854	876545621	876765213	455624321
765431313	765438215	654514762	655182312
871123567	356271623	886435145	635253771
782456121	715236123	252717276	736487655
876212128	712654561	715315321	765432212
876512554	876545775	765341434	879654674
765212461	737383123	672533135	655212122
767512879	735367862	253625544	343536121
865443211	654785431	671565765	765123131
872565438	876546523	886543415	876543541
543453212	736512384	424155564	768967854
876212531	455624321	875434345	765431313
872211226	655182312	355765563	871123567
876546781	635253771	653426653	782456121
987654212	736487655	255557264	876212128
878656431	563257231	872615324	876512554
876552154	543231678	754323623	765212461
878612154	432657121	765313767	767512879
876434512	876543124	243535336	865443211
876545612	324562311	736353537	872565438
345434531	546214512	515426123	543453212
654765489	654378121	713652712	876212531
123456789	567435212	713574344	872211226

1. Beispiel $\quad 2 + 8 - 7$

$\qquad\qquad\qquad\quad$ 4 ______

$\qquad\qquad\qquad 4 + 5 - 2$

Zuerst rechnen Sie die obere Zeile aus.
Ergebnis: 3
Nun die untere Zeile.
Ergebnis: 7

$7 - 3 = 4$. Nur die 4 schreiben Sie als Lösung hin.

2. Beispiel: $\quad 5 - 4 + 8$

$\qquad\qquad\qquad\quad$ 1 ______

$\qquad\qquad\qquad 9 + 7 - 6$

Ergebnis 1. Zeile: 9
Ergebnis 2. Zeile: 10
Nur das Gesamtergebnis (Lösung 1) wird hingeschrieben, alles andere wird im Kopf gerechnet.

Mit den 20 Beispielaufgaben verfahren Sie ebenso, dafür stehen Ihnen eigentlich nur 2,5 Minuten Zeit zur Verfügung, wenn wir genau nach der Testrealität gehen würden. Wir geben Ihnen für diese 20 Aufgaben beim ersten Durchgang 5 Min.

a) 7 + 9 – 3 8 – 5 + 3	f) 2 + 9 – 4 6 + 2 – 4	k) 2 + 6 + 7 5 – 3 + 7	p) 8 + 4 – 9 3 + 8 – 5
b) 9 – 7 + 8 4 + 9 – 2	g) 4 + 5 + 2 8 – 6 + 9	l) 8 – 3 +7 9 – 5 + 3	q) 2 + 7 – 4 6 + 3 – 2
c) 5 – 2 + 8 7 + 9 – 6	h) 5 + 9 – 4 6 – 2 + 8	m)2 + 8 – 7 6 – 5 + 9	r) 8 – 6 + 5 4 + 9 – 7
d) 7 + 6 + 3 8 – 7 + 9	i) 4 + 8 + 6 7 – 9 + 8	n) 9 – 5 + 7 4 + 3 + 6	s) 4 – 3 + 6 5 + 7 – 3
e) 2 + 5 – 4 4 + 7 – 9	j) 6 + 8 + 7 2 + 4 – 6	o) 5 – 2 + 9 4 + 8 + 6	t) 8 + 6 – 4 7 – 5 + 7

Wenn Sie mit diesen Aufgaben fertig geworden sind (versuchen Sie, alle Aufgaben zu Ende zu rechnen, auch wenn Sie dafür mehr Zeit brauchen), fangen Sie noch einmal von vorn an und rechnen Sie die Aufgaben jetzt mit folgender Variante:

Ist das Ergebnis der 1. Zeile größer als das Ergebnis der 2. Zeile, müssen Sie jetzt die 2. Zeile von der 1. Zeile abziehen (wie gehabt). Ist das Ergebnis der 1. Zeile kleiner als das Ergebnis der 2. Zeile, müssen Sie es dazuzählen. Diese Variante schafft Ihnen fast 20 neue Aufgaben, für die Sie 5 Min. Zeit haben.
Noch zu Ihrer Information: In einem Realtest könnten Ihnen 250 dieser Aufgaben vorgelegt werden, für die Sie dann 30 Min. Zeit haben (ist unmöglich zu schaffen!).

4. Aufgabe
Zahlenkolonnen

In einer Original-Testsituation könnte das die längste Stunde Ihres Lebens werden. Gegen Ende werden Sie wahrscheinlich kaum noch in der Lage sein, die Uhrzeit richtig abzulesen oder Ihren Namen zu buchstabieren. Ein großformatiger Testbogen (Plakatgröße, ca. DIN-A3) wird Ihnen vorgelegt, beidseitig voll von einstelligen Zahlenkolonnen. Wir beschränken uns hier darauf, Ihnen eine Buchseite in dieser Form zu präsentieren. Ihre Aufgabe ist es, immer zwei untereinander stehende Zahlen zu addieren und das Ergebnis rechts daneben einzutragen. Dabei ist darauf zu achten, dass bei einem zweistelligen Ergebnis die 1. Stelle (die Zehnerstelle) weggelassen werden muss.
Um die Original-Testsituation nachzuempfinden, müssten Sie sich jetzt eigentlich mit einer programmierbaren Uhr alle 3 Minuten ein Signal setzen, um dann jeweils unter dem letzten ausgerechneten Ergebnis einen Querstrich zu ziehen. Sollten Sie keine derartige Uhr haben und sollte Ihnen auch keine Hilfsperson bei dieser nervtötenden Arbeit zur Verfügung stehen, schenken Sie sich die Zeitnahme.
Mit dieser zwanghaften Zeitkontrolle will man sehen, wie sich Ihre Arbeitsleistung (sog. Arbeitskurve) im Laufe der Zeit verändert. Logisch, dass man am Anfang in drei Minuten noch mehr sinnlose Zahlen schafft als am Ende.
In der Testrealität haben Sie es mit ca. 4000 Additionen zu tun, für die Ihnen 60 »vergnügte« Minuten zur Verfügung stehen.
(P.S.: Bei dieser Aufgabe haben wir uns das Ausrechnen geschenkt.)

Beispiel:

3		
5	8	(Erklärung: 3 + 5 = 8)
8	3	(Erklärung: 5 + 8 = 13, nur die 3 wird hingeschrieben)
4	2	(Erklärung: 8 + 4 = 12, nur die 2 wird hingeschrieben)
9	3	(Erklärung: 4 + 9 = 13, nur die 3 wird hingeschrieben)

Für unsere Beispielaufgaben auf Seite 288 stehen Ihnen 10 Min. Zeit zur Verfügung, Sie können sich aber zu Übungszwecken natürlich auch länger mit dieser Aufgabe befassen!

Tipps für Additions- und Subtraktionsaufgaben

Auch auf die eben vorgestellten Additions- und Subtraktionsaufgaben können Sie sich vorbereiten, indem Sie einfache Rechenaufgaben üben und sich deren Ergebnisse einprägen.
3 + 4 zu addieren ist verhältnismäßig einfach, ebenso 2 + 5 bzw. 4 + 5 oder 3 + 2, aber bei höheren Zahlen ist das Ergebnis meist nicht sofort verfügbar:

5 + 6	6 + 6	7 + 8	8 + 9
5 + 7	6 + 7	7 + 9	
5 + 8	6 + 8		
5 + 9	6 + 9		

Wir empfehlen, sich diese Additionen und ihre Ergebnisse gut einzuprägen, dann haben Sie sie auch für die Umkehrungen parat:

6 + 5	6 + 6	8 + 7	9 + 8
7 + 5	7 + 6	9 + 7	
8 + 5	8 + 6		
9 + 5	9 + 6		

Wenn Sie die Ergebnisse dieser kleinen Rechenoperationen genauso schnell präsent haben wie z. B. das Ergebnis von 2 + 3, werden Sie wertvolle Zeit gewinnen, und die Aufgaben sind dann nicht mehr in dem Maße anstrengend, ermüdend und nervend wie ohne Übung.

5	6	7	8	6	9	4	3	2	7
6	3	6	4	2	7	6	7	4	3
5	8	4	3	6	4	8	5	4	9
5	4	6	3	7	9	4	3	6	7
3	4	6	5	8	5	3	5	8	6
6	4	5	6	3	7	8	9	5	3
6	8	5	4	4	7	4	3	6	7
4	6	4	7	8	9	4	3	5	7
4	6	7	7	4	8	9	4	3	6
8	6	5	4	8	7	6	5	8	9
4	6	7	4	3	5	6	4	3	7
8	6	4	6	7	5	4	7	9	5
5	6	8	4	5	7	8	6	5	4
8	7	5	6	7	7	8	6	5	6
8	7	6	5	6	7	8	6	5	4
5	6	5	4	3	6	4	6	4	3
7	6	7	6	5	4	6	7	8	4
7	6	5	4	6	7	8	5	4	6
3	4	5	3	6	7	8	6	5	7
7	5	5	7	6	8	9	7	6	5
4	3	4	6	5	4	7	5	4	3
8	7	8	5	6	4	6	7	5	4
8	6	5	7	6	5	4	7	8	6
7	8	4	5	3	2	7	6	4	8
9	9	9	7	6	5	4	8	7	5
8	6	5	7	8	6	5	7	8	6
6	7	5	4	7	8	9	6	5	4
6	7	8	9	6	5	4	6	7	8
8	9	7	6	6	7	8	9	7	8
9	8	7	6	7	8	9	7	6	5
8	7	6	8	9	7	6	4	5	3
8	7	6	5	7	8	6	5	4	7
9	8	5	4	6	7	5	4	7	6
7	6	5	4	3	6	7	8	9	6
7	8	6	5	7	8	6	5	7	8
7	8	5	6	7	4	6	7	4	3
7	8	5	4	6	7	6	5	7	6

Auch bei der 2. Aufgabe (schnelles Addieren) gewinnen Sie wertvolle Zeit, wenn Sie jetzt auf einen Blick Zahlenpaare addieren können und nicht mehr jede Zahl einzeln für sich. Als Beispiel die erste Zeile der 2. Aufgabe (S. 283):

3 4 6 1 7 6 5 8 9

7 + 7 + 13 + 13 + 9

Mit diesem Verfahren können Sie die Rechenoperationen vereinfachend zusammenfassen und dadurch viel Zeit und Mühe sparen. Auf jeden Fall macht auch hier Übung den Meister.
Auch für die 3. Aufgabe (Rechenkonzentration) ist die oben angeführte Übung günstig. Dieser Konzentrationstest wird häufig eingesetzt. Hier ist es auch vorteilhaft, bei den etwas größeren Zahlen die Subtraktion zu üben. Beispiele:

6 – 5	7 – 6	8 – 7	8 – 9
7 – 5	8 – 6	9 – 7	
8 – 5	9 – 6		
9 – 5			

P.S.: Hinweis – Erinnerung:
Das war unser vorletzter Aufgabenlösungsstrategietipp! Haben Sie vielleicht bei der einen oder anderen Aufgabe Ihre eigene Methode bzw. Ihren eigenen Lösungsweg entwickelt? Schreiben Sie uns bitte (Adresse auf S. 4).

Lösungen

1. Konzentrationsvermögen/Ausdauer/Belastbarkeit

1. Aufgabe
1. Zeile: 11 b müssen herausgestrichen werden / 2: 10 / 3: 9 / 4: 10 / 5: 6 / 6: 8 / 7: 7 / 8: 8 / 9: 7 / 10: 3 / 11: 7 / 12: 6 / 13: 8 / 14: 6

*2. Aufgabe**

A	B	C	D
49	39	47	42
26	37	46	27
34	44	43	45
39	29	44	40
31	39	47	45
40	48	41	42
27	50	34	44
30	36	32	41
37	38	36	35
35	41	40	30
24	40	46	37
32	42	49	54
56	27	44	37
26	45	49	47
28	40	45	43
29	45	37	46
43	42	42	39
60	44	45	32
33	41	40	33
40	35	44	39
36	30	39	51
37	37	28	32
43	54	37	56
34	37	35	26
52	47	36	28
34	43	48	29
48	46	44	43
29	39	36	60
35	32	43	33
31	33	45	40
52	39	40	36
44	51	41	37
48	34	38	43
43	39	35	34
42	31	45	52
40	40	34	34
44	27	42	48
32	30	29	29
54	37	34	35
45	35	38	31

* Lösungen ohne Gewähr und Pistole

3. Aufgabe

a) 7 b) 1 c) 1 d) 6 e) 1 f) 3 g) 0 h) 2 i) 12 j) 21 k) 6
l) 5 m) 7 n) 2 o) 6 p) 3 q) 2 r) 1 s) 2 t) 1

Zweiter Durchgang:

a) 7 b) 21 c) 1 d) 6 e) 1 f) 3 g) 22/0 h) 22 i) 12 j) 21
k) 6 l) 5 m) 13 n) 24 o) 30 p) 9 q) 12 r) 1 s) 16 t) 1

2. Ordnung und Sorgfalt

Wie im vorigen Abschnitt werden Sie jetzt wieder mit Aufgaben konfrontiert, die unter normalen Umständen sicher keine Begeisterung hervorrufen würden, obwohl Sie durchaus in der Lage wären, diese Probleme zu bearbeiten. Unter dem künstlich erzeugten Zeitdruck und in der besonderen Prüfungssituation können Faktoren Ihr Arbeitsverhalten bestimmen, die keine Aussage mehr über Ihre wirkliche Leistungsfähigkeit zulassen. Dennoch wird letztlich auch von diesem Testergebnis die Entscheidung abhängen, ob Sie einen Ausbildungsplatz bekommen oder nicht.

1. Aufgabe
Kreise ziehen

Hier geht es angeblich um Ihre Arbeitssorgfalt und Ihre Arbeitsgeschwindigkeit. Ihre Aufgabe ist es, in die leeren Rechtecke drei Kreise einzuzeichnen. Diese Kreise sollten Sie mit einem Bleistift so schnell wie möglich hineinzeichnen. Die ersten 3 Kästchen sind bereits bearbeitet und dienen als Beispiel. 1 Min. Zeit steht Ihnen zur Verfügung.

2. Aufgabe
Zahlen zählen

Auch bei dieser Aufgabe geht es wieder um Konzentrationsfähigkeit und Sorgfalt. Zuerst ist es Ihre Aufgabe, jede neunte Null durchzustreichen. Wenn Sie alle neunten Nullen bis zur letzten Zeile gezählt haben, beginnen Sie von vorne und diesmal mit den Einsen. Jede neunte Eins ist durchzustreichen. Wenn Sie mit den Einsen fertig sind, wird jede neunte 2, dann jede neunte 3, jede neunte 4 usw. bis zu jeder neunten 9 durchgestrichen. Jedes Mal, wenn Sie an den Schluss kommen, fangen Sie oben wieder an. Es geht am Schluss nicht immer auf! Sie müssen sehr gewissenhaft arbeiten, denn wenn Sie etwas übersehen oder sich verzählen, ist der Rest falsch. Für diese Aufgabe haben Sie 8 Min. Zeit.

Als Beispiel haben wir bereits die erste und die zweite neunte Null angestrichen.

b	0	0	c	1	2	0	1	2
0	2	0	m	2	3	4	4	5
4	s	0	0	1	1	0	4	5
1	1	m	n	Ø	1	1	3	2
1	2	0	3	0	1	0	7	8
4	4	4	0	1	0	1	7	7
1	0	3	3	4	0	1	6	7
5	0	Ø	5	0	2	3	5	7
2	3	4	0	4	m	m	8	8
5	6	0	7	0	0	7	9	7
0	7	4	5	6	3	2	7	9
1	1	2	3	7	8	9	4	3
9	9	9	0	1	2	3	2	1
0	1	2	3	4	4	5	4	5
5	5	6	6	7	7	7	6	7
7	8	4	3	2	1	1	7	5
m	2	3	0	5	4	6	4	5
6	6	4	4	3	3	3	6	3
3	2	2	7	7	8	8	6	5
9	9	9	9	9	9	9	2	1
9	9	9	9	9	2	1	9	9

3. Aufgabe
Adressen prüfen

Ihre Aufgabe ist es, Originaladressen und Abschriften auf Fehler zu überprüfen. Jeder Rechtschreibfehler und jede Zahl, die mit dem Original nicht übereinstimmt, jede Auslassung oder Veränderung zählt als Fehler. Gefundene Fehler unterstreichen Sie bitte. Schreiben Sie hinter jeder Abschrift auf, wie viele Fehler Sie gefunden haben. Sie haben 5 Min. Zeit.

Originaladressen:

1. Fritz Meyer	Heideweg 75, 68305 Mannheim	7 87 65 43
2. Fa. Klose	Bernstr. 165a, 55481 Maisbach	0 32-12
3. Hans Franz	Maibachufer 2, 12568 Rumsbergen	7 77 87 62
4. Karl Ottowa	Brechufer 5, 74536 Recklingsburg	8 78 78 78
5. F. K. Christains	Labollstr. 157c, 32601 Fleckdorf	5 64 56 42
6. Agentur Moll	Hammersteinstr. 2, 78345 Burg	8 97 65 65
7. Fa. Rudi Muth	Euterweg 4, 38959 Lambershausen	0 62-67 65
8. Theo F. Glück	Horstweg 7, 87677 Schrammstedt	07-6 76 45
9. L. Mops GmbH	Horrorweg 89b, 54615 Glücksburg	0 12-34 56
10. K. Wohl AG	Schmidtstr. 165–172, 12001 Thür	0 85-67 56
11. Erna Stinkel KG	Motzstr. 67b, 10017 Berlin	0 30-56 79 78
12. H. Huhstedt	Beraterweg 4, 31398 Redemoißel	0 30-56 78 78
13. Rolf Siehberth	Radweg 47, Hs. 11 53724 Schleptrup	0 07-54 32 61
14. Dr. Jänschko	Flickstr. 175, 80156 Peinlich	7 62-67 81 25
15. S. Flötow	Bitzweg 7–9, 05432 Reuter	67 54-7 65 44
16. Theo Teufel	Verbandsplatz 13–19, 48762 Kapital	04 36-76 75 43 32 76

Abschriften:

1. Fritz Meyer	Heidelweg 75, 68305 Mannheim	7 87 55 42
2. Fa. Klose	Bernstr. 165b, 55481 Griesbach	0 32-12

3. Hans Franz	Maibachufer 2, 12568 Rummsbergen	7 77 87 62
4. Karl Ottawa	Brechufer 5, 74536 Recklingsburg	8 78 78 78
5. S. K. Christains	Labollstr. 157, 32601 Fleckdorf	5 64 56 42
6. Agentur Moll	Hamersteinstr. 2, 79346 Burg	8 87 65 65
7. Fa. Rudi Muth	Euterweg 4, 38159 Lambershausen	0 62-67 65
8. Theo F. Glück	Horstweg 7, 87677 Schrammstedt	07-6 76 45
9. M. Mpos AG	Horrorweg 89b, 54615 Glücksburg	0 12-34 56
10. K. Wohl AG	Schmidtstr. 165–173, 12001 Thür	0 85-67 56
11. Erna Stinkel KG	Motzstr. 76b, 10017 Berlin	0 30-56 79 78
12. H. Hustedt	Beraterweg 4, 31398 Redemoißel	0 30-56 78 78
13. Rolff Siebert	Radweg 47, Hs. 11 53724 Schleptrup	0 07-54 32 61
14. Dr. Jänschko	Flickstr. 7–9, 80156 Peinlich	7 62-67 81 25
15. S. Flötow	Bitzweg 7–9, 05432 Reuter	67 54-7 65 44
16. Theo Teufel	Verbandsplatz 14–15, 48762 Kapital	04 36-75 75 43 32 76

4. Aufgabe
Summen überprüfen

Ihre Rechenfähigkeit (Addition), Sorgfalt und Konzentration sind wieder gefordert. Aufgabe ist es, die Richtigkeit von Additionen zu überprüfen. Hierbei müssen Sie vier zweistellige Zahlen jeweils von links nach rechts in der Zeile addieren sowie von oben nach unten. Prüfen Sie, ob die vorliegenden Ergebnisse richtig sind. Richtige Ergebnisse haken Sie ab, falsche Additionen streichen Sie durch.

1. Beispiel:

32	27	59
48	22	70
80	49	✓

Hier sind alle Zahlen richtig zusammengezählt:
32 + 27 = 59, 48 + 22 = 70, 32 + 48 (jetzt nicht mehr die Zeile, sondern die Spalte) = 80, 27 + 22 = 49. Da alle Aufgaben richtig gerechnet sind, wurde die Aufgabe abgehakt.

2. Beispiel:

51	60	~~101~~
35	45	~~110~~
86	~~95~~	

51 + 60 = 101, das ist falsch und muss durchgestrichen werden.
35 + 45 = 110, das ist falsch und gehört ebenfalls durchgestrichen.
51 + 35 = 86, das ist richtig, 60 + 45 = 95, das ist wiederum falsch.
In dieser Aufgabe sind also 3 Fehler, deswegen sind drei Ergebnisse durchgestrichen.

Verfahren Sie mit den anderen 9 Aufgaben ebenso. Sie bekommen dafür 2 Min. Zeit.

17	39	56
52	64	117
69	103	

14	21	35
14	42	56
28	68	

92	16	108
29	75	104
131	91	

25	73	98
72	18	90
97	91	

72	96	168
12	36	48
86	134	

37	42	79
56	37	93
93	79	

24	48	73
33	62	95
57	110	

28	42	70
53	86	139
81	138	

47	61	108
32	28	60
89	89	

Tipps zur Bearbeitung von Aufgaben zu Konzentrationsvermögen/Ausdauer/Belastbarkeit/Ordnung und Sorgfalt

Diese Tests können Ihre Nerven, die in der Test- und Prüfungssituation ohnehin schon genug angespannt sind, völlig ruinieren. Es kann leicht vorkommen, dass Sie nach kurzem und mutigem Anfang plötzlich zweifeln, sich überlegen, ob Sie richtig gerechnet bzw. richtig angestrichen haben. Sollten Sie gewohnt sein, (immer) sorgfältig und gewissenhaft zu arbeiten, könnte es passieren, dass Sie alles erneut kontrollieren und nachrechnen wollen. Widerstehen Sie dieser Versuchung, arbeiten Sie so schnell und sorgfältig, wie es Ihnen möglich ist. Schnelligkeit und Sorgfalt müssen in einem vernünftigen Verhältnis zueinander stehen. Zögern Sie nicht lange: Bei diesen Aufgaben kommt es sowohl auf die bewältigte Menge als auch auf die Sorgfalt an. Das bedeutet aber auch: Der eine oder andere Fehler kann durch ein paar bewältigte Aufgaben mehr wieder »ausgebügelt« werden. Der besondere Zeitdruck bei diesen Tests kann dazu führen, dass Sie das Gefühl kriegen, Sie hätten zu wenig Aufgaben geschafft und total versagt. Sie sollten wissen, dass diese Tests darauf angelegt sind, Ihnen ein Gefühl von starkem Aufgaben- und Zeitdruck zu vermitteln, um zu sehen, wie Sie sich in einer Stresssituation verhalten. Sie können sicher sein, dass viele Teilnehmer auch nicht weitergekommen sind als Sie. Es besteht kein Grund zur Verzweiflung! Werfen Sie die Flinte nicht ins Korn! Sie müssen versuchen, diese Tests einfach durchzustehen. Geben Sie nicht auf.

Lösungen

2. Ordnung und Sorgfalt

2. Aufgabe

b 0 0 c 1 2 0 1 2
0 2 0 m 2 3 4 4 5
4 s 0 0 1 1 0 4 5
1 1 m n Ø 1 1 3 2
1 2 0 3 0 1 0 7 8
4 4 4 0 1 0 1 7 7
1 0 3 3 4 0 1 6 7
5 0 Ø 5 0 2 3 5 7

2 3 4 0 4 m m 8 8
5 6 0 7 0 0 7 9 7
0 7 4 5 6 3 2 7 9
1 1 2 3 7 8 9 4 3
9 9 9 0 1 2 3 2 1
0 1 2 3 4 4 5 4 5
5 5 6 6 7 7 7 6 7
7 8 4 3 2 1 1 7 5
m 2 3 0 5 4 6 4 5
6 6 4 4 3 3 3 6 3
3 2 2 7 7 8 8 6 5
9 9 9 9 9 9 9 2 1
9 9 9 9 9 2 1 9 9

3. Aufgabe

1. Fritz Meyer	Heidelweg 75, 68305 Mannheim	787 55 42	3
2. Fa. Klose	Bernstr. 165 b, 55481 Griesbach	032-12	2
3. Hans Franz	Maibachufer 2, 12568 Rummsbergen	777 87 62	1
4. Karl Ottawa	Brechufer 5, 74536 Recklingsburg	878 78 78	1
5. S. K. Christains	Labollstr. 157, 32601 Fleckdorf	564 56 42	2
6. Agentur Moll	Hamersteinstr. 2, 79346 Burg	887 65 65	4
7. Fa. Rudi Muth	Euterweg 4, 38159 Lambershausen	062-67 65	0
8. Theo F. Glück	Horstweg 7, 87677 Schrammstedt	07-6 76 45	0
9. M. Mpos AG	Horrorweg 89b, 54615 Glücksburg	012-34 56	3
10. K. Wohl AG	Schmidtstr. 165–173, 12001 Thür	085-67 56	1
11. Erna Stinkel KG	Motzstr. 76b, 10017 Berlin	030-56 79 78	1
12. H. Hustedt	Beraterweg 4, 31398 Redemoißel	0320-56 78 78	1

13. Rolff Siebert	Radweg 47, Hs. 11 53724 Schleptrup	007-543261	2
14. Dr. Jänschko	Flickstr. 7–9, 80156 Peinlich	762-678125	1
15. S. Flötow	Bitzweg 7–9, 05432 Reuter	6754-76544	0
16. Theo Teufel	Verbandsplatz 14–15, 48762 Kapital	0436-7575433276	2

4. Aufgabe

17	39	56	14	21	35	92	16	108
52	64	~~117~~	14	42	56	29	75	104
69	103		28	~~68~~		~~131~~	91	
25	73	98	72	96	168	37	42	79
72	18	90	12	36	48	56	37	93
97	91	✓	~~86~~	~~134~~		93	79	✓
24	48	~~73~~	28	42	70	47	61	108
33	62	95	53	86	139	32	28	60
57	110		81	~~138~~		~~89~~	89	

3. Arbeitsorganisation

In diesem ganz kurzen Kapitel geht es um zwei Aufgaben aus einem Büroorganisationstest, in dem angeblich Ihr Organisationstalent geprüft werden soll. Dieser Test wird (daher der Name Pellkartoffel) vor allem bei Büroberufen eingesetzt.

1. Aufgabe
Richtig organisieren

Folgende Problemstellung haben Sie zu bewältigen:
200 Aufträge aus verschiedenen Orten (Aachen, Berlin, Karlsruhe, Dortmund, Essen) sind durchzusehen und nach bestimmten Gesichtspunkten zu sortieren. Sie sollen feststellen:

1. Wie viele dieser Aufträge aus jedem dieser Orte kommen,
2. welche Aufträge von dem Vertreter Herrn Müller entgegengenommen worden sind (zu Ihrer Information: Alle diese Aufträ-

ge sind besonders gekennzeichnet) und wie viele Aufträge von den anderen Vertretern entgegengenommen wurden,
3. welchen Warenwert die Aufträge von Herrn Müller haben.

Geben Sie bitte den Arbeitsplan an, d. h. schreiben Sie die Arbeitsschritte auf, in denen Sie die Aufgabe lösen würden. Bei dieser Aufgabe gibt es kein Beispiel. Sie haben 3–5 Minuten Zeit.

2. Aufgabe
Dienstplan aufstellen

Folgende Aufgabe ist ohne Beispielanleitung von Ihnen zu lösen: Auf einer Krankenhausstation arbeiten 25 Krankenschwestern. Drei von ihnen müssen immer zusammen Tagdienst machen, zwei immer zusammen Nachtdienst. Alle arbeiten nur einen Tag in der Woche. Aus familiären Gründen können einige Krankenschwestern nur Nachtdienst (N) machen, aus gesundheitlichen Gründen einige nur Tagdienst (T). Einige wenige Krankenschwestern können sowohl Tag- als auch Nachtdienst (T, N) machen. Ihre Aufgabe ist es nun, einen Dienstplan von Montag bis Freitag aufzustellen, bei dem alle 25 Krankenschwestern einen Dienst (Tag- bzw. Nachtdienst) übernehmen. Tragen Sie die Namen aus der folgenden Aufstellung unter Berücksichtigung der Einsatzmöglichkeiten in einen Dienstplan ein. Dafür haben Sie 5 bis 10 Min. Zeit.

1. Anna	T	14. Karla	N
2. Anja	N	15. Karin	T
3. Birgit	T, N	16. Katrin	N
4. Barbara	T	17. Luzie	T
5. Berta	T, N	18. Mailin	T, N
6. Dora	N	19. Nora	N
7. Doris	N	20. Palja	T, N
8. Dagmar	T, N	21. Rosi	T
9. Elke	T	22. Renate	T
10. Else	T, N	23. Susanne	N
11. Frieda	N	24. Sonja	T, N
12. Gaby	T	25. Sabine	T
13. Heike	T		

T = nur Tagdienst
N = nur Nachtdienst
T, N = Tag- und Nachtdienst

	Mo	Di	Mi	Do	Fr
Tagdienst					
Nachtdienst					

3. Aufgabe
Arbeitsplan

Auch bei dieser Aufgabe geht es um Ihr Organisationstalent. Folgendes Problem: Sie müssen Ihren Kollegen schnell eine Nachricht zukommen lassen, dass ein wichtiger Termin aus dienstlichen Gründen um einen Tag verlegt werden musste. Sie wissen, dass Sie alle Ihre Kollegen zu Hause antreffen werden, und sollen mit allen persönlich sprechen, d. h. keinen anderen beauftragen bzw. schicken. Einige Ihrer Kollegen haben Telefon (Telefonbesitzer sind durch T gekennzeichnet), und Sie können diese anrufen. Andere, die kein Telefon haben, müssen Sie persönlich aufsuchen. Die Wegezeiten sind auf der Skizze festgelegt. Sie sind unveränderbar, egal welche Verkehrsmittel Sie benutzen. Für jedes Telefonat sowie für jedes persönliche Gespräch haben Sie 2 Minuten Informationsübermittlung zu kalkulieren. Geben Sie in kurzen Stichworten an, in welcher Reihenfolge Sie ihre Kollegen benachrichtigen (Namen eintragen) und wie viel Zeit Sie dazu im Einzelnen und insgesamt mit Rückweg verbrauchen (Zeiten eintragen). Hier nun der Plan, der diese Situation mit den Wegezeiten deutlich kennzeichnet.

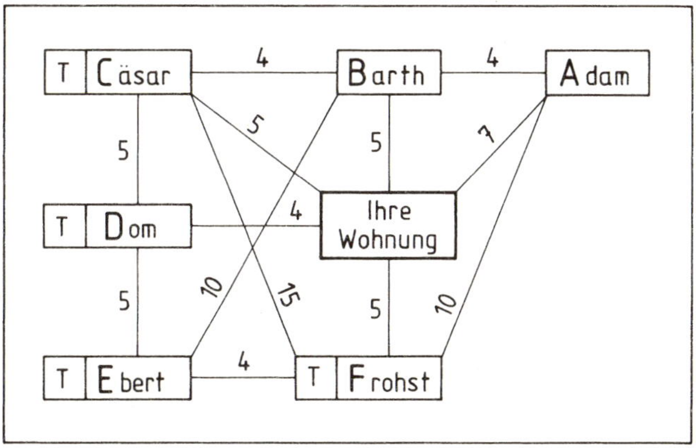

Tragen Sie in der nachstehenden Liste die Reihenfolge Ihrer Besuche bzw. Gespräche und Telefonate ein. Sie haben 5–10 Min. Zeit.

Beste Lösung:

von	nach	Wegezeit	Gesprächszeit
Wohnung			
	Wohnung		
		Min.	Min.
Gesamtzeit:	Min.		

Lösungen

3. Arbeitsorganisation

1. Aufgabe
Bei dieser Aufgabe kommt es darauf an, dass Sie in Ihrer Vorgehensweise eine gute Arbeitsorganisation zeigen. Ein Beispiel: Sie sortieren die Aufträge nach den fünf verschiedenen Orten unter gleichzeitiger Berücksichtigung, dass die Aufträge von Herrn Müller bei jedem Ort gleich extra gelegt werden. Im zweiten Arbeitsvorgang stellen Sie fest, wie hoch die Auftragswerte der übrigen Vertreter und die von Herrn Müller sind.

2. Aufgabe (Lösungsvorschlag)

	Mo	Di	Mi	Do	Fr
	Anna	Dagmar	Gaby	Luzie	Renate
Tagdienst	Birgit	Elke	Heike	Palja	Sonja
	Barbara	Else	Karin	Rosi	Sabine
	Anja	Dora	Frieda	Katrin	Nora
Nachtdienst	Berta	Doris	Karla	Mailin	Susanne

3. Aufgabe

Beste Lösung:

von	nach	Wegezeit	Gesprächszeit
Wohnung	A	7 Min.	2 Min.
A	B	4	2
B	C	4	2
anrufen:	D		2
	E		2
	F		2
C	Wohnung	5	
		20 Min.	2 Min.

Gesamtzeit: 32 Min.
(Zweitbeste Zeit: 36 Min.)

Jetzt sind Sie am Ende vom Kapitel Testtraining angelangt – aber es geht noch weiter, wie auch in der realen Bewerbungssituation, mit dem Vorstellungsgespräch. Ungefähr 100 Aufgabentypen mit über 1000 Einzelaufgaben haben wir Ihnen im Testkapitel vorgestellt. Manche Aufgaben mögen Sie als leicht, andere als schwer erlebt haben. In der realen Testsituation wird es Ihnen ähnlich ergehen. Klarer Vorteil aber wird sein: Sie sind mit den Aufgabenstellungen weitgehend vertraut, denn die hier vorgestellten Aufgabentypen decken ungefähr 90 % (vielleicht sogar mehr) von dem ab, was auf Sie zukommen kann. Keiner erwartet von Ihnen, dass Sie alle Aufgaben perfekt lösen, aber auch mit den schwierigen Aufgaben können Sie nach einer gewissen Übung besser klarkommen, denn Übung macht den Meister bzw. den Unterschied. Ohne vorherige Informationen und Erfahrungen (»Worum geht es? Was soll ich machen? Was wollen die?«) ist alles sehr viel schwieriger. Sie besitzen jetzt Testerfahrung, auf die Sie zurückgreifen können.

Sollten Sie bei der Bearbeitung dieser Testaufgaben neue eigene Lösungswege gefunden haben, würden wir uns freuen, wenn Sie uns diese kurz mitteilten.

Nun aber weiter …

3. Vorstellungsgespräch

Neben den Auswahlmethoden *Prüfung der Bewerbungsunterlagen* und *Einstellungstest* ist das *Vorstellungsgespräch* eine weitere wichtige und schließlich auch entscheidende Hürde. Das Vorstellungsgespräch kann an unterschiedlichen Stellen des Bewerbungsverfahrens durchgeführt werden:

- nach Prüfung der Bewerbungsunterlagen als einzige weitere Auswahlmethode
- als Vorauslese vor dem Einstellungstest
- nach dem (erfolgreich bestandenen) Einstellungstest
- vor und nach dem Einstellungstest (seltener).

Das Vorstellungsgespräch ist eine mündliche Test- und Prüfungssituation, auf die Sie sich genauso gut vorbereiten können wie auf die schriftlichen Tests. Dazu informieren wir Sie in diesem Kapitel über:

- Zielsetzung des Vorstellungsgesprächs: Der persönliche Eindruck/Überprüfung von Anpassung und Leistungsmotivation
- Umfrageergebnisse zu geforderten Eigenschaften
- Ablauf und Themen des Vorstellungsgesprächs
- Häufige Fragen im Vorstellungsgespräch (und was dahinter steckt)
- Beurteilung und Bewertung des Vorstellungsgesprächs
- Juristische Probleme des Vorstellungsgesprächs (unzulässige Fragen).

Zielsetzung des Vorstellungsgesprächs: Der persönliche Eindruck/Überprüfung von Anpassung und Leistungsmotivation

Der Interviewer (häufig der Ausbildungsleiter) hat im Vorstellungsgespräch die Absicht, die *persönliche und anforderungsbezogene »Eignung«* des Ausbildungsplatzbewerbers festzustellen. Dabei ist es sein Ziel, z. B. aus Bewerbungsunterlagen und Tests vorliegende Informationen zu ergänzen und einen *persönlichen Eindruck* vom Bewerber zu bekommen. Es geht ihm besonders um

- die Ausprägung von *Persönlichkeitszügen und Eigenschaften,* die ihm als Ausbildungsvoraussetzungen wichtig erscheinen (Leistungsbereitschaft und -motivation, Anpassungsfähigkeit, Einordnungsbereitschaft usw. – siehe unten) und um
- *äußere Merkmale* (Aussehen, Auftreten, Manieren, sprachliches Ausdrucksvermögen usw.).

Geht es bei den Tests angeblich darum, die allgemeine und spezielle intellektuelle Leistungsfähigkeit sowie das Arbeitsverhalten des Bewerbers festzustellen, ist es nach übereinstimmenden psychologischen Untersuchungen Zweck des Vorstellungsgesprächs, die *soziale Anpassung* und die *Leistungsmotivation* zu überprüfen.

Bei der Bewertung der *sozialen Anpassung* geht es um den Grad der Übereinstimmung (Konformität) des Bewerbers mit den Anforderungen, Erwartungen und Werten des Arbeitgebers. So wird sich der Ausbildungsleiter unter diesem Gesichtspunkt beispielsweise fragen: Wird sich der Bewerber in das Unternehmen (die Behörde usw.) einfügen und einordnen? Passt sie/er in die gedachte Arbeits- und Ausbildungsgruppe? Wird ein reibungsloser und konfliktfreier Ablauf der Ausbildung zu erwarten sein? Anpassung wird belohnt (Ausbildungsplatz), mangelnde Anpassung (extrem: »Kaugummi kauende, in Rockerlook gekleidete oder angetrunken erscheinende Bewerber«[37]) bestraft (kein Ausbildungsplatz).

Mit der Überprüfung der *Leistungsmotivation* will der Ausbildungsleiter feststellen, wie stark Antrieb und Bestreben des Bewerbers sind, die in der Ausbildung geforderte Lern- und Arbeitsleistung zu erbringen, und wie groß seine Anpassung an das herrschende Leistungsprinzip ist. Es geht um das Ausmaß des inneren Sichgleichsetzens (der Identifikation) mit der Arbeit und der

Firma (bzw. Behörde usw.). In einer repräsentativen Umfrage forderten weit über 80% der befragten Ausbilder von Auszubildenden eine starke Leistungsmotivation.[38]
Ein weiteres Ziel des Ausbildungsleiters im Vorstellungsgespräch ist es häufig, das Unternehmen und sich selbst in einem möglichst guten Licht erscheinen zu lassen – in dieser Hinsicht hat er die gleiche Absicht wie der *Bewerber*, der durch sein Auftreten und seine Gesprächsbeiträge einen möglichst »guten Eindruck« machen will.

Umfrageergebnisse zu geforderten Eigenschaften des Bewerbers

Gibt es neben den beiden grundsätzlichen Merkmalen Anpassung und Leistungsmotivation weitere für das Vorstellungsgespräch bedeutsame Eigenschaften, die Ausbildungsleiter von Bewerbern fordern? Zu dieser Frage liegen Informationen aus einer repräsentativen Umfrage vor, die das Institut der deutschen Wirtschaft Ausbildern aus Industrie, Handwerk, Handel, Banken und Versicherungen über Anforderungen an Auszubildende durchführte.[39]
Den Ausbildern wurde ein Katalog »preußischer Tugenden«[40] vorgelegt, eine Liste mit 12 sog. Arbeitstugenden (»berufsrelevante Verhaltensweisen«), die jeweils mit Wertungen zwischen 1 (keine Bedeutung) und 7 (sehr hohe Bedeutung) versehen werden mussten. Dabei ergab sich die folgende Rangfolge von Arbeitstugenden:

1. Ehrlichkeit
2. Leistungsbereitschaft
3. Pflichtbewusstsein
4. Fleiß
5. Pünktlichkeit
6. Ordnungssinn
7. Zielstrebigkeit
8. Selbstvertrauen
9. Initiative
10. Disziplin

11. Selbstsicherheit
12. Ruhe/Ausgeglichenheit

Übersicht: Rangfolge von Arbeitstugenden (Bewertung durch Ausbilder)[41]

Ehrlichkeit, Leistungsbereitschaft, Fleiß und Pflichtbewusstsein sind die wichtigsten Eigenschaften, die Ausbilder deutscher Unternehmen unabhängig vom Wirtschaftszweig von Auszubildenden erwarten. Initiative, Disziplin, Selbstsicherheit und Ruhe/Ausgeglichenheit werden an das untere Ende der Rangfolge gesetzt.
Die Auswertung der Umfrage ergab, dass Alter und Geschlecht der Ausbilder keinen Einfluss auf die Bewertung der Arbeitstugenden hat.[42] Die Anforderungen der Ausbilder steigen mit zunehmendem Alter keineswegs. Es zeigte sich aber, dass Ausbilder, die zugleich Firmeninhaber oder Geschäftsführer sind, besonders hohe Anforderungen stellen (das gilt vor allem im Handwerk).[43] Bei einem Vergleich der einzelnen Wirtschaftszweige wird deutlich, auf welche Arbeitstugenden die Ausbilder neben Ehrlichkeit, Leistungsbereitschaft, Pflichtbewusstsein und Fleiß besonderen Wert legen. Dabei zeigen sich durchaus unterschiedliche Tendenzen:

Industrie	*Handwerk*	*Handel*	*Banken*	*Versicherungen*
Pünktlichkeit	Pünktlichkeit	Pünktlichkeit	Zielstrebigkeit	Zielstrebigkeit
Zielstrebigkeit	Ordnungssinn	Ordnungssinn	Ordnungssinn	Initiative
Ordnungssinn	Disziplin	Initiative	Initiative	Ordnungssinn

Die drei jeweils genannten Eigenschaften bringen die besonderen Anforderungen der einzelnen Wirtschaftszweige zum Ausdruck. Industrie, Handwerk und teilweise auch der Handel betonen mehr die Arbeitstugenden, die (wie die vier Grundtugenden) *Zuverlässigkeit* ausdrücken (Pünktlichkeit, Ordnungssinn, Disziplin), während Ausbilder bei Banken und Versicherungen Merkmale hervorheben, die etwas mit *Dynamik* zu tun haben (Zielstrebigkeit, Initiative).[44]
In der genannten Umfrage wurden die Ausbilder außerdem noch nach Werthaltungen befragt, die sie sich von Auszubildenden wün-

schen. Ergebnis: Neben Leistungsmotivation (s. o.) werden vor allem *Durchsetzungsvermögen* und *Hilfsbereitschaft* erwartet.[45] Ergänzend sei noch eine Befragung von Ausbildern angeführt, die von der Industrie- und Handelskammer Ulm durchgeführt wurde. Auf die Frage »Was erwarten Sie in erster Linie von den Auszubildenden?« ergab sich bei den Antwortmöglichkeiten folgende Rangfolge (bis zu drei Ankreuzungen waren möglich:)[46]

1. *Lernbereitschaft* (dass sie etwas lernen wollen)	77%
2. *Aktives Interesse* (dass sie von sich aus fragen kommen)	62%
3. *Pünktlichkeit/Pflichtbewusstsein* (dass sie zuverlässig und pünktlich sind)	58%
4. *Verantwortungsbewusstsein* (dass sie bereit sind, Verantwortung zu übernehmen)	43%
5. *Sauberkeit/Genauigkeit* (dass sie ordentlich sind und sauber arbeiten)	40%
6. *Kritikbereitschaft* (dass sie sich auch etwas sagen lassen)	16%

Zusammenfassend kann festgehalten werden, dass der Ausbildungsleiter im Vorstellungsgespräch (mit unterschiedlicher Gewichtung) vor allem folgende Eigenschaften »testen« will:

Anpassung	
Leistungsmotivation	
Ehrlichkeit Lern- und Leistungsbereitschaft Pflichtbewusstsein Fleiß Pünktlichkeit Ordnungssinn	Zuverlässigkeit
aktives Interesse Initiative Zielstrebigkeit	Dynamik

Durchsetzungsvermögen
Hilfsbereitschaft

Übersicht: Beim Vorstellungsgespräch »getestete« Eigenschaften

Ablauf und Themen des Vorstellungsgesprächs

Nach der Darlegung der Ausgangsbasis des Vorstellungsgesprächs – Ziele des Ausbildungsleiters, sein Informationsbedürfnis – kommen wir zum typischen Ablauf eines Vorstellungsgesprächs, zu den Themen und Fragen, mit denen der Ausbildungsleiter die gewünschten Informationen über den Bewerber und dessen Eigenschaften erhalten will.

Ein Vorstellungsgespräch läuft meist nach einem bestimmten Schema ab, das auf Training und Erfahrung des Interviewers beruht. Das gilt auch, wenn das Gespräch nicht unter vier Augen geführt wird, Ihnen also mehrere Gesprächspartner bzw. Zuhörer (z. B. Betriebsrat) gegenübersitzen und/oder die »Vorstellung« nicht nur allein mit Ihnen, sondern mit weiteren Bewerbern zur gleichen Zeit stattfindet. Die *Gesprächsdauer* ist je nach zu bewältigender Bewerberzahl und Gesprächsteilnehmern unterschiedlich, bei Einzelgesprächen liegt sie häufig zwischen 20 und 30 Minuten.

Das Vorstellungsgespräch für einen Ausbildungsplatz umfasst in der Regel folgende Themen und Abschnitte, wobei die Abfolge der Punkte 2–8 in der realen Situation umgestellt werden kann oder einzelne Abschnitte auch ganz fehlen mögen:

1. Begrüßung und Einleitung des Gesprächs
2. Bewerbung und Berufswahl
3. Schule, Ausbildung und Tätigkeiten
4. Persönlicher, familiärer und sozialer Hintergrund
5. Gesundheit
6. Spezielle Test- und Prüfungsfragen
7. Informationen für den Bewerber
8. Fragen des Bewerbers
9. Abschluss des Gesprächs und Verabschiedung

Übersicht: Themen und Abschnitte des Vorstellungsgesprächs

Nachfolgend stellen wir Ihnen diese neun Gesprächsthemen und Abschnitte des Vorstellungsgesprächs vor, mit den dazugehörigen Fragen und ihrem Hintergrund:

1. Begrüßung und Einleitung des Gesprächs

Interviewer	*Hintergrund/ »Test«-Thema*
Begrüßung Händedruck Vorstellung	Erster Eindruck/Kontaktaufnahme Äußeres Umgangsformen/ Manieren Auftreten Anpassung
Bemerkungen/Fragen zu Wetter/ evtl. Anreise Dank für die Bewerbung Verständnis für Nervosität Eventuell Anbieten von Zigarette/ Getränk	Herstellen einer freundlichen Gesprächsatmosphäre/ Abbau von Verkrampfung und Prüfungsangst
– Wie haben Sie den Einstellungstest empfunden? – Welche Aufgaben fielen Ihnen schwer, welche leicht?	Überleitung zur zweiten Gesprächsphase

2. Bewerbung und Berufswahl

Interviewer	*Hintergrund/ »Test«-Thema*
– Warum bewerben Sie sich für den Beruf der/des …? – Wie sind Sie auf diesen Beruf gekommen? – Seit wann interessieren Sie sich für diesen Beruf?	Motivation/aktives Interesse

– Was wissen Sie über diesen Beruf, und woher haben Sie Ihre Infomationen? – Wie stellen Sie sich Ausbildung, Aufgaben und Arbeitsvorgänge in diesem Beruf vor?	aktives Interesse Informationsbedürfnis Informationsstand
– Sehen Sie Vor- und Nachteile dieses Berufes? – Können Sie sich auch unangenehme Seiten des Berufs vorstellen? – Haben Sie sich schon mal überlegt, wie Sie damit zurechtkommen?	Leistungsmotivation
– Wie stellen Sie sich Ihren weiteren Berufsweg vor? Welche beruflichen Pläne haben Sie?	Zielvorstellungen
– Warum bewerben Sie sich gerade bei unserer Firma (Behörde usw.)?	aktives Interesse
– Wer gab den Anstoß zu Ihrer Bewerbung (selbst/Arbeitsamt/Eltern usw.)?	Motivation/Initiative
– Was wissen Sie von unserer Firma (Alter des Unternehmens/Produkte/Umsatz/Marktsituation/Mitarbeiterzahl/Vertretungen bzw. Niederlassungen im In- und Ausland usw.)	aktives Interesse Initiative Informationsbedürfnis
– Wo haben Sie sich noch beworben? – Welchen anderen Beruf können Sie sich für Ihre Person noch vorstellen?	Interessen/Neigungen
– (Für Abiturienten:) Warum wollen Sie nicht studieren?	plausible Gründe?

3. Schule, Ausbildung und Tätigkeiten

Interviewer	*Hintergrund/ »Test«-Thema*
– In welchen Schulfächern haben Sie überdurchschnittliche Leistungen erzielt, welche Fächer haben Ihnen am meisten gelegen?	Interessen/Neigungen/Begabungen Beziehung zur Berufswahl?
– Welche Fächer fielen Ihnen am schwersten?	Schwächen Begründung (bei schlechten Noten: Schuldzuweisung an andere?)
– Wie lauteten Ihre Noten in den Hauptfächern?	Noten als Gradmesser für Anpassung/ Leistungsmotivation/ Fleiß
– Sind Sie mit Ihren Schulnoten zufrieden? – Hätten Sie bessere Schulleistungen erzielen können?	Leistungsmotivation
– Ggf.: Wie erklären Sie sich die Bemerkungen auf den Zeugnissen (Fehlzeiten, Verspätungen usw.)?	Anpassung Pünktlichkeit plausible Erklärung?
– Ggf.: Warum haben Sie zum Schulabschluss länger gebraucht (… Jahre statt der üblichen … Jahre)?	Zurückstellung/ Krankheit/Sitzenbleiben/»Faulheit«/sonstige Gründe? plausible Erklärung?
– Wie sind Sie mit Ihren Lehrern ausgekommen? – Wie mit Ihren Mitschülern?	Einstellung zu Autoritäten Kontaktfähigkeit/Kameradschaftlichkeit/ Fähigkeit zur Teamarbeit

– Sind Sie gerne zur Schule gegangen?	Ehrlichkeit
– Haben Sie den Eindruck, dass die Schule Sie auf das Berufsleben vorbereitet hat?	Kritikfähigkeit
– Ggf.: Warum haben Sie Ihre Schulausbildung mit der Hauptschule bzw. Realschule abgeschlossen (warum keine weiterführende Schule besucht)?	plausible Gründe?
– (Für Studienabbrecher:) Warum haben Sie Ihr Studium abgebrochen?	Durchhaltevermögen falsche Wahl? plausible Gründe?
– (Besonders bei speziellen Berufen:) Wie gut sind Ihre Sprachkenntnisse? – Haben Sie zur Weiterbildung Sprachkurse besucht?	Neigung/Begabung Leistungsmotivation
– Ggf. Fragen zu besonderen Kenntnissen und Fertigkeiten (Volkshochschul-)Kursen Auslandsaufenthalten/Briefkontakten (Ferien-)Jobs (Betriebs-)Praktikum Absolvieren/Abbruch einer Berufsausbildung Bundeswehr	aktives Interesse Initiative

4. Persönlicher, familiärer und sozialer Hintergrund

Interviewer	*Hintergrund/ »Test«-Thema*
Elternhaus – Beruf und Arbeitgeber der Eltern – Zahl und Alter der Geschwister – Was machen Ihre Geschwister beruflich?	Beeinflussung durch den Beruf des Vaters/der Mutter
– Waren Ihre Eltern immer mit Ihren Schulnoten zufrieden? – Haben Sie von Ihren Eltern Anregungen zur Berufswahl bekommen? – Wie stehen Ihre Eltern zu Ihrer Berufswahl?	Einfluss der Eltern auf die Leistungsmotivation
– Leben Sie bei Ihren Eltern? – Wie ist das Verhältnis zu Ihren Eltern? – Wie das zu Ihren Geschwistern? – Müssen Sie Ihren Eltern zu Hause helfen? Wenn ja: bei welchen Arbeiten? – Helfen Sie gerne mit? – Unternehmen Ihre Eltern etwas zusammen mit Ihnen? Was? Wie oft? – Haben Sie Anschluss an die Familie, oder gehen Sie eigene Wege? – Gibt es Situationen, in denen es Ihnen schwer fällt, zu gehorchen? Warum?	Familiäre »Einordnung« Anpassung Hilfsbereitschaft
Freizeit/Hobbys/Interessen – Was machen Sie in Ihrer Freizeit? – Haben Sie Hobbys? Wie lange schon und wie sind Sie dazu gekommen? Erzählen Sie ausführlich etwas darüber!	evtl. Zusammenhang mit der Berufswahl aktive oder passive Freizeitgestaltung Verantwortungsübernahme

– Treiben Sie Sport? (Ggf. detaillierte Zusatzfragen)	auch gesprächstechnisch: »Auflockerung«
– Gehören Sie einem Verein oder einer (Jugend-)Gruppe/Organisation an? Wenn ja: welcher? Haben Sie da eine besondere Funktion? – Verbringen Sie Ihre Freizeit vorwiegend allein oder in einer Gruppe?	Einzelgänger oder Gruppenfähigkeit evtl.: unzulässige Erkundung der politischen Einstellung
– Verfolgen Sie das Zeitgeschehen? Wie? – Welche Zeitungen/Illustrierte lesen Sie? – Lesen Sie gerne? Wenn ja: was? Welches Buch haben Sie zuletzt gelesen? Was hat Ihnen daran gefallen? – Was sehen Sie am liebsten im Fernsehen? – Welchen (Kino-)Film haben Sie zuletzt gesehen? Was hat Ihnen an dem Film gefallen? – Was für Veranstaltungen besuchen Sie?	aktives Interesse evtl.: unzulässige Erkundung der politischen Einstellung
Persönliche Beziehungen	
– Erzählen Sie etwas über Ihre Freunde/Freundinnen! Woher kennen Sie die? Sind sie jünger oder älter als Sie? Was machen die beruflich?	soziales Umfeld, mit Rückschlüssen auf Bewerber(in)
– Wie verstehen Sie sich mit Ihren Freunden?	Fähigkeit zur Teamarbeit
– Wie stellen Sie sich Ihre Zukunft vor?	Zielstrebigkeit/ »Reife«
– Wollen Sie heiraten, eine Familie gründen?	(unzulässige Frage, s. u.)

5. Gesundheit

Interviewer	*Hintergrund/ »Test«-Thema*
– Welche Krankheiten haben oder hatten Sie? Wann? – Für welche Arbeiten sind Sie nicht tauglich?	evtl. gesundheitliche Einschränkungen der Leistungsfähigkeit und Einsatzmöglichkeit

6. Spezielle Test- und Prüfungsfragen

Interviewer	*Hintergrund/ »Test«-Thema*
Allgemeinwissen/Zeitgeschehen Aktuelle Innen-, Außen- und Wirtschaftspolitik seltener: Sport Kultur Geschichte Geographie	Informiertheit Allgemeinwissen evtl. unzulässige Erkundung der politischen Meinung
Spezielle berufsbezogene Kenntnisse Wissensfragen zum Beruf (z. B. Alter des Berufs, benötigte Maschinen/Geräte usw.) Fragen aus evtl. zugesandten Informationsbroschüren (über Firma/Institution/Beruf) seltener: Überprüfung von Sprachkenntnissen Rechenfähigkeit	Interesse Engagement Vorbereitung
Fragen zu Problemlösungen aus dem zukünftigen Arbeitsgebiet Beispiele:	Problemlöseverhalten »Anstelligkeit«

Bankkaufmann – Was machen Sie im Einzelnen, wenn ein Kunde ein Konto eröffnen will?	Fachwissen
Verlagskaufmann – Wie würden Sie vorgehen, um die Zahl der Abonnenten unserer Zeitung XY zu vergrößern?	Kreativität
Augenoptiker – Kurz vor Geschäftsschluss kommt ein Kunde mit der Bitte um eine Brillenreparatur. Sie wollen aber pünktlich weg. Würden Sie den Kunden bedienen?	Arbeitstugenden

7. Informationen für den Bewerber

Interviewer		*Hintergrund/ »Test«-Thema*
gibt Informationen über	Firma/Institution Beruf Ausbildung	aktives Interesse Informationsstand Aufmerksamkeit Gedächtnis
Achtung: Diese Informationen werden evtl. zu einem späteren Zeitpunkt des Vorstellungsgesprächs abgefragt (selbst gestrickter Merkfähigkeitstest)		

8. Fragen des Bewerbers

Bewerber(in)	*Hintergrund/ »Test«-Thema*
Bespiele/Möglichkeiten für eigene Fragen: – Ist ein Kennenlernen des gesamten Betriebes während der Ausbildungszeit möglich?	aktives Interesse

- Wie lange dauert die Probezeit?
- Wo ist die Berufsschule? Wie sieht der Unterricht/Lehrplan aus?
- Wie viele Auszubildende hat der Betrieb?
- Besteht nach der Ausbildung die Möglichkeit der Weiterbeschäftigung im Betrieb? Wann und wie wird darüber entschieden (z. B. Prüfung)?
- Welche Weiterbildungsmöglichkeiten bestehen im Betrieb?
- Wie hoch ist die Ausbildungsvergütung?
- Ggf. weitere Fragen
  zur Firma/Institution
  zu Arbeitsplatz/-ort
  zur Arbeitszeit

9. Abschluss des Gesprächs und Verabschiedung

Interviewer	*Hintergrund/ »Test«-Thema*
Ggf. zusammenfassende Frage:	
– Warum sollten gerade Sie den Ausbildungsplatz in unserer Firma/Institution bekommen?	Erfassen von Wesentlichem Selbstwertgefühl
Dank für Besuch Bewerbung Interesse an Firma/Institution	Versuch eines angenehmen und guten »Abgangs« Imagepflege Arbeitgeber
Ankündigung einer möglichst schnellen Information über die Auswahlentscheidung Verabschiedung	

Wenn Ihnen aus Ihrer persönlichen Erfahrung bei Vorstellungsgesprächen Fragen bekannt sind, die unseren Fragenkatalog ergänzen können, würden wir uns freuen, wenn Sie uns dies schreiben (Adresse auf S. 4).

Beurteilung und Bewertung des Vorstellungsgesprächs

Ausbildungsleiter und Personalchefs halten Bewertung und Ergebnis des Vorstellungsgesprächs häufig mit Hilfe eines Beurteilungsbogens fest, der folgende Beurteilungskategorien enthalten kann:

- Äußere Erscheinung
- Auftreten/Umgangsformen
- Anpassung/Einordnung/Zusammenarbeit
- Intellektuelle Leistungsfähigkeit/Auffassungsgabe/Gedächtnis
- Sprachliches Ausdrucksvermögen
- Zu erwartendes Arbeitsverhalten.

Diese Beurteilungskategorien enthalten Merkmale, die auf dem Beurteilungsbogen gekennzeichnet werden, wenn sie auf den Bewerber zutreffen. Die einzelnen großen Beurteilungskategorien (z. B. äußere Erscheinung) werden mit einer Gesamtnote oder -punktzahl bewertet, z. B.:

1	=	sehr gut	4	=	ausreichend
2	=	gut	5	=	mangelhaft
3	=	befriedigend	6	=	ungenügend

oder nach folgendem Punktsystem:

1	=	weit über Durchschnitt	5	=	Durchschnitt (untere Grenze)
2	=	über Durchschnitt			
3	=	Durchschnitt (obere Grenze)	6	=	unter Durchschnitt
4	=	Durchschnitt (Mitte)	7	=	weit unter Durchschnitt

Wie kann so ein Beurteilungsbogen aussehen? Auf welche Informationen aus Verhalten und Äußerungen des Bewerbers wird geachtet? Dazu folgende Übersicht:[47]

Äußere Erscheinung	
ordentlich	schlampig
gepflegt	unordentlich
passend	ungepflegt
unauffällig	auffällig gekleidet
korrekt	übertriebener Schmuck
Haare ordentlich	übertrieben parfümiert
geschnitten u. gekämmt	Haare ungepflegt und struppig
sauber frisiert	unrasiert
rasiert	verschmutzt
hält sich sorgfältig sauber	abgerissen
	schmutziger Kragen
	schiefe Absätze
Auftreten/Umgangsformen	
höflich	arrogant
liebenswürdig	aufdringlich
freundlich	forsch
heiter	frech
gewinnend	vorlaut
sicher	überheblich
gewandt	hält nicht genug Abstand
bescheiden	gehemmt
gelassen	verkrampft
aufgeschlossen	verschlossen
unkompliziert	schüchtern
gesundes Selbstvertrauen	unsicher
	lässig
	schwerfällig
	übersteigertes/kein Selbstvertrauen
Anpassung/Einordnung/Zusammenarbeit	
wird sich anpassen und einfügen	fügt sich wahrscheinlich nur schwer ein
lenkbar	neigt zur Opposition
kameradschaftlich	aufsässig
teamfähig	kritisch
gute Kontaktfähigkeit	eigenwillig
	Außenseiter
	geringe Kontaktfähigkeit

Intellektuelle Leistungsfähigkeit/Auffassung/Gedächtnis

aufgeweckt	umständlich
denkt mit	denkfaul
konzentriert	träge
hört genau zu	unkonzentriert
beweglich/kann sich schnell	begriffsstutzig
umstellen	sprunghaft
stellt präzise Fragen	stellt keine präzisen Fragen
behält Einzelheiten	schlechte Merkfähigkeit
erfasst Wesentliches	durchschnittliches/schwerfälli-
gutes/rasches Auffassungsver-	ges/langsames Auffassungsver-
mögen	mögen

Sprachliches Ausdrucksvermögen

spricht klar/laut/ausdrucksvoll	spricht zu leise/zu laut/
fließend	zu schnell/unverständlich
fehlerlos	schwerfällig in der Formulie-
redegewandt	rung
schlagfertig	verliert den Faden
Hochdeutsch	unklar
kann sich gut ausdrücken	leicht missverständlich
	wortkarg
	macht viele Worte
	Dialekt
	kann sich durchschnittlich/
	schlecht ausdrücken

Zu erwartendes Arbeitsverhalten

arbeitsam	langsam
fleißig	schwerfällig
pflichtbewusst	nachlässig
aktiv	flüchtig
interessiert	passiv
begeisterungsfähig	vermutlich etwas bequem
ehrgeizig	wenig begeisterungsfähig

Rechtliche Probleme des Vorstellungsgesprächs

Rechtsprechung und herrschende Lehre haben dem Recht des Arbeitgebers, an einen Bewerber (oder an einen Beschäftigten) Fragen zu stellen, Grenzen gesetzt, um sicherzustellen, dass das allgemeine Persönlichkeitsrecht und die Würde des Menschen (Art. 1 Abs. 1 Grundgesetz, vgl. § 75, Abs. 2 Betriebsverfassungsgesetz) durch unzulässige Fragen nicht verletzt wird.[48]

Die in Rechtsprechung und Literatur herausgearbeiteten Einschränkungen des Fragerechts basieren also auf dem Persönlichkeitsrecht des Bewerbers.

»Nach ständiger Rechtsprechung des Bundesverfassungsgerichts garantieren Art. 1 und 2 des Grundgesetzes einen unantastbaren Kernbereich individueller Lebensführung (Intimsphäre), in den Außenstehende sich nicht hineindrängen dürfen.«[49]

Die Begrenzung des Fragerechts des Arbeitgebers beruht außerdem »auf der Erkenntnis der besonderen Zwangssituation, in der sich zunächst ein Bewerber um einen Arbeitsplatz befindet«.[50]

Nach der herrschenden arbeitsrechtlichen Meinung sind nur Fragen zulässig, die »arbeitsbezogen« sind, »d. h. solche, die mit dem zu besetzenden Arbeitsplatz im direkten Zusammenhang stehen«.[51]

Für Fragen im Vorstellungsgespräch gilt Folgendes: Fragen nach der *Religions- und Parteizugehörigkeit* sind grundsätzlich unzulässig (Art. 3 Abs. 3 Grundgesetz). Dasselbe gilt im Grundsatz auch für die Fragen nach einer *Gewerkschaftszugehörigkeit.*[52]

Fragen nach *schulischem und beruflichem Werdegang* eines Bewerbers sind zulässig, jedoch gilt hier die Einschränkung, dass nur die Fragen erlaubt sind, »die einen unmittelbaren Bezug zu der in Aussicht genommenen Arbeit haben. Deshalb ist es zweifelhaft, ob über das letzte Zeugnis der Schule hinaus Fragen hinsichtlich des Erfolges in allgemein bildenden Schulen aufgeworfen werden dürfen. Soweit es um bisherige Leistungen eines Bewerbers geht, ist die Vorlage eines u. U. qualifizierten Zeugnisses ausreichend.«[53]

Bei der Frage nach der bisherigen Ausbildung sind auch die Grenzen aus Art. 3 Grundgesetz zu beachten, insbesondere das Gebot, dass niemand wegen seines Geschlechts, seiner Abstammung, Rasse, Herkunft oder religiösen oder politischen Anschauung usw. benachteiligt werden darf.

»Die vor allem an weibliche Arbeitnehmer gerichtete Frage, ob sie alsbald *heiraten* wollen, ist unzulässig«[54], da sie einen unzulässigen

Eingriff in die Intimsphäre darstellt und kein Bezug zum Arbeitsverhältnis gegeben ist. Dasselbe gilt für folgende Fragen, »die auf den durch Art. 1 und 2 GG geschützten Kernbereich individueller Lebensführung zielen, der vor dem Zugriff auch des Arbeitgebers geschützt ist«[55]:

»Sind Sie geschieden?
Leben Sie getrennt? (Seit wann?)
Wohnen Sie allein?
Sind Sie schwanger?
Wollen Sie Kinder haben?
Machen Sie nähere Angaben zu Ihrem Lebensgefährten!«[56]

Fragen nach *Hobbys, Interessen und Freizeitbeschäftigung* sind unzulässig: »Da der Arbeitnehmer nicht universelle Treue und Hingabe mit der ganzen Persönlichkeit im Rahmen des Arbeitsverhältnisses schuldet, vielmehr nur einen Teil seiner Fähigkeiten zeitlich beschränkt zur Verfügung stellt, ist der Freizeitbereich für Fragen nicht zugänglich. Insbesondere im Dienstleistungsbereich kommt es jedoch vor, daß jemand das Glück hat, sein Hobby zum Beruf ausweiten zu können (z. B. Reiseleiter, Sportartikelverkäufer). Ergibt sich aus der Freizeitgestaltung also ein direkter Schluß auf eine besondere Qualifikation für die Berufsausübung, sind Fragen zulässig.«[57]

Auch die häufig gestellten Fragen nach dem *familiären Hintergrund*, nach dem *Beruf von Eltern und Geschwistern* sind unzulässig, wenn sie mit der vorgesehenen Tätigkeit nichts zu tun haben: »Nähere Angaben zur Person, insbesondere aber zum Arbeitsverhältnis von Ehegatten, Kindern sowie Eltern und Geschwistern etc. sind nur insoweit zulässig, als die Fragen darauf abzielen, mögliche Loyalitätskonflikte zu erkennen. Arbeitet z. B. ein Angehöriger bei Konkurrenzunternehmen im sicherheitsempfindlichen Bereich, besteht ein Auskunftsinteresse.«[58]

Auch Fragen nach *Krankheiten* sind nur äußerst begrenzt zulässig, da die Gefahr eines Eingriffs in das Persönlichkeitsrecht des Bewerbers besteht: Fragen nach bisherigen Erkrankungen dürfen grundsätzlich nicht gestellt werden.[59]

Es darf »nur nach aktuell bestehenden Krankheiten gefragt werden, die die Einsatzfähigkeit des Arbeitnehmers für das einzugehende Arbeitsverhältnis zur Zeit oder in absehbarer Zukunft nachteilig beeinträchtigen«.[60]

»Bagatellerkrankungen, wie Erkältungen, Magenverstimmungen, sporadisch auftretende Beeinträchtigungen und partielle Beschwerden wie Heuschnupfen, Kopfschmerzen etc. sind in aller Regel belanglos. Die Frage nach der Häufigkeit kleiner Erkrankungen ist eine unzulässige Umgehungsfrage, da sie in Wahrheit auf die Neigung zum ›Krankfeiern‹ und die Einstellung zur Arbeit abzielt.«[61]

Zu den *Rechten des Bewerbers* gehört, dass er auf unzulässige Fragen eine unzutreffende Antwort geben darf. »Das Bundesarbeitsgericht hat in Anerkennung der Notwehrsituation dem Bewerber ein ›*Recht auf Lüge*‹ zuerkannt. Wenn der Bewerber zur Wahrung seiner Chancen unzulässige Fragen falsch – d. h. entgegen der Tatsachenlage im Sinne des vom Interviewer erkennbar erstrebten Ergebnisses – beantwortet, kann der Arbeitgeber bei Entdeckung daraus rechtlich keine Konsequenzen ziehen.«[62]

Natürlich hat der Bewerber auch die Möglichkeit, eine das Fragerecht überschreitende Frage als unzulässig zurückzuweisen, die Antwort somit zu verweigern. Was das aber zur Folge hat, dürfte klar sein.

Arbeitgeber versuchen teilweise, die juristischen Grenzen des Fragerechts zu umgehen. Beispiele für solche *Umgehungstaktiken* sind Aufsatzthemen, die direkt oder indirekt auf eine Persönlichkeitserforschung oder auf die politische Gesinnung des Bewerbers abzielen, ebenso der Versuch, »Meinungen und Vorstellungen über aktuelle tagespolitische Ereignisse zu erkunden, um aus den Antworten Rückschlüsse zu ziehen. Beliebt ist auch die Frage nach der am häufigsten gelesenen Zeitung/Zeitschrift ...«[63]

In der folgenden Übersicht sind einige häufig eingesetzte Fragen zusammengestellt, die aus juristischer Sicht unzulässig sind (ohne Anspruch auf Vollständigkeit):

Unzulässige Frage	**Zulässig, so weit**
Parteizugehörigkeit	
politische Meinung	
Gewerkschaftszugehörigkeit	
Konfessionszugehörigkeit	sog. Tendenzunternehmen (z. B. konfessionelle Institution)
Freund/Freundin	
Heiratsabsicht	
Beruf der Eltern,	»Loyalitätskonflikte«

Geschwister usw.	
Hobbys/Interessen	Bezug zum Arbeitsplatz (z. B. Sportartikelverkäufer)
Frühere Krankheiten	

Übersicht: Unzulässige Fragen im Vorstellungsgespräch bzw. Fragen mit Wertungsspielraum (ohne Anspruch auf Vollständigkeit)[64]

Zusammenfassend lässt sich sagen:
Welch ein Unterschied zwischen juristischer Theorie und Bewerberalltagspraxis. Aber wo kein Kläger sich traut, braucht kein Richter ein Urteil zu fällen, und da die Abhängigkeitsverhältnisse sich wieder eindeutig zu Lasten des Arbeitnehmers verschoben haben, herrscht keine Schonzeit und wird in dieser juristischen Grauzone bei Tests und Vorstellungsgesprächen weiter rechtswidrig verfahren.

Wir sind nicht auf der Weit, um so zu sein, wie andere uns haben wollen – für den Fall der Fälle

Angenommen, Sie haben die Hürden Bewerbungsschreiben/Zeugnisse und Einstellungstests erfolgreich überstanden, trotzdem aber nach dem Vorstellungsgespräch eine Absage bekommen: Dann fühlen Sie sich sicherlich ziemlich schlecht. Trotzdem sollten Sie sich verdeutlichen, dass Sie bis zur letzten Hürde alles erfolgreich geschafft haben. Sie können auf eine ganze Menge Erfahrungen zurückblicken. So schwer es Ihnen jetzt auch fallen mag, versuchen Sie, sich zu überlegen, bei welchen Gesprächsthemen im Vorstellungsgespräch es zu der Entscheidung gekommen sein könnte, Ihnen den Ausbildungsplatz nicht zu geben. Gab es im Gesprächsverlauf ein Thema, bei dem Sie sich unsicher oder unwohl gefühlt haben? Kamen sehr intime Fragen, mit denen Sie nicht gerechnet hatten und bei deren Beantwortung Sie ein ungünstiges Bild von sich abgegeben haben? Abgesehen davon, dass diese Fragen juristisch gar nicht zulässig sind: Zunächst einmal haben Sie mit dem Ergebnis, das für Sie sehr bitter ist, fertig zu werden. Sie bekommen den Ausbildungsplatz nicht. Natürlich können Sie sich überlegen, ob Sie juristisch vorgehen wollen, wenn unzulässige Fragen gestellt worden sind, aber das verhilft Ihnen wohl kaum zu einem Ausbildungsplatz, an dem Sie sich später wohl fühlen.

Versuchen Sie, ein Nachgespräch zu bekommen, in dem Sie klären, welche Gründe zu Ihrer Ablehnung geführt haben. Auch wenn man nicht ganz offen zu Ihnen ist, gelingt es Ihnen vielleicht dennoch, zwischen den Worten etwas herauszuhören und daraus Konsequenzen zu ziehen.
Es ist wichtig, dass Sie sich für die nächsten Vorstellungsgespräche gut vorbereiten und Ihre Erfahrungen auswerten. Auch wenn Sie jetzt völlig verzweifelt sind und von dem ganzen Bewerbungszirkus nichts mehr wissen wollen, müssen Sie Ihre Frustration überwinden und versuchen, einen neuen Anlauf zu nehmen. Vielleicht hat der Ausbildungsleiter Sie nicht genommen, weil Sie ihm als zu intelligent und kritisch erschienen sind. Das ist bitter, passiert aber durchaus häufiger, als Sie vielleicht glauben. Es ist schwierig, den Vorstellungen der Ausbilder genau zu entsprechen. Dazu gehört schon eine ganze Menge schauspielerisches Talent. In jedem Fall sollten Sie sich deutlich machen: Die schwierige Situation, der Mangel an Ausbildungsplätzen, die undurchschaubaren Kriterien und Anforderungen der Ausbilder haben Sie in diese unangenehme Lage gebracht. Nicht Sie haben versagt, nicht Sie sind keinen Ausbildungsplatz wert, sondern die ungünstige Lage, in der Sie sich als Ausbildungsplatzsucher heutzutage befinden, ist für diese scheußliche Situation verantwortlich. Geben Sie nicht auf. Halten Sie durch, auch wenn es Ihnen jetzt vielleicht ganz besonders schwer fällt. Es klingt wie billiger Trost, aber vielleicht klappt es wirklich beim nächsten Mal. Aufgeben ist ganz bestimmt nicht leicht und mit starken psychischen Verletzungen verbunden. Aber weitermachen, nachdem man des Öfteren bitter enttäuscht wurde, ist mehr als mühsam, ein harter und steiniger Weg. Dennoch: Wählen Sie ihn!

Und noch etwas:
Sie haben eine Stimme – schweigen Sie nicht, hören Sie auf, alles runterzuschlucken – eine Möglichkeit wäre z. B.: Schreiben Sie uns, was Ihnen passiert ist: wie man mit Ihnen umgegangen ist, was Sie oder auch andere erleben mussten (Adresse auf S. 4).

Testbilanz

Dass von privaten und öffentlichen Arbeitgebern immer noch zu wenig Ausbildungsplätze angeboten werden, hat seine Ursachen und eine Entwicklungsgeschichte. Auf die Hintergründe, die dazu geführt haben, geht dieses Buch nicht ein. Das war auch nicht unsere Absicht. Dennoch fühlen wir uns als Diplom-Psychologen herausgefordert, berufsspezifisch Stellung zu nehmen.

Wenn wir auch keine Politiker, Gewerkschafter oder Lehrer sind und also von dieser Seite das Problem nicht angehen können, so haben wir doch mit vielen Autoren von Einstellungstests eines gemeinsam: die Profession. Als Diplom-Psychologen sind wir betroffen zu sehen, wie viele junge Menschen in einem für sie ohnehin schwierigen Entwicklungsabschnitt mit sog. psychologischen Tests konfrontiert werden und dabei entwürdigenden und entwertenden Verfahren ausgesetzt sind. Wen wundert es dann, wenn Jugendliche geradezu zwangsläufig ein völlig falsches Bild vom Sinn und Zweck eines durchaus auch sinnvoll einzusetzenden psychologischen Instrumentariums bekommen. Das kann uns nicht egal sein.

In der Hoffnung, dass vielleicht auch die Kollegen entsetzt sind, die geholfen haben, diese zweckentfremdet und missbräuchlich eingesetzten Verfahren zu entwickeln, wenden wir uns zunächst an die Betroffenen selbst. Ihnen wollen wir zeigen, wie man sich gegen Einstellungstests schützt. Eine Testverweigerung, so notwendig und sinnvoll sie auch wäre, erscheint uns leider unter den gegebenen Umständen nicht realistisch. Dennoch muss die Testpraxis kritisiert und die Arbeitgeberseite aufgefordert werden, andere Auswahlmethoden zu praktizieren. So schwierig dies auch sein mag, es geht nicht an, dass weiter mit pseudopsychologischen und pseudowissenschaftlichen Einstellungstestverfahren wild darauf losgetestet und damit sozial ausgegrenzt wird. Die so bei jungen Menschen ausgelösten Verletzungen und Kränkungen, aber auch die zerstörten Hoffnungen werden sich sicher für uns alle zu einem gesamtgesellschaftlichen Folgeproblem entwickeln.

Hören wir auf, weiter Augen, Ohren und Mund aus welchen Gründen auch immer vor diesen Problemen zu verschließen. Wir können und dürfen uns nicht weiter vor der Auseinandersetzung mit den praktizierten Ausleseverfahren drücken.
Testtraining kann dabei nur eine kurzfristige Problemüberbrückung, eine Situationserleichterung sein. Die eindeutige Forderung lautet:
Schafft die fragwürdigen Einstellungstests ab!
Mehr und bessere Ausbildungs- und Arbeitsplatzchancen für junge Menschen!

Anmerkungen

1 Benetreu, H.-P.: Ausbildungsstellen – Bewerbungsverfahren – kritisch betrachtet. Zeitschrift für Berufs- und Wirtschaftspädagogik 76 (1980), 671–681 (S. 671).

2 Scherer, R.: Einstellungstests – eine Anmaßung. Gewerkschaftliche Bildungspolitik 29 (1978), 105–108 (S. 108).

3 Benetreu (s. Anm. 1), S. 679.

4 Zit. nach Benetreu (s. Anm. 1), S. 680.

5 Maier, O.: Zur Informationspflicht bei psychologischen Eignungsuntersuchungen. Psychologie und Praxis 24 (1980), 49–57 (S. 51).

6 Nach Maier (s. Anm. 5), S. 53, 56, und: Sektion Arbeits- und Betriebspsychologie im Berufsverband Deutscher Psychologen e. V. (1980): Grundsätze für die Anwendung psychologischer Eignungsuntersuchungen in Wirtschaft und Verwaltung. Zit. nach Schmid, K.: Rechtsprobleme bei der Anwendung psychologischer Testverfahren zur Personalauslese. Betriebs-Berater 36 (1981), 1646–1651 (S. 1648).

7 Benetreu (s. Anm. 1), S. 676.

8 Dunkel, D.: Testverfahren zur Auswahl von Bewerbern für Ausbildungsplätze. Nur begrenzte Bedeutung. Beruf und Bildung 10 (1979), 6–8 (S. 8).

9 Grubitzsch, S.: Testpsychologie. In: Rexilius, G. & Grubitzsch, S. (Hg.): Handbuch psychologischer Grundbegriffe. Reinbek bei Hamburg (Rowohlt) 1981, 1091–1109 (S. 1107).

10 Zit. nach Grubitzsch, S. & Rexilius, G.: Testtheorie – Testpraxis. Reinbek bei Hamburg (Rowohlt) 1978, S. 170.

11 Wohlgemuth, H. H.: Datenschutz für Arbeitnehmer. Eine systematische Darstellung. Neuwied und Darmstadt (Luchterhand) 1983, S. 34.

12 Schmid (s. Anm. 6), S. 1649.

13 Schmid (s. Anm. 6), S. 1650; vgl. Fitting, K./Auffahrth, F./Kaiser, H.: Betriebsverfassungsgesetz. Handkommentar. München (Vahlen) 1984[14], S. 1076.

14 Klein, F. J.: Die Rechtmäßigkeit psychologischer Tests im Personalbereich. Gelsenkirchen (Mannhold) 1982, S. 152.

15 Klein (s. Anm. 14), S. 150.

16 Schmid (s. Anm. 6), S. 1648.

17 Bellgardt, P.: Rechtsprobleme des Bewerbergesprächs. Heidelberg (Sauer) 1984, S. 41.

18 Fitting/Auffarth/Kaiser (s. Anm. 13), S. 1077; Wohlgemuth (s. Anm. 11), S. 35.

19 Fitting/Auffarth/Kaiser (s. Anm. 13), S. 1077.

20 Schmid (s. Anm. 6), S. 1650.

21 Schmid (s. Anm. 6), S. 1650.

22 Klein (s. Anm. 14), S. 135 ff.; Kuznik, R.: Das vorvertragliche Informationsbedürfnis des Arbeitgebers und die Rechtsstellung des Bewerbers bei Anwendung psychologischer Testverfahren zur Eignungsfeststellung. Frankfurt a. M. (Haag + Herchen) 1982, S. 219 f.; Bregenhorn, S.: Die Rechtsproblematik in der Personalbeurteilung. München (tuduv) 1982, S. 243 ff. s. besonders S. 267 f.

23 Der Berliner Datenschutzbeauftragte (Hg.): Urteil des Bundesverfassungsgerichts zum Volkszählungsgesetz 1983 vom 15. Dezember 1983. Materialien zum Datenschutz 1. Berlin o. J., S. 46.

24 Klein (s. Anm. 14), S. 143. Zu den Kontrollmöglichkeiten und Mitbestimmungsrechten, die dem Betriebsrat bei psychologischen Testverfahren im Personalbereich gegeben sind, s. Deutsche Angestellten-Gewerkschaft/ Bundesjugendleitung (Hg.): Auslesetests für Auszubildende – Was ist davon zu halten? Hamburg 1982, S. 16 ff.; Fitting/Auffarth/Kaiser (s. Anm. 13), S. 1070 ff.; Bregenhorn (s. Anm. 22), S. 307 ff.; Kuznik (s. Anm. 22), S. 225 ff.

25 NDR, III. Fernsehprogramm/Weiterbildung III: Weitergehende Informationen zur Sendung »Testmühlen«. Hamburg 1983, S. 2 f.

26 Deutsche Angestellten-Gewerkschaft (s. Anm. 24), S. 10.

27 Deutsche Angestellten-Gewerkschaft (s. Anm. 24), S. 9.

28 NDR (s. Anm. 25), S. 7.

29 Modifiziert nach Millman, J. & Pauk, W.: How to take tests. New York usw. (McGraw Hill) 1969, S. 89 ff.

30 Modifiziert nach Millman & Pauk (s. Anm. 29), S. 72 ff.

31 Modifiziert nach Millman & Pauk (s. Anm. 29), S. 75.

32 Modifiziert nach Millman & Pauk (s. Anm. 29), S, 79 ff.

33 Conrad, W. et al.: Mannheimer Intelligenztest. Weinheim (Beltz) o. J., Form S, S. 6, Nr. 4.

34 Conrad, W. (s. Anm. 33), Form T, S. 6, Nr. 9.

35 Raschke, H.: Taschenbuch für Bewerberauslese. Heidelberg (Sauer) 1983[4], S. 141.

36 Putz-Osterloh, W.: Über Problemlösungsprozesse bei dem Test Würfelaufgaben aus dem Intelligenzstrukturtest IST und IST-70 von Amthauer. Diagnostica 23 (1977), 252–265.

37 Berichte von Mitgliedern des CDU-Wirtschaftsrates in einer Umfrage zur Lehrstellensituation (1983) über Extrembeispiele für »schlechtes Auftreten« im Vorstellungsgespräch, das zur Ablehnung der Einstellung führte.

Wirtschaftsrat der CDU: Lehrstellensituation. Ergebnisanalyse der Wirtschaftsrat-Umfrage zur Lehrstellensituation und zu ausbildungshemmenden Vorschriften. Bonn 1983, S. 8.

38 Göbel, U.: Was Ausbilder fordern – was Schüler leisten. Ergebnisse einer repräsentativen Befragung von Ausbildern und Auszubildenden. Köln (Deutscher Instituts-Verlag) 1984, S. 128.

39 S. Anm. 38.

40 Göbel (s. Anm. 38), S. 78.

41 Göbel (s. Anm. 38), S. 103 f.

42 Göbel (s. Anm. 38), S. 96.

43 Göbel (s. Anm. 38), S. 98.

44 Göbel (s. Anm. 38), S. 101.

45 Göbel (s. Anm. 38), S. 129.

46 Industrie- und Handelskammer Ulm: Umfrage '83 zur Berufsausbildung. Ulm o. J., S. 40.

47 Modifiziert nach Korff, E.: Menschen beurteilen und Menschen führen. Heidelberg (Sauer) 1983[5], S. 95 ff.; Raschke (s. Anm. 35), S. 172 f., 177; Raschke, H.: Taschenbuch für Personalbeurteilung. Heidelberg (Sauer) 1971[3], S. 138; Sonntag, K.: Auswahl von Lehrstellenbewerbern – Exploration. Ergebnisse einer Befragung von Industrieunternehmen. Personal 28 (1976), 89–91.

48 Fitting/Auffarth/Kaiser (s. Anm. 13), S. 1071; Wohlgemuth (s. Anm. 11), S. 28.

49 Bellgardt (s. Anm. 17), S. 11.

50 Wohlgemuth (s. Anm. 11), S. 28.

51 Bellgardt (s. Anm. 17), S. 12.

52 Wohlgemuth (s. Anm. 11), S. 31; Bellgardt (s. Anm. 17), S. 20, 27; Fitting/Auffarth/Kaiser (s. Anm. 13), S. 1074 f.

53 Wohlgemuth (s. Anm. 11), S. 32.

54 Bellgardt (s. Anm. 17), S. 26.

55 Bellgardt (s. Anm. 17), S. 26.

56 Bellgardt (s. Anm. 17), S. 26.

57 Bellgardt (s. Anm. 17), S. 29.

58 Bellgardt (s. Anm. 17), S. 25 f.

59 Wohlgemuth (s. Anm. 11), S. 33.

60 Bellgardt (s. Anm. 17), S. 19.

61 Bellgardt (s. Anm. 17), S. 19.

62 Bellgardt (s. Anm. 17), S. 47.

63 Bellgardt (s. Anm. 17), S. 39.

64 Nach Bellgardt (s. Anm. 17), S. 31 ff.

Anhang: Kleines Testknacker-Lexikon* (Rechtschreibung/Fremdwörter/Namen/ Abkürzungen)

Wozu denn nun noch das? Diese im wahrsten Sinne des Wortes merk-würdige Liste von so unterschiedlichen Wörtern wie »abstrus« (mit Erklärung) bis »Zylinder« (ohne Erklärung) ist das Ergebnis einer Wortanalyse, die wir bei ca. 20 Einstellungstests durchgeführt haben. Zum Teil sollen mit diesen Wörtern angeblich Ihre Rechtschreibkenntnisse überprüft werden, zum anderen geht es um Ihre Kenntnis von Fremdwörtern, Namen und Abkürzungen (ca. 600 Stück).
Wie schön, dass Sie hier nun die Möglichkeit haben, sich den Wort- und Rechtschreibkenntnisschatz eines testintelligenten Menschen anzueignen.
Wenn diese Wörterliste den sprachintelligenten Menschen ausmacht, na dann, bitte ...

abstrus	*verworren*
absurd	*widersinnig*
ADAC	*Allgemeiner Deutscher Automobilclub*
Ährenkörner	
AG	*Aktiengesellschaft*
aggressiv	
agil	*flink; geschäftig*
Akelei	*Zierpflanze*
Akkord	
Aktivität	
akut	
AKW	*Atomkraftwerk*
Alaska	
Allianz	*Bündnis*

* Fremdwörtererklärungen z. T. entnommen aus dem Duden Band 5 – Das Fremdwörterbuch, mit freundlicher Genehmigung des Verlages Bibliographisches Institut AG, Mannheim.

allmählich	
allzu oft	
Almosen	*Gabe*
altruistisch	*uneigennützig*
Aluminium	
Anämie	*»Blutarmut«*
analog	*entsprechend; gleichartig*
Anatom	*»Zergliederer« – Lehre der Anatomie = Wissenschaft, die sich mit Form und Körperbau der Lebewesen befasst*
Anekdote	*kurze, lustige Geschichte*
annähernd	
Annonce	*Anzeige*
annoncieren	*eine Annonce aufgeben, durch eine Annonce etwas anzeigen; etwas ankündigen*
anonym	*ohne Namen*
anstatt	
Anstoß	
Anthropologe	*Wissenschaftler, der sich mit dem Menschen und seiner Entwicklung in geistes- und naturwissen-wissenschaftlicher Hinsicht befasst*
Anubis	*Name eines ägyptischen Gottes*
AOK	*Allgemeine Ortskrankenkasse*
Apparat	
Appetit	
Aquarell	*mit Wasserfarben gemaltes Bild*
Aragon	*Louis A., französischer Schriftsteller, 1897–1982*
Ararat	*Name eines Vulkans; Stadt in Australien*
Arbeitsmilieu	
ARD	*Arbeitsgemeinschaft der öffentlich-rechtlichen Rundfunkanstalten der Bundesrepublik Deutschland*
Armada	*Streitmacht*
Arnika	*Heilpflanze*
Arrest	*Haft*
Artist	*Künstler*
Aspekt	*u. a. Gesichtspunkt*
Assuan	*Stadt in Oberägypten*
Asthma	*Atemnot*
Atheist	*Leugner des Daseins Gottes*
athletisch	*muskulös; durchtrainiert*
Attila	*Name eines Hunnenkönigs, gest. 453*
Aufriss	*Bauzeichnung*
aufwändig	
Augenliderhärchen	
ausprobieren	

Ausstattung	
Avalon	*u. a. Halbinsel im Südosten der Insel Neufundland*
Ballade	*Gedicht*
Balletttänzer	
Bambus	*Graspflanze*
Barometer	*Luftdruckmesser*
Bauxit	*Aluminiumerz*
Behaim	*Martin B., Seefahrer und Geograph in Nürnberg und Portugal, 1459–1507*
BEK	*Barmer Ersatzkasse*
Bekanntgabe	
bekannt machen	
bemäkeln	
Bezirk	
BfA	*Bundesversicherungsanstalt für Angestellte*
BGB	*Bürgerliches Gesetzbuch*
Bibliothek	
bisschen	
Bizeps	*Oberarmmuskel*
Bombay	*Stadt in Indien*
Born	*u. a. Max B., Physiker, 1882–1970*
Bovist	*Pilz*
Brahms	*Johannes B., Komponist, 1833–1897*
Braintrust	*Beratungsausschuss*
Branche	*Geschäfts- und Wirtschaftszweig, Fachgebiet*
Brennnessel	
Brokat	*kostbares Seidengewebe; Pulver für Bronzefarben*
Brügge	*Stadt in Belgien*
Budget	*Haushaltsplanung*
Bundespräsident	
CD	*Compactdisc, digitaler Musik- und Datenspeicher; auch Corps Diplomatique*
Charge	*u. a. Dienstgrad; Nebenrolle in einem Theaterstück*
Chaussee	
Chemikalien	
Cheops	*Name eines ägyptischen Königs, um 2500 v. Chr.*
Chinin	*Alkaloid der Chinarinde, als Medikament verwendet*
Chopin	*Frédéric C., Komponist, 1809–1849*
Choral	*Kirchengemeindegesang; religiöses Lied*
Chroniken	*geschichtliche Aufzeichnungen*

chronisch	*langsam verlaufend; ständig*
Cuvier	*Georges C., französischer Zoologe und Anatom, 1769–1832*
DAG	*Deutsche Angestelltengewerkschaft*
Dahlie	*Blütenpflanze*
DAK	*Deutsche Angestelltenkrankenkasse*
debattieren	*erörtern*
definieren	*den Inhalt eines Begriffs feststellen*
Deformation	*Verformung; Verunstaltung*
deklamieren	*u. a. vortragen*
Delegation	*Abordnung; Übertragung von Zuständigkeiten*
Delikt	*Vergehen*
Delphi	*altgriechische Tempelstadt*
Delta	*griechischer Buchstabe; Mündungsgebiet eines Flusses*
demütigen	
Depesche	*veraltet für Telegramm*
Deserteur	*Fahnenflüchtiger*
despotisch	*rücksichtslos; tyrannisch*
Detail	*Einzelheit; Einzelteil; Einzelding*
detailliert	*in allen Einzelheiten*
Determinante	*u. a. Rechenausdruck in der Algebra*
Devise	*Leitspruch; ausländisches Zahlungsmittel*
Devisen	*Plural zu Devise*
dezent	*u. a. vornehm-zurückhaltend*
Dezimalwaage	
DFB	*Deutscher Fußball-Bund*
DGB	*Deutscher Gewerkschaftsbund*
Differenz	*Unterschied*
Dilemma	*Zwangslage*
diluvial	*das Diluvium, eine Zeitstufe der Eiszeit betreffend*
DIN	*Deutsche Industrie-Norm*
Diskothek	
Diskus	*u. a. Sportgerät*
Diskussion	*Erörterung, Aussprache*
Distel	*Pflanze*
Disziplin	
Diurnal	*»das Tägliche«*
Dnjepr	*Fluss in Russland*
Dörrobst	
dpa	*Deutsche Presse-Agentur*
Drakon	*Name eines altgriechischen Gesetzgebers, um 600 v. Chr.*
Dreschflegel	

DRK	*Deutsches Rotes Kreuz*
Druide	*keltischer Priester*
Dünkel	*Einbildung, Hochmut*
Duplikat	*Zweitausfertigung*
Dvorak	*Anton D., Komponist, 1841–1904*
durcheinander reden	
durchnummerieren	
Edison	*Thomas Alva E., amerikanischer Erfinder, 1847–1931*
EDV	*Elektronische Datenverarbeitung*
EEG	*Elektroenzephalogramm*
Effekt	*Wirkung*
Effizienz	*Wirksamkeit*
ehrerbietig	
Eidechse	
eigentlich	
EKG	*Elektrokardiogramm*
Emblem	*Hoheitszeichen; Sinnbild*
Emotion	*Gefühlszustand*
endgültig	
Epilog	*Nachspiel, Nachwort*
Epos	*erzählende Versdichtung; Heldengedicht*
Erosion	*u. a. Auswaschung, Grundabtragung der Erdoberflächenformen, z. B. durch Wasser*
Erpel	*männliche Ente*
Escudo	*portugiesische und chilenische Währungseinheit*
EU	*Europäische Union*
EURO	*Zahlungsmitten in der EU seit 1. 1. 2002*
Etappe	*u. a. Teilstrecke*
eventuell	
Evolution	*u. a. allmählich fortschreitende Entwicklung*
Export	*Ausfuhr*
extrovertiert	*nach außen gerichtet*
Fabel	*Erzählung; Stoff- und Handlungsgerüst für eine Dichtung*
Fabrikschlot	
faszinieren	
fatal	*verhängnisvoll; unangenehm*
Filiale	
Fond	*u. a. Autorücksitz*
Fonds	*u. a. Geldvorrat*
fortschreitend	
fortwährend	

Fuge	*u. a. Satzart in der Musik*
Fugger	*schwäb. Kaufmannsgeschlecht, im 15. und 16. Jh.*
fundiert	*u. a. begründet*
Funktion	
Galopprennbahn	
Gasometer	*Behälter für Leuchtgas*
Gebühren	
gediegen	
Geisha	*japanische Tänzerin, Sängerin und Gesellschafterin*
Gelenkigkeit	
Gemäldegalerie	
Gemütlichkeit	
generell	
genesen	
genießen	
genusssüchtig	
Geoid	*mathematisch vereinfachte Erdfigur*
Gepide	*Angehöriger eines ostgermanischen Volkes*
Geranie	*Blume, Gattung der Storchschnabelgewächse*
Gesandtschaft	
Gesinde	*landwirtschaftliche Arbeitskräfte*
gewähren	
Gewandtheit	
Gewehr	
Geweih	
Gewissheit	
GG	*Grundgesetz*
Gicht	*Krankheit*
GmbH	*Gesellschaft mit beschränkter Haftung*
Glimmstängel	
Gnesen	*Stadt in Polen, poln. Gniezno*
Gounod	*Charles G., Komponist, 1818–1893*
Gracht	*schmaler Kanal*
Gradierwerk	*Edelwerk zur Salzaufbereitung*
Gräuel	
Grande	*span. Adelstitel*
gratis	
Grazie	*u. a. Anmut*
Gruppe	
Gutmütigkeit	
Haarschere	
hämisch	*hinterhältig; boshaft*
Hanf	

Hangar — *Flugzeughalle*
Heerschar
Heidekräuter
Hektik
Helium — *Edelgas*
Hengst
Hering
HGB — *Handelsgesetzbuch*
Hieroglyphen — *u. a. ägypt. Bilderschrift*
Honved — *u. a. Bezeichnung der ungar. Armee seit 1919*
Hoplit — *schwer bewaffneter Soldat im alten Griechenland*
Humanismus — *u. a. eine auf die griechische und römische Antike gegründete geistige Bewegung*
Hutten — *Ulrich v. H., Reichsritter und Humanist, 1488–1523*
Hydrant — *Zapfstelle zur Wasserversorgung aus Rohrleitungen*
Hymne — *u. a. feierlicher Gesang*
Hysterie — *psychische Erkrankung*

ideal — *u. a. vollkommen*
ideell — *gedanklich, eine Idee betreffend*
Identifizierung — *u. a. Gleichsetzung*
Idiosynkrasie — *Überempfindlichkeit gegen bestimmte Stoffe*
ignorieren — *nicht beachten*
illustrieren
Imitation — *Nachahmung*
indirekt
Indiskretion — *u. a. Mangel an Verschwiegenheit*
Indossament — *Übertragung aller Rechte aus einem Wechsel*
infolgedessen
Insekt
Institution
Integration — *»Wiederherstellung eines Ganzen«*
interessant
Interview
Inzest — *Geschlechtsverkehr zwischen Geschwistern oder zwischen Eltern und Kindern*
irden — *u. a. aus Ton gefertigt*
irgendjemand
irrewerden

Jacketttasche
Jaguar
Jasmin — *Zierstrauch*
Junior — *»der Jüngere«*

Kanallotse	
Känguru	
Kapital	
kaputt	
Karbid	*u. a. Kalziumkarbid, ein Rohstoff der chemischen Industrie*
Karbol	*umgangssprachlich für Karbolsäure*
Karies	
Karikatur	
Karosserie	
Karussell	
Kasino	
Katalog	
kennen lernen	
KG	*Kommanditgesellschaft*
Kitsch	*als geschmacklos empfundenes Kunstwerk*
Klient	*u. a. Auftraggeber, »Kunde«*
Knappe	*u. a. Bergmann mit abgeschlossener Lehre, Facharbeiter im Bergbau*
Kohlweißling	*Schmetterling*
kolossal	*u. a. riesig, gewaltig*
Kommiss	*Militär*
Kommission	
Kompetenz	*u. a. Befugnis, Zuständigkeit*
Komplott	*Verschwörung*
Komponente	*Bestandteil eines Ganzen; Teilkraft*
Komposition	*u. a. Musikwerk*
Kompost	
Kompromiss	
Komtur	*Ordensritter, Verwalter eines bestimmten Gebietes, einer Komturei*
Kondition	*u. a. Bedingung; sportlich-körperliche Verfassung*
Konflikt	
konfus	*verwirrt*
Konjunktur	*u. a. Wirtschaftslage, -entwicklung*
Konkurrenz	
konkurrenzfähig	
Konkurs	*u. a. Zahlungsunfähigkeit*
Kontinent	*Erdteil*
Kontingent	*u. a. Anteil zu Leistungen; begrenzte Menge*
Kontrollliste	
Konvoi	*Geleitzug*
konzentrieren	
koordinieren	
korrekt	
Kosmos	

Kredit	
Kruzifix	*u. a. Kreuz*
Krypta	*unterirdische Kammer, besonders Grabanlage*
kulturell	
Labyrinth	*Irrgarten*
Ladenschlussgesetz	
Läsion	*Verletzung*
Laienvorstellung	
lakonisch	*kurz*
langwierig	
Laotse	*Name eines chinesischen Philosophen*
Laubsägeblätter	
Laudon	*Gideon L., österr. Feldmarschall, 1717–1790*
Legende	*u. a. sagenhafte Geschichte; Zeichenerklärung*
Legierung	*Mischung verschiedener Metalle, die durch Zusammenschmelzen entstanden ist*
Legion	*u. a. altrömische Heereseinheit*
liberal	*u. a. freiheitlich gesinnt*
Liberalisierung	*u. a. Befreiung von Einschränkungen*
lieb haben	
limitiert	*begrenzt*
Lkw	*Lastkraftwagen*
logisch	
Louvre	*ursprünglich Schloss der franz. Könige in Paris, heute Museum*
luxuriös	
Luxus	
Lymphe	*u. a. Gewebeflüssigkeit*
MAD	*Militärischer Abschirmdienst*
Madrid	
mästen	
Mafia	*erpresserische Geheimorganisation*
Mandant	*jemand, der einen Rechtsanwalt beauftragt, ihn in einer Angelegenheit juristisch zu vertreten*
mannigfaltig	
Marder	
Marokko	
Materie	
materiell	
Matrix	*»Mutterboden«, u. a. in der Mathematik ein Schema von Zahlen, für das bestimmte Rechenregeln gelten*
M.d.B./MdB	*Mitglied des Bundestages*
Messverfahren	

MDR	*Mitteldeutscher Rundfunk*
Methode	
MEZ	*mitteleuropäische Zeit*
mimosenhaft	*besonders empfindlich*
Misanthrop	*Menschenfeind*
Misstrauen	
Mistel	*schmarotzerische Pflanze, Heilpflanze*
Mörser	*u. a. Gefäß zum Zerstoßen und Zerreiben von festen Substanzen*
Mohawk	*nordamerikanischer Indianerstamm*
Molekül	*kleinste Einheit einer chemischen Verbindung, die noch die charakteristischen Eigenschaften dieser Verbindung aufweist*
Monaco	
Monopol	*u. a. Vorrecht*
Moritat	*Bänkellied, das eine schauerliche oder Grauen erregende Geschichte zum Inhalt hat*
Motto	*Leitspruch*
Musikkapelle	
Mussvorschrift	
Mutation	*u. a. Erbänderung*
nachsuchen	
nachweislich	
Nähmaschine	
nämlich	
Nantes	*Stadt in Frankreich*
NATO	*Abk. für North Atlantic Treaty Organisation, Nordatlantikpakt*
Nautik	*Schifffahrtskunde*
NDR	*Norddeutscher Rundfunk*
Nelson	*u. a. Horatio N., britischer Admiral, 1758–1805*
Newton	*Isaac N., englischer Physiker und Mathematiker, 1643–1727*
Nihilismus	*u. a. bedingungslose Verneinung aller Normen, Ziele, Werte*
Nippon	*einheimischer Name für Japan*
Nitrat	*Salz der Salpetersäure*
NOK	*Nationales Olympisches Komitee*
Notiz	
Not leidend	
Novelle	*u. a. Erzählung*
NRW	*Nordrhein-Westfalen*
Nummerierung	
Nylon	
Nymphe	*u. a. griechische weibliche Naturgottheit*

OAS	*Organization of American States, Organisation der Amerikanischen Staaten*
OECD	*Organization for Economic Cooperation and Development, Organisation für wirtschaftliche Zusammenarbeit und Entwicklung*
Ökosystem	*Einheit eines Lebensraumes und der in ihm wohnenden Lebewesen, z. B. Wald als Ökosystem*
Offerte	*Angebot*
OHG	*Offene Handelsgesellschaft*
Okular	*dem Auge zugewandte Linse eines optischen Instruments, z. B. Fernrohr*
Opal	*u. a. ein wasserhaltiges Kieselsäuremineral*
Opposition	
oppositionell	
optimistisch	
Organisation	
orientalisch	
original	
ornamental	*mit einer Verzierung versehen*
Osiris	*Name eines ägyptischen Gottes*
Osmose	*chemischer Vorgang*
Ottawa	*Hauptstadt Kanadas*
Panama	
Pandur	*ungarischer Soldat*
Parallele	
Parole	
Passagier	
Passwort	
Pazifist	*Anhänger des Pazifismus, d. h. der Ablehnung des Krieges und des Kriegsdienstes*
pedantisch	*übertrieben genau*
Perlon	
Perücke	
Pestizid	*Schädlingsbekämpfungsmittel*
Petroleum	
Philanthrop	*Menschenfreund*
Pkw	*Personenkraftwagen*
Planck	*Max P., Physiker, 1858–1947*
Platin	
platzieren	
Ponton	*Brückenschiff*
Portemonnaie; auch Portmonee	
Porzellan	
positiv	
Potenzial	*u. a. Leitungsfähigkeit*

Präambel	*u. a. Einleitung zu einer Verfassung oder einem Staatsvertrag*
prekär	*schwierig, heikel*
Presseerklärung	
Prestige	*Geltung, Ansehen*
profan	*u. a. alltäglich*
profund	*u. a. gründlich*
Prokop	*Märtyrer unter dem römischen Kaiser Diokletian, gest. ca. 303*
Prolog	*Einleitungsteil; Vorrede*
prompt	*u. a. unverzüglich*
Propaganda	*Form der Werbung, speziell für politische Ziele*
Prophet	*u. a. jemand, der etwas weissagt*
Proton	*Elementarteilchen*
Provokation	*u. a. Herausforderung*
Publikation	*Veröffentlichung*
Publikum	
Pulver	
Quadrat	
quälen	
Quälerei	
Qual	
qualitätsbewusst	
quantitativ	*mengenmäßig*
Quartier	
Quast	*u. a. breiter Pinsel*
Quebec	*kanadische Stadt u. Provinz*
Quecksilber	
Quittung	
Quote	*u. a. Anteil*
radikal	
Radium	*chem. Element*
Rad fahren	
Rasierapparat	
Ration	
rational	*von der Vernunft bestimmt*
rationell	*zweckmäßig*
rau	
reaktionär	*rückschrittlich*
Reflex	*u. a. Rückstrahlung, Widerschein*
Reformvorschlag	
Region	
Regress	*Ersatzanspruch*
Reißverschluss	

Reklame	
Rekrut	*Soldat in der ersten Ausbildungszeit*
rektal	*zum Mastdarm gehörig*
Renoir	*u. a. Pierre Auguste R., französischer Maler und Graphiker, 1841–1919*
repräsentativ	
Republik	
Resistenz	*Widerstand; Widerstandsfähigkeit*
Resolution	*u. a. Beschluss*
Resonanz	*u. a. Anklang, Widerhall*
revidieren	*u. a. ändern*
Revolution	
Rhabarber	
Rhododendron	*Pflanzengattung*
Rhombus	*Parallelogramm mit paarweise ungleichen Seiten*
Rhythmus	
Risiko	
Rokoko	*Kunststil*
Routinier	*jemand, der Routine, d. h., eine auf Erfahrung gründende Fertigkeit besitzt*
Roxane	*Gemahlin Alexanders d. Großen, gest. ca. 310*
Rubrik	
Rushhour	*Hauptverkehrszeit*
RVO	*Reichsversicherungsordnung*
Sahara	
Salesmanager	*Verkaufsleiter*
Salier	*u. a. Priester im antiken Rom*
Salzbrezel	
sarkastisch	*höhnisch, spöttisch*
Satellit	
Savanne	*tropische Steppe*
Schifffahrt	
Schlusssatz	
Schnellläufer	
Sciencefiction	*wissenschaftlich-utopische Literatur*
Seismograph	*Erdbebenmesser*
Sekret	*u. a. Absonderung*
Sekretärin	
Sektor	
Selektion	*u. a. Auswahl*
senil	*u. a. greisenhaft*
Sensibilität	*u. a. Empfindsamkeit*
Sequenz	*u. a. in d. EDV Folge von Daten od. Befehlen*
Serie	
seriös	